THE GREATEST

The Quest for Sporting Perfection

勝者の科学

一流になる人とチームの法則

マシュー・サイド Matthew Syed

永盛鷹司 訳

Discover

The Greatest

by Matthew Syed

First published in the English language by Hodder & Stoughton Limited
Japanese translation rights arranged with Hodder & Stoughton Limited,
London, through Tuttle-Mori Agency, Inc., Tokyo

イーヴィとテディへ

『勝者の科学』目次

序論……010

第1章 チャンピオンのつくり方

偉大なトレーナーが偉大な選手をつくる……021
献身的な両親の存在……025
才能は練習の成果である……028
当事者意識が選手もチームも強くする……033
競技愛を育むボランティアの力……039
スポーツの神は細部に宿る……044
ライバルとの競争が圧倒的進化を促す……049
パフォーマンス改善に統計学を活かす……055
人間性の成長が究極の勝利を導く……061

第2章

メンタルのゲーム

体が心を乗っ取る「1万時間の法則」……077
恐怖が失敗を招く……081
リスクは避けるな、とことん楽しめ……086
「優越の錯覚」のワナ……090
考えすぎは仇となる……095
プレーを純粋に愛せよ……099
状況をスキャンし目で考える技術……103
「戦意喪失」の破壊的効果……108
「自己信頼」が、逆転勝利を導く……112
リスク回避が勝利を遠ざける……117
心の拠り所としての「神」……122
スキルより「ゲームインテリジェンス」……127
メッシの「千里眼」のカラクリ……132
チームに伝播する「ゾーン」……136

第3章 美について

誇り高き勝利へと導くインスピレーション……143
「文武両道」という生き方……148
危機的瞬間を予測する「見えない天才」……153
人間の本能を描く「不朽のドラマ」……158
完璧なタイミングこそが究極の美……163
試合は、一つの物語の最終章である……167
「創造性のパラドクス」とは何か？……172
天才的スキルを支えるチームのハーモニー……178
感情的資本が支配する独自の市場……183
ドーピングの誘惑に打ち勝つ条件……189
「年齢の壁」を超える……195
必須スキル、「クワイエット・アイ」と「クワイエット・マインド」……200
サッカーを支える「ファンの忠誠心」……205
「社会的手抜き」へのアンチテーゼ「魂のチームワーク」……211
アシストの貢献なくして勝利なし……216

第4章

政治のゲーム

文化大革命が暴いた政治権力と勝者の密な関係……223
亡命を余儀なくされた「栄誉あるアマチュア」選手たち……229
東ドイツ政府の大規模ドーピング計画……235
紛争の時代に敵味方を超え盛り上がるサッカー……243
「保留条項」からの解放が自由と巨額の年俸をもたらした……249
称号「ナイト」に値するスポーツ選手の功績とは？……253
同性愛差別が引き起こした歴史的悪夢……257
独裁者でさえも統制できないスポーツへの愛と渇望……263
スポーツ界に根強くはびこる人種差別……269
テロリスト襲撃のリスクを背負うアスリート……275
国民の注意をそらす戦略としての金メダル獲得数……279
フーリガン行為から予測されるスポーツの腐敗……284
古代オリンピックが物語ること……290

第5章

スポーツのアイコンたち

カミングアウトで社会に一石を投じた　ビリー・ジーン・キング……299
モハメド・アリの不朽のライバル　ジョー・フレージャー……303
勝負のスリルをひたすらに求めた　ジミー・コナーズ……308
勝つための技術を磨き続けた　ジャック・ニクラスとジャッキー・スチュワート……313
自分を追い込み人間性を高め続けた　マルチナ・ナブラチロワ……316
レッテルをばねに歴史を変えた　マイケル・フェルプス……324
文武両道を極めた20世紀の偉人の一人　ロジャー・バニスター……329
グローバル資本主義の絶大な宣伝力を有した　タイガー・ウッズ……335
生まれながらの最強最悪のヒール　ジェイク・ラモッタ……340
ドーピングの悪魔におぼれた堕天使　ランス・アームストロング……347
危険を原動力とし限界に挑み続けた　ミハエル・シューマッハ……351
心体技に至高の美しさを有する最高傑作　クリスティアーノ・ロナウド……356
親の野望の犠牲となり憎しみを糧にのしあがった　アンドレ・アガシ……361
成功より崇拝が長く続いた奇跡のヒーロー　ブライアン・クラフ……368
間違いなく最も偉大な人物　モハメド・アリ……373

序論

私が10代のときのことだ。どんなことを生業にしたいのかとキャリアアドバイザーは私に尋ねた。スポーツについて書く仕事ができたらと私が答えると、そんな望みは未熟だと言わんばかりに、少し微笑み、断固たる口調でこう言ったのだ。

「スポーツはキャリアの選択肢にはなりませんよ。今後20年で成長していく業界とは思えませんね」

いまから30年前はこのような考え方が普通だったというのは、驚くべきことだ。スポーツは、コンピューターゲームやビデオゲーム、および未来のバーチャル・リアリティにその座を明け渡すと思われていた。高度化していくテクノロジーによって展開する新たなレジャーの時代は、新たな娯楽の到来を予告していた。任天堂のゲームボーイがその先駆けだった。

自宅のリビングルームでコンピュータープログラムに没入すれば、きらめく別世界に行けるというのに、外に出てサッカーボールを蹴りたいと思う人などいるだろうか？　特に子どもたちは、コルクや革やプラスチックでできたボールを使った試合という、時代遅れの極致のようなものをやりたいとは微塵も思わなくなるだろう――みんながそう考えていた。

ところが、スポーツは不思議な持久力を示し続けている。さらには、この数十年で縮小するどころか、より盛り上がっているのだ。この成長はさまざまなところからわかる。たとえば、新聞でスポーツに割かれるスペースが増えていたり、スポーツのニュースが一面で扱われたりすること。あるいは、特にサッカーに関して、テレビの放映権料が高騰していることだ。

ここで浮かぶのは、「なぜ？」という疑問だ。文化的な営みとしてのスポーツはなぜ、価値がなくなると自信を持って断言していた人の予想を良い意味で裏切り続けているのか？　無数のスキャンダル、組織的な不正、そして国際サッカー連盟（ＦＩＦＡ）や国際オリンピック委員会（ＩＯＣ）に見られる大規模な腐敗をものともせず成長し続けたスポーツの原動力は何なのか？　**時代が移っても色褪せず、文化を超えて人々を夢中にさせるスポーツの本質とは何なのか？**

私が書いたスポーツについてのコラムを集めたこの本は、その答えのいくつかを明らかにしようとするものだ。表面上は取るに足らないように見えるスポーツが、人間の条件の根底にある要素に支えられていることを考察する。それはヒロイズム、ドラマ、競争、上下関係、心理学、道徳、そしておそらく最も重要な、偉大さの探求といった要素だ。個人として、チームとして、組織として、私たちはどのように最高到達点へと至るのだろうか？

２０１２年、『タイムズ』紙のスポーツ部門の編集主任だったティム・ハリシーが電話で、古代ギリシャの遺跡オリンピアを見てみてはどうかと提案してきた。ペロポネソス半島西部に位置するこの神域は、古代オリンピックがおこなわれた場所だ。途中で電波が入らなくなってグーグルマップを見られなくなり、砂利道の上で途方に暮れたというトラブルもあった長旅だったが、少なくとも私にとっては、大きな意味を持つ体験だった。

クロノスの丘の斜面から神域を見下ろせば、古代オリンピックの競技がはっきりと一望できたはずだ。古代オリンピックはギリシャ文化の中心であり、敵対する都市国家を一体化させる役割があった。4年ごとに平和が訪れるので、競技の選手や観客はオリンピアまで旅をすることができた。およそ1200年の間、古代オリンピックは一度の中止もなく開催された。これほどの持続力をもつ文化の祭典は、ほかにには存在しないと言えるだろう。

少し言い方を変えるなら、スポーツは現代と同様、古代世界の人々の心をつかんでいたのだ。その意味でスポーツは、ビクトリア朝期の教師や道徳主義者によってルールが明文化されて始まったとよく言われるような、ロマン主義後のしきたりではない。そして、FIFAや国際テニス連盟、あるいは今日のスポーツ界を牛耳る独占的な運営者として機能するその他の競技連盟の発足とともに始まったわけでもない。スポーツはもっと昔からあり、人間の真髄に関わるものなのだ。

古代オリンピックに夢中になる様子を書いた偉大な歴史家ルキアノスの一節に、私は心を打たれた。「ああ、この場面は言葉だけでは表現できない。君も実際に生で体験するべきだ。歓声をあげる群衆に混ざって、選手の勇気、優れた容姿、驚くべき肉体の調和、不屈の決意、飽くなき勝利への情熱を称賛する、すばらしい喜びを」

同じことが、今日の大きな大会——ウィンブルドン選手権の決勝戦、長く待ち望まれたチャンピオンズリーグの決着、国際クリケット選手権大会の熾烈な戦い——においても書かれうるのではないだろうか？　それはまさに、私たちが試合会場に赴いたり、テレビをつけたりする理由を表しているのではないだろうか？　そしてより広い視点で見れば、スポーツがシンプルで、ある意味でささやかなものだからこそ、私たちはそのドラマチックな特質をはっきりと感じられるのではないだろうか？　**スポーツは、競争の本質、さらには偉大なるものの本質を、私たちに見せてくれるようだ。**

古代世界には、これらのテーマを体現した先駆的なアスリートがたくさんいた。哲学者ピタゴラスと面識があったクロトンのミロンは、紀元前536年から紀元前520年までの間、男性レスリングで5つのタイトルを獲得した。本職が料理人であったエリスのコロイボスは、オリンピックにおけるスタディオン走（約200メートル）の最初の優勝者となった。ロドスのレオニダスはオールラウンダーで、紀元前164年のオリンピックから連続して4大会で、スタディオン走、ディアウロス走（約400メートル）、ホプリトドロモス（約400メートルを武装して走る）で優勝した。マイケル・フェルプスと同じくらいの優勝回数だ。

今日でも、スポーツは文化的アイコンを生み出し続けている。テニスを見たことがある人のほとんどが、ロジャー・フェデラーの美しさ、ラファエル・ナダルの力強さ、ノバク・ジョコビッチの不屈さに心を動かされる。この3人のライバル関係は（最近ではそこにアンディ・マリーも加わったが）、競争がいかにしてイノベーションを生み出すかということに関する、唯一無二の知見を与えてくれる。それは競争者同士が互いを高みへと挑発するなかで生まれる、**終わりなき上昇のスパイラル**だ。

これについては本書の第1章で詳しく見ていく。

成功とは、偉大なチームによって達成されるものでもある。スポーツにはそれを示す強力な例がいくつもある。オールブラックス、アレックス・ファーガソン率いるマンチェスター・ユナイテッドFC、FCバルセロナ、レスター・シティFC……そしていくぶん信じがたいことだったが、2016年リオデジャネイロオリンピックで金メダルを獲得した、女子ホッケーのイギリス代表チームなどだ。チームはどのようにして偉大になるのだろう？　よどみなく一体となるには何が必要なのか？　本書で見ていくように、人と人とがどのように結びつくかという知見は、ジャズの即興演奏から得られる。飛行機の操縦や軍隊からも大いに学ぶところがある。

本書では、**内発的動機づけの力学、闘争・逃走・凍結挙動反応、リスクテイク、自己信頼の皮肉、レジリエンス（回復力）の重要性**についても見ていく。また、トップアスリートやコーチ、科学者に利用されている、**メンタルを強くするためのテクニック**にも注目する。スポーツ、そして人生における成功とは、理解が難しい心理的要素に左右される場合も多い。

私自身のスポーツ選手としてのキャリアは、人がどのように成功をつかむかということについて、いくつもの深い学びを与えてくれた。私が卓球でイングランド1位になった当時、イングランドのトップ選手の約半分が私と同じ町や同じ地区の出身であるどころか、同じ通りの出身だったのだ。それはレディング郊外にある1マイル（約1・6キロメートル）ほどの曲がりくねった完全に無名の通りだったが、卓球のメッカだった。

10代の頃から気づいていたが、同じ通り出身の私たちが並外れた才能を持って生まれてきたわけではないことは明らかだった。私たちには遺伝的なつながりがあるわけではない。私たちは、のちのち決定的な要素だと明らかになる、いくつもの隠れたメリットの恩恵を受けていたのだ。国内トップクラスのコーチが、その通りに隣接する学校で教えていた。彼は私たちに、最上級のトレーニングと精神的ケアを与えてくれた。小さなグループ内で一番強くなろうと競争できたことも利点だった。

しかし最も重要な利点は、イングランド南部で唯一の、卓球専用のクラブで練習できたということだ。地域のスポーツセンターに行ってバドミントンやヨガのレッスンが終わるまで待つのではなく、私たちは卓球のためだけに造られた木造の建物に行った。ドアを開けて電気をつけて、ヒーターのスイッチを入れれば、あとは気が済むまで卓球ができたのだ。この通りに住むほぼ全員が鍵を持っていたので、学校が始まる前、放課後、週末と、私たちは練習に明け暮れた。

私たちの成功の秘密とはつまり、細かな文化的・社会的利点だったのだ。**長期的な練習、簡単に利用できる施設、すばらしい指導、協力してくれる両親、的確な助言などがあっての成功**だった。

本書の第1章、「チャンピオンのつくり方」では、これらのテーマをさらに掘り下げ、最も優れたスポーツ選手を支える世界トップクラスの支援チームの仕事、ボランティアややる気を引き出してくれる人の力など、**人を成功へと導く微妙な要因**について考察する。それらは私たちの個人主義的な文化においては無視されることも多い。

スポーツ選手として私が得た最も反省すべき教訓は、試合中にプレッシャーに負け、うまく呼吸できなくなってしまったことだ。それはシドニーオリンピックで起こった。間違いなく私のキャリアのなかで最も重要な大会において、初めて錯乱状態になり苦しんだ経験は、私の意識に忘れがたく刻み込まれている。そのとき、心と体のコミュニケーションが絶たれてしまい、感覚や手応えをまったく感じられなくなった。そして一方的にやられて敗北し、私のオリンピックの夢（と4年間の強化の成果）がものの30分で潰えてしまったのだった。

それは拷問のような経験だったが、成功へと至るための精神状態について研究するきっかけになった。これこそが、私の2冊の著書『才能の科学』（河出書房新社）と『失敗の科学』（ディスカヴァー・トゥエンティワン）の核となった。本書の第2章、「メンタルのゲーム」では、大きなプレッシャーのなかでも精神を保つ超人的な能力を持っていたマイケル・ジョーダンやニック・ファルドのような人と、熱気に負けて精神的に参ってしまったグレッグ・ノーマンやジミー・ホワイトのような人の、両方を分析する。精神力によって明暗が分かれた両側を見ることで、**成功のための心理学や神経生理学に関する新たな知見**が得られるだろう。

スポーツに限らず、「偉大さ」とはわかりにくい概念だ。誰よりも優れた存在になるというのはそうだが、私たちがチャンピオンのことを語るとき、成績以外の要素も必ず話題にのぼるのではないだろうか？　チャンピオンたちが直面した苦難、学んだ教訓、試合の運び方、表明する価値観などに、私たちは興味を抱く。偉大なチャンピオンたちが社会全体に与える影響に、私たちは熱狂する。

これらのテーマを考察するには、**スポーツのプレーだけでなく、歴史、文化、美学、スポーツと政治の複雑な関係といった、スポーツそのものとは少し異なる視点も必要だ。**本書の第3章「美についてて」と第4章「政治のゲーム」では、そのような考察をおこなう。

最後の第5章では、十数人のスポーツのアイコンに焦点を当てる。彼らはさまざまな形で偉大さを体現していて、献身や精神力について教えてくれる。しかしそれだけではなく、偉大さへの道に巣食う多くの誘惑についても教えてくれる。ランス・アームストロングは制度を欺こうとした。ジェイク・ラモッタは八百長試合を受けてしまった。反対に、立派な高潔さや勇気を示したチャンピオンたちもいる。ビリー・ジーン・キングは現代のフェミニズムの歴史において、モハメド・アリは人種平等のための闘いにおいて重要人物だった。

コラムを一冊の本にまとめる作業をするなかで、私は、スポーツについて書くことはいかに恵まれているか、スポーツがいかに幅広いテーマにつながっていくかを再確認した。執筆にあたり、多くの本から着想を得たことも記しておこう。ナシム・ニコラス・タレブの『まぐれ――投資家はなぜ、運を実力と勘違いするのか』(ダイヤモンド社)、ジェームズ・フレイザーの『金枝篇』(筑摩書房ほか)、ハワード・ジェイコブソンの『The Mighty Walzer』、サイモン・バーンズの『The Meaning of Sport』、そして最近出た、ジョセフ・ヘンリックの『文化がヒトを進化させた――人類の繁栄と〈文化―遺伝子革命〉』(白揚社)などだ。

スポーツは、ある意味ではささやかだが、深遠なものでもある。私は、スポーツが今後数十年とは言わず、何世紀にもわたって、その力を持ち続けるだろうと直感している（その間に人類が自滅してしまわなければだが）。スポーツとは、観ればわくわくし、やれば楽しい、私たち人類と同じくらい長い歴史を持つ活動だ。そしてスポーツにはもう一つのすばらしい役目がある。それは**生き方のメタファーとして、偉大なるものの本質や構造を掘り下げるのに役立つ**のだ。

マシュー・サイド

※本書は2017年に刊行された原著の日本語訳です。登場するアスリートや所属チームの表記は当時のものであることをご了承ください。

I

Building a Champion

第1章　チャンピオンのつくり方

頂点に立つためには何が必要か？　この問いを考えるとき、私たちは個人に焦点を当てがちだ。才能、意志の力、精神力など、高い業績に必要なものとしてよく挙げられる要素を、その人個人が持っている必要があると。そのため、パフォーマンスを分析するときも、特定の個人を詳しく見ようとする。その人はどんな人なのか？　どんなことをしているのか？　どのような生き方をしているのか？

しかし実際には、個人のレベルを超えて初めて、「偉大さ」の実像がはっきりと見えてくる場合が多い。そのチャンピオンが生まれた文化や境遇、両親の献身、良いコーチに巡り会えた幸運、もっと言うなら正しい町、国、あるいは1年のうちの適切な時期に生まれた（相対年齢効果として知られている要素だ）という幸運――これらの要素はすべて微妙だが、それでも明白に、天才が花開くのに貢献している。

第1章では、このような、個人のレベルを超えた広い話を見ていく。先見の明があるコーチ、適切なタイミングで背中を押してくれるメンター、無私の奉仕によって向上心に燃えるチャンピオンに推進力を与えてくれる舞台裏のボランティアなどが登場する。また、語り尽くせない犠牲を払う両親、驚くべきイノベーションを実現する世界規模のサポートスタッフも紹介する。さらに、パフォーマンスのレベルをどこまでも高める力となるようなライバル関係や敵対関係についても考察する。第1章では最終的に、スポーツにおけるきわめて重要な教訓に触れることになるだろう。**偉大さとは確かに優れた個人がつかむものだが、その途上でとても多くの助けを得てこそ、つかめるものでもあるのだ。**

偉大なトレーナーが偉大な選手をつくる

アンジェロ・ダンディーとモハメド・アリの関係は、美しくもあり、トレーナーと選手の関係性の本質を示すものでもあった。2012年2月2日、90歳で亡くなったこのボクシングトレーナーは、プロになりたてのアリがタイトルの獲得を夢見ていた黎明期から、60年代中盤の栄光の時期、ベトナム戦争をめぐる苦しい試練の時期、そして年老いたアリが若く体力のある対戦相手に蹂躙された悲しい終わりに至るまで、動乱のキャリアの間、ずっとアリの側にいた。

ダンディーは、アリが世界の中心へと躍り出ていくときにぴったりと付き添って、スポーツの歴史上で最もスリルのある体験をしたというだけではない。さまざまな意味で、アリを導き、その旅路を切り拓いたのだった。ダンディーはアリが伝説となるためには欠かせない存在だった。20世紀で最も重要なスポーツマンであるアリに影響を与えたことを考えると、ダンディーは世界を変えたと言っても過言ではない。

それはソフトな影響だったが、それだけに深かった。アリがセコンド候補だったダンディーの知識と戦術意識に探りを入れた1961年の運命的な会話の時点でダンディーは、良い意味でも悪い意味でも自分はアリのもとで独裁的な権力を振るえないだろうと自覚していた。アリはあまりに強情で独断的で、自分の進むべき方向をしっかりと定めていたので、トレーナーが別の世界観を押しつけることは不可能だったのだ。

ダンディーはまた、自分が生き残るために、きわめて狡猾に動かなければならないこともわかっていた。白人は悪魔であると説き、仕事であれ個人的な関係であれ、「敵」とのいかなる関係にも険悪な目を向けるイスラム教運動組織「ネーション・オブ・イスラム」の助言者がアリに与える影響力が強まっていたからだ。

チャンピオンの耳にしたたる宗教指導者の毒のような言葉にもかかわらず、ダンディーがアリと20年以上も組めたことは、ダンディーの抜け目なさの賜物だ。

その抜け目なさが、ダンディーの実像だった。彼は自分と組んだボクサーたちの面倒をよく見た。彼らを感化し、訓練し、トレードマークである左ジャブと右オーバーハンドパンチを伝授した。そして、決勝のラウンドで体力の限界に達しようとしているとき、彼らに自分を信じる力を与えた。

しかし何よりも優れていたのは、さまざまな人間関係やエゴ、およびボクサーを取り巻くとても壊れやすい社会的バランスを操る能力だった。それが彼の長く並外れた成功の秘密だったのだ。

彼の機転はもっと卑近なところでも発揮された。追悼記事の多くは、リングサイドでの彼の権術数に言及している。たとえば1963年、アリがヘンリー・クーパーの有名な左フックを食らった後、ダンディーはコーナーで不正にアリを助けたという。気付け薬を使い、アリのグローブを引き裂いて、回復するための猶予を数秒余計に与えたという話だ。

また、ダンディーがザイールのリングでロープを緩めた疑惑もある。これによって、ロープにもたれかかるアリの「ロープ・ア・ドープ」戦法が可能になった。1974年10月、強敵ジョージ・フォアマン相手の「ランブル・イン・ザ・ジャングル（ジャングルの決闘）」のときのことだ。

多くの疑惑に対して、ダンディーはよく矛盾した説明をした。あるときは、ザイールで自分はロープを緩めたのではなく締めようとしたし、クーパー戦でアリのグローブが裂けたのは自分のせいではまったくなかったと述べた。別のときには、目を輝かせ笑いながら、そうだよ、自分がやったのさ、と打ち明けた。

おそらくダンディーは、神秘性を増したかっただけなのだろう。ダンディーがどのように魔法をかけたのか、誰にもわからないという神秘性を。

確かなのは、彼が世界のスポーツアイコンのなかでも一番付き合いやすい部類だったことだ。彼は自分から記者に電話番号を教え、愛想よく、ときにはスリルに満ちた語り口で、アリと過ごした時代について何時間も語り、新たな王座志望者たちに対して賢明な意見を述べた。

「アリがフォアマンと対戦する前、ドレッシングルームで彼の肩に腕を回したさ」とかつてダンディーは私に語ってくれた。「アリは謎多き人だった。自分の運命を完全に確信していた。でも、それを確約してくれる存在も必要としていたんだね」

もちろん、それはアリだけではない。ダンディーは、アリの全盛期以後に登場したボクサーのなかで、間違いなく一番偉大で詩的なシュガー・レイ・レナードの指導もした。レナードのキャリアのなかで最も胸に響き、最もよく語られているダンディーの介入は、１９８１年にトーマス・ハーンズと戦ったウェルター級王座統一戦で起こった。12ラウンドが終わるまで、試合はハーンズにペースを握られっぱなしだったのだが、そのときダンディーは後世に残る言葉をかけたのだ。「いまやらなければだめだ、倒してしまうんだ！」。レナードは奮い立ち、14ラウンドの途中でハーンズを倒した。彼はのちに、ダンディーのおかげで力が解放されたと述べている。

ダンディーは合計13人の世界王者を育てたが、彼のキャリアを決定づけ、最終的に歴史に名を残す理由となったのはアリとの関係であった。

ダンディーが血栓で入院する前、公の場に登場した最後の機会の一つが、アリの70歳の誕生日であったというのは、このことをよく物語っている。「それが彼の望んだ道でした。彼はやりたいことを全部やり遂げました」とダンディーの息子ジミーは昨日述べた。

最後の偉大なトレーナーにして、スポーツの歴史のなかの最も重要な時代とつながっていた数少ない生き残りのうちの一人が、私たちのもとを去ってしまった。

献身的な両親の存在

タイガー・ウッズがゴルフのメジャー大会で14回の優勝を誇っていることと、先日亡くなったウッズの父親が息子の偉大な功績への道をつくるために語り尽くせないほどの犠牲を払ったこと――どちらが注目に値する話だろうか？　ウィリアムズ姉妹のテニスの名人技と、ロサンゼルスのギャング街にある弾痕だらけのコートで嘲笑や中傷や脅迫に耐えながら無名時代のウィリアムズ姉妹を指導した父親――どちらがより心を動かすだろうか？

偉大なスポーツ選手の成功を分析すると、ほとんどのケースにおいて、悪者扱いされがちな人たちの英雄的行為を確実に垣間見ることになるだろう。その人たちとは、両親だ。そこには愛、献身、思いやり、忠誠、情熱が見られる。勝利の喜びを分かち合い、敗北の痛みを和らげようとする思いも見られる。そして何より、計り知れないほどの自己犠牲が見られる。もちろん、あらゆる親の献身にはどこか適者生存的な面もないわけではない。しかしだからといって、心を揺さぶられるものであることに変わりはない。

ルイス・ハミルトンが、8歳のときにゴーカートと出会ってからずっとキャリアのマネジメントをしてくれていた父親アンソニーと、仕事のうえでは袂を分かつと発表した。「この数年間、進路の手引きやスポンサー関係、その他諸々に関して、状況を打開するために、ほかの誰かを起用できないかと探していました。そしていま、実際にその一歩を踏み出す時期に来たと考えます。それは前向きな一歩だと思います」とハミルトンは述べた。

一流のスポンサーとの契約を指揮したり、貪欲なことが多いメディアに対処したりする経験が、ハミルトンの父親にはなかったという事実を考えると、ハミルトンの判断に共感する人が多いだろう。だが、ハミルトンの父親にしたら、身を引くことは簡単ではなかったはずだ。17年間、彼は進んで代理人としての人生を生き、息子の野心のために自らの野心を疎かにし、自分の問題ではなく息子の問題に悩んできた。そしていま、大いに理にかなった理由とはいえ、傍らに追いやられようとしているのだから。

子離れ——それは、親という存在につきまとう本質的なパラドックスだ。我が子の面倒を見て、指導し、我が子のために自分を犠牲にする。その結果、小さかった我が子が、ときには非難の声をあげながら、大いなる未知の世界へと飛び立っていくのを見ることになる。別れの際には胃が締めつけられるような痛みを感じるが、笑顔でハグをして送り出す。我が子を守り愛したいという望みが、甘やかしの束縛に変わってはいけないと知っているからだ。

誰が親になろうとするのだろうか？　フロイトが人間の最も過酷な任務と評したものを、わざわざ求める人がいるだろうか？　日々、親が答えなければならない問いは、差し迫ったものだが、答えのないものだ。献身が抑圧に変わるのはどの時点なのか？　しつけが権威主義となるのはどこからなのか？　鼓舞することと、過度なプレッシャーをかけることの境界線はどこにあるのか？

私たちは強引な親の行き過ぎた行為についてよく耳にするが、それらは反面教師となる。卓球の競技の世界で育ってきた私は、いくつかの良くない場面を見てきた。ワイト島出身の眼鏡をかけたある少年は、予想外の敗北を喫した後に父親にけなされて涙を流した。ダービー出身の12歳のある少女は、試合で戦い方を間違え、怒った父親に置いていかれて一人で家に帰るはめになった。ウォルバーハンプトンから来たある少年は散々な負け試合をした後、野外のプールに投げ込まれた。

だが、こうしたやりすぎなしつけをする、道を間違えた親たちと並んで、道を踏み外さない親たちも何百人といる。我こそが模範的な親だとしゃしゃり出ようとはまったく思わないし、子どもをどう教育するか他人に説くなどということも微塵も考えないけれども、**計り知れない自己犠牲と愛と献身によって、子どもたちのために最善を尽くす父親や母親がいる**のだ。彼らは感謝や称賛を期待していないし、誰かに認められたいとも思っていない。彼らはただ、自分が大切に育てている子どもたちが幸せになる様子を見るという喜びを求めているのだ。

それゆえ、ハミルトンの父親が強い決意で新たなスタートを迎え、息子のキャリアを冷淡なプロの手に委ねるとしても、父親として成し遂げたことは大きな功績として認められる。彼は息子がF1の世界で活躍するための機会をつくり出したり、ワールドチャンピオンの栄光を手にするまでのなだらかではない道を息子とともに歩み、温かい言葉をかけてうまく導いたりしただけではない。

父親の勇気がなければ大成できなかったであろう息子からの尊敬と憧れを、彼は一身に集め続けたのだ。

「父は僕の人生でずっと、最もすばらしい父親であり支援者でした」とハミルトンは言う。「どんなにつらいときでも、父は側にいてくれました。いつも僕のことを一番に考えてくれて、常に正しい方向へ導いてくれました。僕のこれまでのキャリアすべてを通じて父が僕に捧げてくれた労力、努力、貢献は、父自身がすべてを犠牲にしなければならないほど多かったのです」

自身の父親に敬意を表したハミルトンの言葉は真心がこもっていて感動的だった。そしてハミルトンの言葉は、両親の犠牲や静かな英雄的行為に彼と同じくらい深く切実に感謝する、無数の人々を代弁してもいたのだ。

才能は練習の成果である

科学の偉大な点は、表面上の見え方を疑えと私たちに教えてくれるところだ。世界は平らに見えるが、実際には球体だ。タイガー・ウッズはゴルフの才能を持って生まれてきたように見える。しかし本当にそうだろうか？

ウッズが遺伝的にボールを打つのに向いているという発想は、表面上は自明のことだ。彼のスイングを見るだけで、**天賦の才がDNAに書き込まれている**のだとわかる。同様の分析はデヴィッド・ベッカムのフリーキックや、ロジャー・フェデラーのテニスにも当てはまるだろう。

著書『才能の科学』（河出書房新社）において、作家のマルコム・グラッドウェルにならう形で私は、このような考え方に異議を唱えた。だが『才能の科学』の知的基盤を提供してくれたのは、1978年にノーベル賞を受賞した認知科学者ハーバート・サイモンと、フロリダ州立大学のアンダース・エリクソンの研究だ。それによると、才能に見えるものとは実は、長年の練習の結果なのだ。研究は、専門性を獲得するためには1万時間の訓練を要するという理論を導き出している。

たとえばウッズは、1歳の頃からゴルフを始め、2歳で初めてピッチアンドパット（9ホール）をプレーし、10歳までに何千時間もの練習を重ねた。1997年に史上最年少でマスターズ優勝を果たし、「天賦の才」を持って生まれてきたと評論家たちに称賛されたとき、ウッズは笑った。「**天賦の才に見えるでしょうね。でもそれは、良い結果を出すために何年も心血を注いできた様子をみんな見ていないからですよ**」と、ある同僚選手は言った。表面に現れるものだけを信じることは危険だという教訓がここにある。

最近、遺伝か環境かという論争が再び盛り上がっている。デヴィッド・エプスタインの著書『スポーツ遺伝子は勝者を決めるか？——アスリートの科学』（早川書房）は、成功の分析における遺伝学の役割をより重要視しようとした。この本に登場する走り、跳躍などの「単純な」スポーツの例については、議論の余地がなく正しい。短距離走者になりたければ、すばやく収縮する筋繊維を持っていたほうがいいというのはまず間違いない。同様に、高く跳躍したければ長いアキレス腱を持っていたほうがいい。単純なスポーツのトップアスリートが持っている解剖学的なアドバンテージが、遺伝子の差によるものだというケースは往々にしてある。

対して、**「1万時間理論」**はスポーツや人生の複雑な領域のみに当てはまると想定されていた。スポーツにおける反応速度を例にとろう。長い間、時速150マイル（約240キロメートル）のサーブに反応できるフェデラーのような人は、卓越した遺伝子に恵まれているのだと考えられてきた。つまり、フェデラーは、多くの人がぼんやりとしか見えないような速いボールに反応できる先天的な才能を持って生まれてきたという考え方だ。

この考えをもとに分析すると、フェデラーの反応速度は、ウサイン・ボルトのすばやく収縮する筋繊維のように、ＤＮＡに刻み込まれているということになる。

ところが、これは間違いだと判明している。標準的な反応速度テストにおいては、トップクラスのテニス選手の平均は私たちと変わらなかった。**テニス選手たちが持っているのは、卓越した反応力ではなく、卓越した予測力だったのだ。**彼らは相手の動き（胴体、前腕、肩の向き）を「読む」ことができるから、平凡なプレーヤーよりも早く適切な位置につける。それどころか、彼らは優にボールが打たれるコンマ1秒前から、それがどこに行くか推測できる。**この複雑なスキルは生まれ持った特性ではなく、長年の練習によって脳に書き込まれたものなのだ。**

練習が重要である理由の一つは、練習によって脳の神経構造が変わることだ。例を一つ挙げるなら、空間認知に関わる脳の部位である海馬の後部の大きさは、ロンドンのタクシー運転手のほうがそれ以外の人よりもはるかに大きい。しかし大事なことだが、タクシー運転手は生まれつきそうだったわけではない。**その仕事に従事する年数に比例して海馬の後部は大きくなっている**という。

才能の支持者は、こう言い返すかもしれない。「では、才能に意味がないと本気で言っているのか？」。さて、その答えは、「才能」が何を意味するかによって変わってくる。異なる概念が一緒くたにされているのが問題なのだ。

たとえば、「ジョニーはジェイミーよりもテニスの才能が豊かだ」と言ったとき、それはどういう意味なのか？　いま現在ジョニーのほうがうまいという意味か？　ジョニーのほうが上達が速いという意味か？　では、ジェイミーの上達がジョニーよりも速くなりはじめたらどうだろう？　その場合、いまではジェイミーのほうがジョニーよりも才能豊かになったことになるのか？

多くの分野で、始めたときに平均以下のレベルだった人（才能がないと言われているかもしれない）は、しばらくすると、平均よりも速く上達すると判明している。学習速度が速くなりはじめた人は、その後も加速し続けるという分野もある。米国のピアニストを対象にしたある研究では、若い頃に6年間集中的に努力しても当時の同級生と比べて突出することはなかった人たちが、続けていくうちに後になって大成したという例がある。

誰かに才能があるかどうかは、どの時点で決まるのだろうか？　1週間後、1カ月後、それとも10年後か？　どれくらいの期間を切り出して見るか、そして言うまでもなく、毎時間の練習におけるやる気や指導のレベルがどれくらいだったかによって、答えは異なるだろう。エプスタインによって引用された研究では、これらの変数はほとんど考慮されていない。このことから、「才能」という単純な概念は（いまでも世界中で支配的だとはいえ）ミスリーディングだと私は考える。複雑なスキルは身長のように固有のものでもなければ、簡単に学べる質のものでもない。

今日の世界でスポーツの優れた腕前に関して差を生み出しているのは、遺伝子の違いではなく、練習の質の違いだ。かつてブラジルがサッカーで世界最高峰のチームだったのは、とても効果的なトレーニングの技術を持っていたからだ。ブラジルから学ぶ代わりに、才能に取り憑かれたイングランドのコーチたちは言った。「ブラジル人は生まれながらに卓越したスキルを持っているんだ。うちの選手はとてもそんなことはできない」

その結果、若手に技術的な能力の伸ばし方を教えなかった。イングランドの11歳の子どもたちはいまだにフルサイズのピッチで、前線にボールを強く蹴り上げて、たまにしかボールを触らないというプレーを続けている。これでは弱くなっても不思議ではない。スペインがブラジルの地位を奪ったのは、競争相手よりも加速度的にスキル習得をする方法を開発したからだ。

「才能」という概念が、人間のパフォーマンスの複雑さを含意する形で修正されるなら、使っても問題ないだろうと思う。ところが**今日流布している単純化された「才能」という概念は、レジリエンス（立ち直る力）を壊してしまうと、多くの研究で示されている。**つまり、何か苦労していることがあったなら、あなたにその才能がないということではないのか？　その活動を諦めて、ほかのことをやったほうがいいのではないか？　という考えになるのだ。

記憶術に関する文献で有名な被験者「ＳＦ」が、２年間のトレーニングで平均以下から世界トップレベルにまで記憶力を高めた例は、覚えておいて損はない。彼には才能があったのだろうか？　究極的には、才能というものをどう解釈するかによるのだ。**明らかなのは、現在一般的な概念がきわめてミスリーディングであること。他方で、練習の力は、かなり過小評価されたままだ。**

当事者意識が選手もチームも強くする

２００５年から２００８年にかけておこなわれたテロ組織「イラクのアルカイダ（ＡＱＩ）」に対する戦いの潮目がどう変わったのかという重要な報告のなかで、スタンリー・マクリスタル将軍は権限委譲の力について語っている。統合特殊作戦の司令官だった彼は、反乱軍と戦う部隊の硬直したヒエラルキー構造を打ち壊し、一見ハイリスクな決断をした。指揮系統の下部に権限を移したのだ。

「上に立つ者の役割は、糸を引いて人形を操ることではなくなり、共感によって文化を想像するこ

となったのである」と彼は著書『TEAM OF TEAMS　複雑化する世界で戦うための新原則』（日経BP）に書いた。のちに彼は、「責任を与えれば、人はたいてい成長する」と述べている。

マクリスタルの方針転換にはさまざまな要因があった。前線にいる米軍は、後方の基地にいるリーダーたちにはすぐに伝わらないリアルタイムの情報を持っていた。指揮系統の上下なしに現場の人に決定を許すと、機敏さとスピードが高まった。そして人数は少ないが足が速いAQIは、以前まではのろかった米軍が突然すぐ近くに迫っているのに気づくことになった。

それだけではない。責任のレベルが上がると、兵士たちの責任感も増した。無人航空機のような重要装備を安易に要求したり、必要以上に欲しがったりしなくなり、共同で使うようになった。マクリスタルが著書『TEAM OF TEAMS　複雑化する世界で戦うための新原則』（日経BP）に書いているように、兵士たちはリソースが「自分たちが置かれているより重大な局面で使われる」と気づいたのだ。彼らはすでにつらい任務にあたっていたが、新たに活力も得た。少しずつ、潮目が変わりはじめた。

ヘレン・リチャードソン＝ウォルシュとケイト・リチャードソン＝ウォルシュと一緒に過ごした月曜日、私はこのことをずっと考えていた。ヘレンとケイトは、リオデジャネイロオリンピックでホッケーのイギリス代表が金メダルを取るのに貢献したすばらしいアスリートであるだけでなく、洞察力に満ちた思想家でもある。キャプテンのケイトは、将来ほぼ確実にヘッドコーチになるだろう。心理学の学位取得のために勉強しているヘレンは、戦略やリーダーシップについての文献を大量に読んでいる。

コーチのダニー・ケリーが、権限を「指揮系統のより低いところへ」移譲したその度合いこそが、このチームの最も驚くべき洞察力の表れだろう。日々のトレーニングをいつおこなうか、選手たちは自分で決める。選手たちは、自分たちが守るべき明文化された規則や行動原則を自分たちで決める。キャプテンも投票で決める。無秩序な状態だと思う人もいるだろうが、実際には、指揮系統は強化されたのだ。

「**責任を与えられ、意思決定の場に参加する人は、当事者意識を持ちます**。その人は物事により責任を持って参加するようになるのです。そうすれば、チーム全体の力学も変わってきます」とケイトは言う。「若手の選手も成長します。自分たちが策定に関わった規則を進んで破ろうとする人はいませんからね。もちろん、しっかりと限度は決めなければなりません。多くの重要な決定はコーチがするのだという意識はみんな持っています。しかし、権限委譲は弱さではありません。逆に、強さの証拠なのです」

リチャードソン=ウォルシュがこのチームで得た知見は、企業を対象にした精密な研究結果とも一致する。心理学者のジェイ・コンガーとラビンドラ・カヌンゴは、従業員に力と責任を与えれば満足度が改善することを発見した。マネジメント研究者のケネス・トーマスとベティー・ヴェルトハウスは、「**権力の分散は内発的モチベーションを生み出す**」と唱える。マクリスタルも書いているように「人間は自ら決断をしたときのほうが、結果を出そうという意識が働くので力を注ぐようになる」のだ。

ところが、サッカーでは普通、これとは正反対のモデルが採用されている。建前上も事実上も、権力は監督に集中しており、監督がすべて決定する。そして選手は往々にして、怠け者で、愚かで、反抗的な存在だと思われている。彼らは単なる労働者のように指示を受け、黙って実行することが期待されている。そんな状況下での「モチベーション」とは、きわめて露骨なアメとムチの類にしかならない。

チームがひどいプレーをすると、怒鳴られるのは選手たちだ。ほとんど叱責でしかないような試合前のミーティングを見たことがある。監督は選手たちに自分で考えさせたがらず、タッチラインの外で大げさに身振り手振りをする。幼児のように扱われた選手たちは実際に幼児のようになり、不品行なことをするようになる。リーダーシップの芽は摘み取られ、独創力は消し去られる。選手たちは、自分自身の人生においても決定に関与しなくなり、二枚舌を操るエージェントにすべてを任せてしまう。結局のところ、幼児に自分で判断する力はないのだ。

大きな試合でのイングランドのプレーを見れば、こうなってしまっていることは一目瞭然だ。プレッシャーがかかる場面になるほど、選手たちはきょろきょろしだす。アイスランド戦のように、成長が求められる局面にこそ、イングランドは自立できない不安へと後退する。監督が激しく身振り手振りをするほど、選手たちはピッチで責任を負わなければならないと思って動揺する。

このことは、ドイツがなぜ強いかを説明するヒントにもなる。ドイツでは、サッカーは知的なゲームと位置づけられている。選手たちはトレーニング、試合の展開、リハビリにおける意思決定に参加するし、継続して教育を受けることも推奨される。**雇い主の監督と労働者の選手という構図の階級分けは、時代遅れもいいところな卑しむべきものだと考えられている。**だからドイツ代表は、最も重要な場面でリーダーシップを発揮できるのだ。

自転車競技のイギリス代表チームとチーム・スカイ（現イオネス・グレナディアス）の成功を主導したデイヴ・ブレイルスフォードは、ホッケーのイギリス代表とよく似た運営方法を採用し、「CORE」と名づけている。献身（Commitment）、当事者意識（Ownership）、責任（Responsibility）、卓越した結果（Excellence）の頭文字を取ったものだ。「サイクリストたちに責任を与えるのは、彼らに力を与えることになります。最終的な権限はこちらが持ちつつも、選手たちに意思決定をさせるというやり方を採用したことは、私たちがチームの文化においておこなった最も重要な改革です」

これは、指導者が厳しいことを言わないという意味ではない。シェーン・サットンは、本人は否定しているものの、パワハラの訴えにより自転車のイギリス代表チームのテクニカルディレクターを辞任した。しかし心理学的に言えば、**自分自身がつくったルールを破って叱責されるのと、上から指示されたルールを破って叱責されるのとでは、天と地ほどの差がある。**このことはしっかりと認識しておく必要がある。リオデジャネイロオリンピックでとても優れた成績を残した選手たちの多くは、自分たちがつくった掟に背いたときに、ときには強い言葉で注意してくれたサットンに感謝していた。

読者のなかには、サッカー選手は実際に愚かな振る舞いをするのだから、愚か者として扱われるべきだと言う人もいるに違いない。その考えは、物事を間違った方向へ進める。**選手たちは、愚か者のように扱われるから、愚かな振る舞いをするのだ**。確かに、合理的な権限委譲には限度があるし、**その限度を見極めて守らせるためには本物のリーダーが必要だ**。だが、意義のある権限委譲をしなければ、最も重要な前線にいる人々の独創性や決意といった、かけがえのない資源が失われてしまう。

アメリカ軍がイラクから撤退した後、ＡＱＩは再び勢力を増している。しかし、２００５年から２００８年の間に起きた戦いの潮目の変化はすばらしいと言うほかなかった。マクリスタルが権限委譲なしに兵士のパフォーマンスの改善に努めたときには、急襲作戦は(月に)10から18に増えた。それが賢明に権限委譲を始めた後は、３００にまで「急増した」のだ。「そして急襲の成功率も高くなった。標的を高確率で排除できるようになったのだ」と彼は述べている。

マクリスタルの作戦は近年の軍事史のなかで最も影響力のあるものとして記憶され続けるだろうが、そこから得られる知見は戦争の場を超えて利用できる。サッカーよ、覚えておいてほしい。

競技愛を育むボランティアの力

ブライアン・ハリデイの名を聞いたことがある読者はごく少数だろう。物静かだが意志の強い人だった彼は、新聞でも、地元のレディングでも、話題になることはほとんどなかった。しかし、彼の存在は、私にとって、そして、イギリスのスポーツ、さらにはイギリスの社会にとって最も重要なのだ。ハリデイは、ボランティアだった。

スポーツに関連する言葉は上昇志向のものが多い。チャンピオン、勝者、アイコン、レジェンド、ヒーローなど、少し例を挙げるだけでもそれがわかる。だが、ほとばしる上昇志向は感じられなくても、「ボランティア」もそれらと同じような名声に値するはずだ。ハリデイはキングフィッシャー卓球クラブの会長を20年以上にわたって務めた。彼はまた、イングランド卓球協会（現テーブル・テニス・イングランド）でも10年以上活動していた。彼はシニア会員（40代、50代、60代）に向けてずっとニュースレターを書いていて、名物的存在であった。

カール・マルクスは多くの点で間違っていたが、一点だけ、きわめて明晰に分析できていたことがある。彼は、お金にはさまざまな使い方がある反面、お金が最も重要な事柄を損なうと気づいていたのだ。**愛はお金によって汚れる。友情もそうだ。愛や友情は、お金が絡んでいないからこそ、**

貴いのだ。誰かと友達でいるためにお金を払った瞬間、その友情は終わりを迎える。

ハリデイは、大変な仕事をしても一銭も受け取らなかった。私は、ハリデイが地元のクラブ（私も人生の大部分をキングフィッシャー卓球クラブで過ごした）の角のテーブルに座り、書類の束を片づけている様子を覚えている。目が合うと彼は微笑み返してくれ、また書類仕事に戻るのだった。彼はお金のために働いていたのではなかった。給料が支払われていたら、彼が請け負った仕事の貴重さは失われてしまっただろう。彼は、スポーツやその他の分野の無数のボランティアと同様、愛ゆえに仕事を引き受けてくれていたのだ。

ハリデイは卓球を愛していた。そして私たちが彼を愛したのと同じくらい、クラブのメンバーたちを愛していた。人が成長し、喜びを分かち合い、ともに過ごす場所となった組織の一員であることを愛していた。この関係性はお金ではなく、もっと深遠な力によって成り立っていた。これは、デヴィッド・キャメロン首相（在任２０１０～２０１６年）が「大きな社会」構想において利用しようとした力だ。だが、まさに政治による動員には適さないという点こそが、この力の美しさと神秘であることに、キャメロンは気づいていなかった。

ハリデイは、私たちがともに過ごしたクラブの建物を建てるため、毎週末を費やした。私たちみんながそうだった。１９８６年の寒い冬、レディング郊外の小さな区画に新しい卓球クラブを建てる計画が初めて持ち上がったとき、私たち30人ほどがその下準備を引き受けた。プロの大工を雇うお金がなかったので、自分たちで建てることにしたのだ。

まず私たちはレディングの北部にあったプレハブ小屋を解体した。それを、私たちが使える土地があるウッドリーという場所まで運んだ。そして、クラブの建設を個人的な献身から手伝ってくれた大工で卓球プレーヤーのジム・ホッダーの援助のもとで、小屋を組み立て直した。

毎週末の作業は長かったし、寒かった。手袋は必須だった。だが、そこで生まれたみんなの努力、仲間意識、そしてお互いを助けようという思いは、私のなかから消えることはない。あれから30年もの間、クラブに根づいた誇りは揺らぐことがなかった。

ハリデイはボランティアのなかでも最古参になったが、彼のほかにも長くボランティアをやってくれた人はいる。印象的なフォアハンドのスライスを打つディフェンス型のプレーヤー、顎髭がトレードマークのコリン・ダイクは、20年以上にわたりクラブの職員を務めてくれている。先ほど述べたホッダーは、いまでも名誉副会長だ。かつてクラブがあった場所は地元の学校の敷地になったため、100ヤード（約90メートル）ほど移動したが、今日も新しい世代のボランティアたちがクラブの運営を手伝ってくれている。

クラブの会員である地域の何十人もの若者は、クラブを縁の下で支える仕事の現場を見ることはない。しかし彼らは、ボランティアのにこやかな顔に迎えられ、快く指導してくれるコーチに恵まれ、一体感を感じるのだ。

偉大なボランティアがつくり出すのは、そのような環境だ。場所が大きいかどうかは関係ない（キングフィッシャーは、実用に特化した、比較的小規模なクラブだ）。むしろ大事なのは、目的意識、楽しもうとする意識、そして冒険心だ。これこそが、スポーツの本当の意義なのである。

このコラムを書くにあたって、私の人生を良くしてくれた人たちの名前すべてを書き出してみた。すると驚いたことに、その大部分が無給だったとわかった。

両親、兄弟、友達、妻は言うまでもない。しかしそれだけでなく、義務感と慈善の心から時間を捧げてくれたとしか思えない人たちがいた。私のコーチだったピーター・チャーターズは、キングフィッシャークラブやその前身において、私やほかの意欲的なプレーヤーを指導するために5000時間以上も費やしてくれたのではないかと思う。彼はいまでも指導スタッフを務めている。


ボランティア精神というと、どこか気取ったように聞こえる場合もよくある。BBCスポーツ・パーソナリティ・オブ・ザ・イヤーのなかの「アンサング・ヒーロー（無名のヒーロー）賞」は、（まったく意図されていないだろうが）ボランティアは立派なことだと知らしめ、かなりお涙頂戴なストーリーをつくり出す。だが、**ボランティア活動は、持続性のある道徳的な力を持っており、きわめて重要な義務感を呼び覚ます**。というのも、他人の行動の恩恵を受けた人が、その思いやりを次の世代に向けなければ、互いに助け合い友情を育むという美しいエコシステムは枯れて滅んでしまうからだ。

キングフィッシャーは、この切実な真理を裏づける多くのクラブのうちの一つにすぎない。クリーブランドのオームスビー卓球クラブ、スラウのキッペンハム卓球クラブなど、全国津々浦々、何百というクラブが、クリケット、水泳、ダンスなどあらゆる種目を通して、共通の大義のもとに人々が集まったときに生じる魔法を体現している。

キングフィッシャーの会員が集まる一番わかりやすい理由は、卓球がしたいからだろう。だがその根底にあるのは、互いに分かち合い、助け合いたいという、人間の本能ではないだろうか。

あるシンクタンクの研究によると、組織を通してであれ、自分の家の家事を除いた個人としての活動であれ、ある年に世界中でボランティア活動に従事していた人は9億7100万人にのぼるという。その人たちが費やした時間を金銭に換算すると、1兆5000億ドル（およそ1兆ポンド）（約227兆円：2024年4月初頭のレートで換算。以下同じ）の価値になるという。だが金銭価値は、ボランティアにおいては最も重要ではない。彼らの貢献はお金ではなく、心でしか測れない。このような連帯と愛の行為、そしてそれを為すことと受け取ることの両方にこそ、人生の意味があるのだ。

79歳だったハリデイは、先週亡くなった。葬式は明朝おこなわれる予定だ。私はツイッターで、ハリデイの手でジュニアランキングのトップに育てられたマリア・ツァプツィノスがこう書いていたのに注目した（いまになって思い出すが、ハリデイはがんを発症してからも時間をつくり、国内で最も有望なこの若き選手の指導をしていたのだ）。「安らかに、ブライアン・ハリデイ先生。#ナンバー1のコーチ」

だが最後に引用するのは、もう一人のトッププレーヤーであるトム・メイナードの言葉にしよう。彼はハリデイだけでなく、ハリデイと同じように、目立たないが力強く、この国を偉大にしてくれている何百万人という人々に言及した。

「ブライアン・ハリデイが亡くなってとても悲しいです。彼はとても優しく温かい人でした。彼は多くの人の記憶に愛情とともに残り続けるでしょう。R.I.P.」

スポーツの神は細部に宿る

スポーツの神は細部に宿る。スポーツはとても小さな事柄の探求の積み重ねだ。一生涯続く、重箱の隅をつつく訓練と言っても過言ではないだろう。

水泳選手のエイドリアン・ムーアハウスは、1988年のオリンピックの100メートル平泳ぎにおける1位と最下位のタイムの差が100分の1秒だったという話をよくする。それだけの僅差で、金メダルと大英帝国五等勲爵士を含む数多くの喝采を受けたイギリス人のムーアハウスと、8位で得られた報酬も少なかった東ドイツのクリスティアン・ポズヴィアットの明暗は分かれたのだった。

陸上選手リンフォード・クリスティは、ピストルの爆発音「Bang」のBで飛び出すのだとよく語っていた。つまり、スターティングブロックから飛び出す際、ピストルの音が内耳に到達する瞬間にはもう脚の筋肉が動いている必要があるということだ。クリスティはバルセロナオリンピックの100メートル決勝で、瞬きするくらいのほんの一瞬の差で1位になった。

　サッカー選手のポール・ガスコインは、UEFA EURO '96の決勝にイングランド代表があと少しで進出できそうだったときの、「すべてを変えた」一瞬について頻繁に後悔を口にする。ドイツ相手に1対1の状態で、国中がはらはらしながら見守っていたそのとき、右サイドからアラン・シアラーのパスが送られた。ガスコインはボールに向かって突進したが、触れることはできなかった。そうしてイングランドはPK戦で敗れ、全イングランドが嘆き悲しんだ。

　スポーツの神は細部に宿る。それはとても小さな事柄の積み重ねだ。プロのアスリートは朝6時に起きて、息切れして肺が停止する寸前まで全力でトレーニングをおこない、翌朝また起きると、同じ苦行を最初から繰り返す。すべては、タイムをコンマ何秒か縮めるため、記録を何ミリか伸ばすためだ。**あらゆる鍛錬は、何の意味もない、かつすべてを意味する、ほんのわずかな優位性を追求するためにおこなわれる。**


　長年、アスリートたちは、ライバルの誰よりも一生懸命にトレーニングすれば、優位に立てると考えてきた。陸上選手のデイリー・トンプソンは毎年クリスマスの日に走っていた。その日が練習量で競争相手の先を越す唯一のチャンスだからだ。フランスの卓球のエース、クリストフ・ルグーは、パリ郊外の練習場に閉館後に忍び込み、サーブの練習をおこなったという。

　もちろん、熱心な鍛錬が依然としてスポーツにおける優位性の追求の中心であるが、スポーツも変化している。今日では、汗と努力と同じくらい、工学とテクノロジーによってわずかな差が生み出される。サッカークラブやオリンピックの強化チームには、アスリートだけでなく、器具、医学、工学、そして心理学まで、あらゆるものから利益を引き出そうとする科学者たちも所属している。

アラン・シリトーの小説に登場する長距離走者とは違い、現在のスポーツ選手はもはや孤独な個人ではない。もっと大きくて複雑な力学のなかで先頭に立つ人だと言えるだろう。スポーツの神話はこれからも引き続き、ゴールテープを切った個人やノックアウトの一撃を放った個人を褒め称えるようにつくられるだろうが、より複雑で本質的な物語も、もっと語られるべきだ。それは、アスリートの背後で人目につかないが実に過酷な代理戦争をおこなっている人々の物語だ。

小さなことにとらわれすぎたチームが大きなことを見失ってしまう場合もある。ブラッドゲート（２００９年4月12日、ラグビーのハイネケンカップ準々決勝で、アイルランドのレンスターと対戦したイングランドのハーレクインズが、選手の戦術的交代を可能にするために血糊を使用して選手が負傷したように見せかけていた事件）、クラッシュゲート（Ｆ１の２００８年のシンガポールＧＰで、ルノーの首脳陣がネルソン・ピケJr.をわざとクラッシュさせて後続車を翻弄し、同チームのフェルナンド・アロンソを勝たせた事件）、ライゲート（Ｆ１の２００９年オーストラリアＧＰで、セーフティーカー導入中にヤルノ・トゥルーリがルイス・ハミルトンを抜いたとしてペナルティーを受けたが、ハミルトンはチームの指示でトゥルーリに順位を譲った。しかし、その後の調査でハミルトンはチームの指示はなかったと偽証した）などの不祥事《ゲート》が最近のスポーツ界を揺るがしているが、その組織的不正の規模の大きさはぞっとするほどのものだ。**組織全体が共謀してルールを破ってまでも、とにかくわずかな差を生み出したい——どの不祥事もそん**

な考えから生じた。結果として、そのわずかな差は、自発的に不正を働くというつまらないものになるわけだ。

「スポーツ科学」という専門用語は、最近では少しきらめきが失われている。生理学に関するありきたりな大学の講義や、エアロバイクを使った血中酸素濃度の測定に関する新聞記事にも「スポーツ科学」が登場するようになった。だが、最新の現実は、言葉よりもはるかにわくわくするものだ。それはスポーツにとどまらず、世界全体に関わることになっている。**スポーツのフィールドで小さな差を生み出さなければならないという要求が、さまざまな目立たない形で、私たちの生き方も変えている**のだ。

最新のサーキットを爆走するマシンのタイムをコンマ何秒単位で縮めようとするF1で起こるイノベーションは、大衆車の機能性に応用されている。

けがをしたサッカー選手の回復速度を劇的に速めるために開発された整形外科の技術は、日常の医学における治療法にも取り入れられている。NASAのテクノロジーがランニングシューズの生地を変えている。こうした副産物は意図されていない場合が多いが、確かに実生活と結びついている。

スポーツはかつて生き方の比喩であったが、いまや生き方の模範になりつつある。ラグビーのコーチ、クライブ・ウッドワードは、わずかな差を生み出すためにあらゆる角度を検討したが、起業家たちもその考え方にならっている。やがて、職場はパフォーマンスを強化する衣服や、人間工学、栄養学によって一変するだろう。データ分析会社プロゾーンは、サッカーにおける究極の時間動作研究で有名だが、その技術は、オフィスにおけるパフォーマンスをリアルタイムに評価し監視する方法へと近いうちに転用されるかもしれない。

進歩の倫理的側面は常に複雑だ。スポーツのイノベーションにおいて最も議論の紛糾する分野は、トレーニング法や器具で優位に立つのではなく、アスリートのDNAそのものに利点を埋め込んでしまおうとするものだ。遺伝子ドーピングについて、人々はどう考えるだろうか？ 遺伝子を使ってスピードや体格を設計するのは間違っているだろうか？ これらの質問に対する答えは、その技術が人間の寿命の延長やがん治療に転用可能になったとしたら変わるだろうか？ このような倫理的議論は、人類の将来の道筋を決めるものだ。スポーツはその最前線にあるというわけだ。

社会評論家は長らく、スポーツが現代においてどのような位置を占めているのかを議論してきた。数百年前、スポーツは組織化された形ではほとんど存在しなかった。そして50年前は、イングランドがワールドカップの決勝に進出でもしない限り、スポーツが夕方のニュースで取り上げられることはほとんどなかった。それが今日では、スポーツはほかのエンターテインメントを凌駕し、インターネットの通信や有料チャンネルへの加入を牽引している。スポーツは国民的心理、および国民的会話の一部となっている。

だが私たちは、**スポーツが文化現象を超えた何かになろうとする、新たな時代の始まりを目撃し**

ている。スポーツはいまや、工学、医学、テクノロジーの最先端にいる。ビジネスや商業におけるイノベーションをスポーツが牽引する、あるいはその逆の状況も生じている。私たちはいま、スポーツと科学の強力な相互作用の到来を見ているのだ。

まとめると、**スポーツと、そこでおこなわれる「わずかな差」の探求は、人間に何が可能かという私たちのイメージを、少しずつ塗り替えているの**である。

ライバルとの競争が圧倒的進化を促す

2014年11月11日、ロジャー・フェデラーがバークレイズATPワールドツアー・ファイナルで錦織圭を破り、有無を言わせず相手を威圧する絶頂期にほとんど戻りつつある様子を見せてくれた（フェデラーは前年の2013年は不調であった）。それで私は、この10年ほどがいかに幸せな時代だったかを思い出した。

その時代をつくってきたのはもちろん、フェデラーだけではない。腰のけがで惜しくもこのロンドンの大会を欠場したラファエル・ナダルもいる。そして月曜日（2014年11月10日）に、マリン・チリッチ相手にほとんどミスなく6−1、6−1で圧勝した、ノバク・ジョコビッチもいる。

この3人のライバル関係は、スポーツ界のなかで最も奇跡的なものと言っていいだろう。その奇跡は、メルボルンで、ロンドンで、ニューヨークで、パリで、彼らが繰り広げてきた波乱万丈の戦いだけではない。**最高の地位を目指すなかで、試合中に最も急速な「進化」を遂げたという、より深い意味でも奇跡なのだ。3人はライバルだが、ともに力を合わせてテニスの限界を探究してきた。**

フェデラーは、これからもずっとテニスの権威とみなされるだろう。戦績だけでなく、コート上でまとう優雅さという点でもだ。スポーツライターのスー・モットはかつて、フェデラーがテニス界を征服する様子を「美しき専制」と呼んだ。完全に的を射た表現だ。

フェデラーは詩的なプレーヤーだが、冷酷な意志の持ち主でもある。彼はまるで小説家のような、優しく繊細な目をしている——いっとき私はそう思っていた。だがよく見ると、その視線は鋭く、まったく感情が宿っておらず、むしろ暗殺者のそれに近いと気づくに至った。

テニス史上最も洗練されたプレーヤーであると広く認められているフェデラーが、通算対戦成績でナダルに負けているというのは大きな皮肉だ。世界四大大会では9対2、全試合では23対10でナダルがリードしている(原書執筆時)。

ナダルは強さとパワーが持ち味のプレーヤーだと一般には考えられている。しかし、彼の獰猛で狡猾な頭脳を侮ってはならない。自分に不利な状況になりつつあると自覚しているときでも、試合の途中、ときにはラリーの最中に自分を調整して立て直すことができる。

2008年のウィンブルドン選手権決勝はおそらく、これからもフェデラー対ナダルの最もすばらしい試合と位置づけられるだろう。みんな、そのテニスの質の高さを褒め称える。だが私にはその試合は、2匹のサメが相手の致命的な弱点を探して旋回しているように見えた。

序盤にナダルは、得意のスピンがかかった高めのフォアハンドで、フェデラーのバックハンドを崩そうとした。フェデラーは高く打ち返すことでそれに対応した。するとナダルはプレースタイルを切り替え、コートを広く使ってフェデラーの脚力を試そうとした。対するフェデラーはフォアハンドでフラットに返し、ナダルに時間的余裕を与えないようにした——そうして試合は終盤へと差しかかった。

もちろん最終的には、大舞台の試合によくあるように、戦略やテクニックはほとんど関係がなくなっていた。日が暮れかかる頃、この二人の男は、それぞれの意志の力以外は何も残っていない、まっさらな状態で対峙していた。

その試合のクライマックスは凄まじかった。二人とも力を使い果たし、疲れ切っていた。だが、**相手を滅ぼそうともがくなか、二人とも自分のなかに卓越した新たな次元を見出した**のだ。

ジョコビッチにも同じことが言える。多くの人は賛同しないだろうが、ジョコビッチは全盛期に誰よりも卓越したテニスのあり方を生み出したと、私は思うのだ。その最も大きな証拠は2011年の全米オープンだ。ジョコビッチは見る人が息を呑むような支配力を発揮した。それは新しいテニスであり、そこで彼はゾーンのなかのゾーンと言える領域に入っていた。ナダルと戦った決勝戦を見ているとき、1960年代中頃のモハメド・アリや、1970年のサッカーブラジル代表はこんな様子だったに違いないと思ったのを覚えている。

すごかったのは試合結果だけでなく、試合の運び方もだった。どこかの教科書に書いてありそうな有名な話だが、逆クロス（つまり、右利きの人がバックハンドで左利きのナダルのフォアハンドの位置に打ち込む）ではナダルに決して太刀打ちできない。ナダルのフォアハンドのボールは、頭の上までバウンドするほどとても重く、かなりトップスピンがかかっている。そのため、ナダルへの対策は、彼をバックハンドに縛りつけることだ。こちらは常にフォアハンドでワイドに打ち込むことで、ボールがどこに来るかをナダルに考えさせ、フォアハンドで打てる位置まで回り込まれないようにするのだ。

ところが、ジョコビッチの発想は違った。ナダルの得意の手を使って逆にナダルを倒してやろうと、ジョコビッチが試合の冒頭から考えていたのは明らかだった。ジョコビッチは進んでナダルのフォアハンドにバックハンドで返した。ベースライン近くでステップを踏み、自分の両手打ちにこだわって、ストロークをフラットにしながら――。

多くのテニス通は驚いたが、ジョコビッチはそれを続けた。その返しはとても正確で、ナダルに次のショットを打つための立て直しの余裕を与えず、ナダルはベースラインの後方でよろめき、ボールからどんどん離れていった。それはまるで、マイク・タイソンと接近戦で殴り合い、力づくでギブアップに追いやるかのような試合だった。衝撃的で、ほとんど常軌を逸していた。それでも、まったくもって称賛せずにはいられない試合だった。

スポーツおよび人生の核心をなしているダーウィン的なパラドックスとは、美と真実は善良な意

図から生まれるのではなく、競争から生まれるということである。

作家のマイケル・ホワイトは、インターネットから暗号化技術まで、イノベーションは軍事的な競争によって推進されたと書いている。またホワイトは、イライシャ・グレイとの熾烈な競争のなかでアレクサンダー・グラハム・ベルが電話を発明した例、ならびに、フランシス・クリックとジェームズ・ワトソンがＤＮＡの秘密を解き明かしたのは人間の善性に促されたからではなく、その発見に迫っていたライバルの研究チームを打ち負かそうとする激しい競争があったからだという例を挙げている。

スポーツでは、この進化論的な真理がはっきりと示される。フェデラーがいなかったら、ナダルはどこか足りないプレーヤーだっただろう。そしてもしナダルという目標がなければ、ジョコビッチは自らのレベルを上げ、自分でも不可能だと思うような高みまで駆け上がるのに、とても苦労していただろう。

コート上で見られる対決は、競争の半面にすぎない。トレーニング法、栄養管理、柔軟性からスタミナに至るあらゆる事柄でわずかな差をつけるための探求など、外からは見えない要素でも、ライバルたちは競っている。

世界四大大会とは要するに、競争し合うさまざまな戦略の頂上決戦だ。究極的には、直近の対決に鑑みて進化を遂げたチーム全体および哲学がぶつかり合う戦いなのだ。

アンディ・マリーの永遠の功績は、しばらくの間この排他的な天才の集団に割って入ったことだ。といっても、スコットランドのダンブレーン出身のこの若者がそこに押し入ったのは一瞬だけのことではなかった。1シーズン半にわたって、彼はレベルを上げ続けた。ロンドンオリンピックでは金メダルを獲得し、2012年の全米オープンでは強すぎるほどだった。そして、最も記憶に残る偉業として、2013年のウィンブルドンでジョコビッチに圧勝し、タイトルを獲得したのだ。

マリーは運動神経と戦略的な頭の回転の速さを組み合わせた。もう浮上しないとしても（ちなみに、私は彼にはもっと多くの四大大会タイトルを手に入れるだけの実力があったと思うが）、ここに述べた業績だけで、マリーは英国の偉大なスポーツマンの殿堂に名を連ねることができるだろう。（この文章が書かれた2014年、マリーはナダル、フェデラー、ジョコビッチに敗れ、世界トップ10から陥落するなど、不調の時期だった）

2014年の全米オープンでチリッチが優勝したことで、多くの人が王者交代かと噂するようになったが、これはいささか時期尚早だった。私は、次のシーズンも、おそらくその先も、ジョコビッチ（けがが良くなれば）とナダルが世界四大大会における支配的な勢力になるだろうと感じている。ほとんど不可能にも思える18回目の四大大会優勝を目指すフェデラーも驚異的な存在になるだろう。だがいつか、この三つ巴のライバル関係はばらけて、消えてしまうだろう。そうしてほかの選手が浮上してくる。考えたくもないが、フェデラーにもいつか引退の日が来るし、ナダルやジョコビッチのキャリアもいつか終わる。

そのとき、人々はこの時代を憧れと驚嘆とともに振り返るだろう。オープン時代の決勝の最長記録である5時間53分も続いた、２０１２年の全豪オープンでのジョコビッチとナダルのぶつかり合いを思い出すだろう。

人々はまた、２００９年のナダルとの熱戦の後、フェデラーが流した涙を忘れないだろう。さらにはナダルのパリでの勝利、フェデラーのロンドンでの勝利、ジョコビッチのメルボルンでの勝利……。そうしてみんなはかぶりを振って、この時代が人生のなかで最もすばらしい時代だったと認めるのだ。

パフォーマンス改善に統計学を活かす

ビリー・ビーンはスポーツを変えた——これは少し控えめすぎる表現だ。ビーンはさまざまな意味で、世界を変えたのだから。彼は世界中の野球マニアに崇められているだけでなく、現実の表層を取り払ってその下にある真実を明らかにしようと努める人たちすべてにとってアイコンとなっている。

彼の言葉は、スポーツジャーナリストのみならず、ヘッジファンドマネージャーにも同じくらい多く引用されるし、おそらく彼自身、野球ファンよりも数学の大学院生に愛されているかもしれない。彼は講演者やコンサルタントとして呼ばれ、いくつもの会社の役員会にも出ている。２０１１

年9月には、ブラッド・ピットが彼の役を演じた映画が上映された。先月ビーンとロンドンの中心部で会ったとき、彼はそう言った。「異なる現象同士のつながりをより深く観察し、従来の知恵が間違っているかどうかを見つけ出します。もし従来の知恵と一致しないのであれば、そこに介入して大儲けするチャンスがあるのです」

「数字を通して世界を理解する、それが私のアプローチです」

これこそまさにビーンが、比較的貧しい野球チームだったオークランド・アスレチックスにておこなったことだ。新しいセイバーメトリクス（野球統計学）という科学を使いこなし（また、それに磨きをかけ）、期待以上の結果を出し続けられた。データを見たところ、ガムを噛んでいる野球の特権階級たち（スカウト、マネージャー、オーナー）の前提には大いに欠陥があるとわかった。彼らは平均打率のようなよく知られた数値を重視しすぎる一方、長打率のような数値を見過ごしていたのだ。言い換えるなら、市場がある属性に価値を置きすぎる一方、ほかの属性を軽視しすぎていたという状況だ。

「アマチュア野球統計家のビル・ジェームズらは、あらゆる種類のすばらしいデータを注意深く突き合わせました。それには誰も注目しませんでしたが、アスレチックスのゼネラルマネージャーとしての私の前任者、サンディー・オルダーソンが、この情報は意思決定にとても役に立つと気づいたのです」

「私はその人たちのやり方を真似たにすぎません。私は科学者でも数学者でもありませんが、答えへ導いてくれる統計学の力には自信を持っています。そして、その数字を実際の行動で裏づける用意があります」

ビーンの逸話は、二つの異なる物語が合体しているため、強い説得力を持つ。

まずそれは、アウトサイダー、つまり決まった体制を出し抜く大胆な因習破壊者の物語だ。これは、アメリカ人の意識に何よりも深く根づき、ビーンが登場するまでは独自の不変の真理があった野球というスポーツにおいては、特に反響を呼んだ。

そして二つ目の、ある意味ではもっと魅力的な物語がある。**目に見える現実の下には、隠れた相関関係の世界があって、それは辛抱強い暗号解読によって初めて明らかになる**という物語だ。これは、スポーツのコーチに限らず、複雑なもののなかに規則性を見つけたいと思う人々を魅了した。

「長い間、科学は厳格で気の滅入るものだと思われていました。『マネー・ボール』（早川書房）（マイケル・ルイスがビーンについて書いたベストセラー）のすばらしい点は、統計学を魅力的に見せたことです。なんといっても、統計学は野球に限らずどんな場面でも役に立つのですから」

ここで、『マネー・ボール』の知見はサッカーにも当てはまるのかという疑問が浮かぶ。特に、統計学の魔法によって上位リーグに昇格できるかもしれないと期待する、下位リーグのチームのファンにとっては心惹かれる問いだ。しかし、この考えはサッカー業界の内部からは嘲笑されている。曰く、野球のように流れの決まった活動とは異なり、流動的で開放型のサッカーの試合にはほとんど適用できないと。

ところがビーンは、統計学の有用性に疑いを持っていない。「もちろん、統計学的分析はサッカーのパフォーマンス改善にも貢献しますよ。あらゆるスポーツ、あらゆるビジネスに適用できる重要な指標というのはあります」と彼は言う。「試合が動的で流れが速いからといって、測定できないわけではありません。**強い相関関係としては表れないかもしれませんが、特定の出来事がほかの出来事よりも結果に関係する割合が高い、という現象は必ず出てきます。ここで求められるスキルは、適切な指標を特定し、それを正当に評価することです**」

ビーンの考え方は少なくとも、プロゾーンに限らず統計学を使いこなすいくつかのトップクラスのクラブでは有効だ。リヴァプールＦＣのディレクターで、ビーンの大ファンだというダミアン・コモリも、ビーンとの面会の場に同席していた。

「高度な統計学を使っているサッカーのクラブはすでにありますよ」とコモリは言う。「私も統計学を使って６年になりますが、すばらしい改善が見られました」

「私たちが最初期に正確に分析できた選手の一人は、トッテナム・ホットスパーＦＣ時代のガレス・ベイルでした。彼はまだ17歳だったにもかかわらず、データを見ると、私たちはすぐに、とてもすごい選手を獲得したのだとわかりました。課題は彼の健康と強いメンタルを維持することだけでした。それ以来、ますます統計学を使うようになっています。リヴァプールでは統計の分析のために３人を雇用しています」

これはアスレチックスに所属する統計学者よりも二人多いという。「我々のところは、大学院生が一人だけですよ」とビーンは言う。「彼はとても優秀な数学者だが、楽しい奴で、とても独創的でもあります。私たちはもっと統計学者がほしいし、多くの統計分析を外部委託してもいるのですが、問題はお金ですね。うちには資金がそんなにないので。一番裕福なニューヨーク・ヤンキースには21人の統計学者がいるそうですよ」

もちろん、統計的な相関関係の発見がチームや監督にとって有用なのは、対戦相手がそれをまだよくわかっていない場合だ。何らかの知見がすでに確立されていたとしたら、値がつけられて市場に出回る。言い換えるなら、競争で差をつけるなら、情報は独自のものでなければならない。だからこそ、ビーンの野球界入りは幸先の良いものだったのだ。当時はセイバーメトリクスの黎明期だったし、野球界の権威はデータを敵視していた。

『マネー・ボール』が出版されて以降、ビーンが直面した最大級の問題の一つは、(2003年以降のアスレチックスの成績があまり芳しくないのもあるが) ほかのチームが彼の分析を選手獲得や放出の決定に利用しはじめたことだ。まるで特許が切れたかのように、ビーンの競争力は弱まった。あるいは、金融市場の言葉を使うなら、情報が裁定取引されてしまった。

「優位性を取り戻そうと、別の相関関係に注目しています」とビーンは説明する。「たとえば、過小評価されがちな守備スキルとか。そのほかは公表しません。あとは、医学的な状況を改善する方法を探したいですね。選手のけがからの復帰が早くなったり、けがをしにくい選手を獲得できたりすれば、成績もかなり良くなるはずです。このあたりが分析において重要になってくるでしょう」

私はコモリに、サッカーでデータを取ってみて、直観に反する結果が得られたか尋ねた。「あまり詳しくは言いたくありませんが」と裁定取引の話を念頭に彼は言う。「いくつか発見はありましたよ。まず、予想していたよりも、ボールの支配率と試合結果には強い相関がありませんでした。たとえば、ボール支配率が7割を超えていたのに、今シーズンはストーク・シティFCに1対0で負けました。ボール支配率が無関係と言うんじゃありません。それはFCバルセロナを見ればわかります。でも、支配率は多くのクラブに過大評価されています」

「また、私たちがこれまで考えていたよりも、異議申し立てが通るかどうか、つまりピッチ周辺での戦いの重要性は低いこともわかりました。そのほかにも、これまでの話題と直結する発見はありましたが、ここでは言えません」

「情報は有用なので、私たちは探して分析し続けます。相関関係は比較的弱くなっていくので、結果に結びつくまでにはしばらくかかるでしょうが、長期的には違いが出るはずです」

ビーンは力強くうなずいていた。野球に革命を起こした男は、いまも数字のマジックのとりこである。

人間性の成長が究極の勝利を導く

２０１５年7月25日におこなわれた第１０２回ツール・ド・フランスの最後から二番目のレース、総合優勝が決まる第20ステージのためにモダンに到着したチーム・スカイのバスのなかの雰囲気は、緊張と疲労感で満たされていた。これまでの21日間、３０００キロメートルにわたってレースを続け、エベレストと同じくらいの標高を登ってきた選手たちは、上半身は裸のままで座席に沈み込んでいた。その脚は痛々しく傷や打撲に覆われ、そのしなやかな上半身は薄暗いなかで青白く見えた。日よけが降ろされ、大事な最後のミーティングに入るために明かりが絞られた。選手たちの前では、尊敬を集めているスポーツディレクターのニコラス・ポータルが、ゆっくり、しかし自信を持った声で、レースの計画を説明した。「長いレースだったが、今日が最後の戦いとなる。スタートとゴールの間は１１０キロメートル。長くはないが、道中で何が起こるかはわからない」

正面のスクリーンには、ルートと、このステージの勝敗を決める鍵となる重要な区間が映し出されていた。ありのままの数字が表示されると、ほとんど聞き取れないほど小さなざわめきがバスのなかに広がった。下り坂でスタートした後に、31キロメートルの登り坂があり、クロワ・ド・フェール峠まで続くと、谷に向かって下り坂となる。そして、左に曲がって川を渡ると、あらゆる自転車レースで最も有名な、あの恐ろしいラルプ・デュエズへと差しかかる。

選手たちは表情を変えなかったが、その心中がどんなものかははっきりとわかった。3週間もの苦難を乗り越えたいま、彼らの身体は休息、睡眠、回復を切に求めていた。ここで新たに、脚や肺に対して不当な要求をしようというのだ。前方に座っていたリッチー・ポートは、チームメイトたちを見回し、厳しい顔をしてうなずいた。「身体はもう言うことを聞かないだろう。精神力で続けるしかない」とポータルは言った。

1年間の準備の成果は、次の3時間のレースにかかっている。後方に座って目で地図を追っていたクリス・フルームは、2位と2分半差でマイヨジョーヌをキープしていた。彼のライバル、コロンビアのナイロ・キンタナにとって、その差は大きいものの、追いつけないほどではない。この前日、チーム・スカイは初めて弱点をさらした。ゲラント・トーマスに不調が現れ、彼は総合順位を4位から15位へと落とした。非の打ち所がないと思われたフルームさえも、明らかに苦しんでいるようだった。

「これで終わりじゃない」。チームのトップ（ゼネラルマネージャー兼監督）を務めるデイヴ・ブレイルスフォードは、打ち合わせの数分前に語った。「選手たちはすべてを出し尽くし、すばらしい戦いをしてくれている。けれども、完全なる限界に近づきつつある。もうエネルギーは空も同然だ。チームメイトがフルーミーのアシストをすることがとても重要になってくる。**彼が孤立してしまえば、負けが確定だ。**不安だ……とても不安だよ」

そのとき、フルームが質問をした。1枚目のスライドが映し出されたときから、なんとなくみんなが感じていた疑問だ。「キンタナがラルプ・デュエズの麓から仕掛けてくるのはほぼ確実だ。俺はキンタナを無視して自分のペースを保つべきかな？　それともすぐに追ったほうがいい？　もし俺が独りだったとき、つまり、周りに俺と、キンタナと、ほかの総合優勝圏内の人しかいなかったときね。追ったほうがいいか、様子を見たほうがいいか？」

一瞬、みんなが黙り込んだ後、ちょっとした議論になった。すぐに反撃するべきだと言う人もいれば、そこで全力を出してしまえば脚が限界になるとか、ポータルの言葉を借りれば「レッドゾーンに入ってしまう」と言う人もいた。ポートは「自分のペースを保つべきだろう」と言った。フルームはみんなの意見を聞き、感謝を述べ、熟考しながら目を閉じた。「その場でどうするか決めるよ。いま決めるには、不確定な要素が多すぎる」

次はブレイルスフォードが発言する番だ。選手たちがスタート位置につく前、最後に言葉をかけるのはいつもチームのリーダーだと決まっている。ブレイルスフォードは数字やデータを分析するのが好きな、厳格で合理性を重んじる人だが、同時に、内奥では闘争心を燃やしている。それを彼は「自分の内部の動物」と呼ぶ。チームの仲間たちと同じようにブレイルスフォードも、チーム・スカイの品格を疑う根拠のない主張に打ちのめされていた。新聞には好き放題書かれ、ブーイングされたり、唾を吐かれたり、フルームの顔面に尿が入ったカップが投げつけられたりもした。ツール・ド・フランスにただ出場するのと、品性を否定されながら出場するのは、まったく別のことだ。

「君たちはよくやってくれた。勝利まであと60マイル（約97キロメートル）、それだけだ。G（ゲラント・トーマス）、自分をしっかり持て。ワウト（ヴァウテル・プールス）、昨日はすばらしかった。今日もしっかりな。レオ（レオポルト・ケーニッヒ）、うまくいかなかったことはわかっている。君自身も気持ちの整理はついていているだろう。ニコ（ニコラス・ロッシュ）もそうだよな。リッチー、君は今日のステージで重要だ。世界でもトップクラスのクライマーなのだから。絶対に山の頂上に行けるさ。そこまでがんばれ。それが今日一日でとても大事な部分になる。フルーミーをラルプ・デュエズの麓まで連れて行くんだ。そうすれば彼は力を出せる」

みんなうなずいた。何人かの選手は通路をまたいでチームメイトの肩や太ももを軽く叩いた。チーム・スカイ全体の、最後のエネルギーが躍動しはじめた。ブレイルスフォードは最後に熱弁する。いつもは淡々としている彼の声は鋭くなり、チームを最後の追い込みへと駆り立てた。「**これまで以上にチーム一丸となれ。絶対にできる。あの坂の頂上へ登って、このレースに勝つぞ。さあ！**」

２０１５年のツール・ド・フランスで勝利するための決定的な一歩目は、7月4日のユトレヒトでのグランデパールにて踏み出されたのではない。前年の２０１４年7月26日、ツール・ド・フランスの最終日前日、その日のステージのゴールだったペリグーから、最終ステージのスタート地点パリに向かう、車で6時間の道中だった。チーム・スカイの車にはブレイルスフォードと一緒に、チームの上級管理職であるティム・ケリソン、ロッド・エリングワース、カーステン・ジェプセンが乗っていた。

2014年のツール・ド・フランスは悔いの残る結果となった。フルームは序盤のステージでリタイアしてしまい、プランBがないことが発覚した。ポートはウイルスに感染し、優勝争いから離脱した。不満がそこかしこから聞こえた。チーム・スカイは終わったと噂された。ブレイルスフォードがとんでもない間違いを犯したのだと囁かれた。

「ゼロからの再出発となったよ」とブレイルスフォードは語った。「同じ車に乗っている3人にこう言ったんだ。『私たちは長い間うまくいってた。でも、**次の高みに達したいなら、自分たちを見直さなきゃならない。あらゆる前提、あらゆる手法、当たり前だと思っているすべてのことを見直さなければ。いったんぶっ壊して、再スタートしよう**』」

「私たち4人は、ずっと一緒にやってきた。だから思考も似てきたんだ。問題に直面したとき、4人が同じ反応をするようになった。それは強みだが、長い目で見たら弱点にもなりうる。自分の視点を疑う人がいないわけだから」

そこでチーム・スカイは新たなパフォーマンス・サイエンティストにサイモン・ジョーンズを起用した。意見を述べ、徹底的に質問し、リーダー層を心地よい環境から引きずり出すのがその役目だ。チームはまた、新たにジェームズ・モートンという栄養士も起用した。「自分の立場が脅かされていると感じることもあったけど、そういう人たちから異議を唱えられるのは良かった。新しいアイデアが出てきはじめた。私は、勝つために何が必要かを記録している閻魔帳に、新しい計画を書きはじめた」とブレイルスフォードは語った。

ブレイルスフォードは**三つの重要な変化**を挙げた。うち二つは**チームの文化の改善**で、もう一つは**技術的側面の改善**だ。「私は、**成功するチームは感情的なたくましさを持つ文化から生まれる**と確信した。自転車競技は、エネルギーや力の出力のみで説明されることが多い。だが、人間的な側面もとても重要で、パフォーマンス・サイエンティストにはそれが過小評価されがちだ」

「最初に、私たちは『**勝つための行動**』アプリをつくってチームに変化をもたらした。インチキ臭く聞こえるだろうが、基本的なことなんだ。たとえば、**勝つ者の行動は『不平を言わない』**で、**負ける者の行動は『不平を言う』**。誰かに腹を立てて、そのことをチームメイトに愚痴りはじめたりすると、それがまた誰かに伝わり、チームのなかでがんのように悪影響を及ぼす。些細なことかもしれないが、破滅のもとになる」

ブレイルスフォードはiPhoneを取り出して、そのアプリを見せてくれた。左半分に行動リストがあり、右半分に笑顔の絵文字、普通の絵文字、悲しい顔の絵文字がついた、自己採点のための目盛りがある。一つひとつの行動について、チーム・スカイのメンバーは週ごとに自己評価を提出させられ、それをブレイルスフォードがチェックして、一対一のミーティングをおこなう。

ブレイルスフォードは、ツール・ド・フランスのその日のステージにおける自己評価を入力しはじめた。一つ目の項目は「私は感情をコントロールできる」。「今日は感情をコントロールできなかったな。改善の余地あり」と彼は言う。二つ目は「個人的な問題を仕事に影響させない」。ブレイルスフォードは笑顔の絵文字をタップした。「私は個人の問題を仕事に持ち込んだことはない」と言いながら。

リストにはほかに、このような行動があった。「チームを批判しない」「わずかなアドバンテージを追求する」「よく調べ、建設的なフィードバックを出す」「常に学びを模索する」「能動的に人の話を聞く」「チームメイトのために先回りして問題解決をおこなう」。ブレイルスフォードは言う。「最後の項目は、強調してもしきれないほど大事だ。『助けてくれればよかったのに』と人はよく言うが、それに対する答えは決まって『言ってくれれば助けてあげたのに』となる。それじゃあだめなんだ。問題があるかどうかを尋ねなきゃならないという状況がまずいけない。『先回りして』というところが、単なる良いチームと偉大なチームの差になるんだ」

「私は、常に選手たちがどういう状況かを把握している。そうやって文化を変えていくんだ。自己評価を紙に書かせるなんてのは良くない。実際の行動を変えられるようにしなきゃならない。このアプリは生き方を変えてくれたよ。今日のチームのミーティングみたいに、議論が熱を帯びたときにも、正しく振る舞わなければならないと、みんな自覚している。有害な行動が起こる前に防いでくれるフィルターみたいなものだね」

二番目の変化は、モチベーションを高めるための組織的な努力だ。ブレイルスフォードはそれを**「やる気指数」**と呼ぶ。「私たちは、モチベーションに影響を与えうるあらゆる要素を掘り下げて分析した」と彼は言う。「契約の最終年の選手は、新たに契約を取れるように一生懸命努力する。1

年目の選手も同様だ。特に外から移籍してきた場合は、新しいチームで一目置かれたいからね。でも、何人かの選手については、2年目からモチベーション面でスランプに陥っているのを観測した。それに対しては、契約内容を微調整して直接対処することにした。私たちはまた、選手の私生活の調子や、トレーニングのデータも分析した。一人ひとりの選手にやる気指数をつけ、その動きを追跡したんだ。何かおかしな動きがあれば、すぐに対応する。やる気が下がるのは明らかに良くないことだ。先回りで対応すれば、下がってしまう前になんとかできる」

三番目の変化は技術的なものだ。チーム・スカイが利用しているアルゴリズムは、スポーツ界のなかでも最大級に高度で複雑なものだ。ケリソンのもと、チームは**自分たちの固定観念を検討し直す**とともに、特に、**食事とパワーの間の動的な関係性**について徹底的に調べた。「トレーニングの内容だけでなく、そのトレーニングのためのエネルギーをどう補給するかも重要です」とケリソンは言う。「狙った適応が得られるように、トレーニングごとにそれぞれ違った補給方法を採用しています。一部のトレーニングでは、脂肪を効率的に使える体をつくるために、炭水化物を減らします。別のトレーニングでは、パフォーマンスを最適化するために炭水化物を増やします。しかし私たちは、違った組み合わせも試しはじめました。やがて私たちは、ペダル回転数の違いに応じて、さまざまな栄養素が動的な相互作用のもとでパワーの出力に影響を及ぼすという、重要な知見を得ました」

チーム・スカイの変化はほかにもあった。石畳を走るために自転車のデザインを変えたり、スペイン人選手とのコミュニケーションを改善するためにスペイン人のコーチを採用したりしたのだ。こうした変化のほかにも、感染症を減らすために選手たちの部屋に掃除機をかけ、個別のマットレスを持ち込み、部屋に除湿機やエアコン、空気清浄機を設置するといった、細かい利点の追求があった。

チーム・スカイは、南フランスにあるトレーニング拠点の拡充もおこなった。「多くのチームは、世界中に散らばっています。お互いに追いつこうとするので、否が応にもレベルが高まりますし、結束感も高まります。そして最も重要なことですが、直観的な相互理解を深める機会もつくられます。そうすると、たとえば登り坂を走っているときにチームメイトが何を感じているかがわかるようになるので、いつサポートに回り、いつ攻めるかのタイミングもつかめるのです」とケリソンは説明する。

翌年のツール・ド・フランスが近づくにつれて、チームの改善はますますめざましいものとなった。しかしレースが始まると、外野は悪意を持ってその改善を受け止めた。特に、フルームがラ・ピエール・サン＝マルタンで猛烈に追い上げたときだ。ドーピング疑惑を主張する激しい声に、ブレイルスフォードは技術的なデータを公開することで答え、チーム・スカイは透明性に関してはどのチームよりも進んでいると指摘した。フルームは、大会運営が必要と認めれば大会中に24時間体制でドーピング検査を受けると承諾した最初の選手となった。

「やってないことを証明するのは不可能だ。だからすごくフラストレーションが溜まる。ほかのチームもそうするなら、私たちは喜んでさらに多くのパフォーマンスに関するデータを公開するよ。でも何をしたって、疑惑は消えないだろうね」とブレイルスフォードは言った。山岳ステージ全体で見ると、実際にはフルームはキンタナに負けていたので、この英国人選手が山登りで異常な力を持っているのではないかという考えはいくらか弱まった。85時間のレースの後、フルームはわずか72秒の差で総合トップの座にいた。

「私たちはクリーンだ」とブレイルスフォードは言う。「それはいくら強く言っても言いすぎではない。この20年間、イギリス代表チームであれチーム・スカイであれ、組織の内部の人間が組織の清廉潔白さに疑いを持ったことはなかった。私たちは、**誠実で体系的な改善を追求している**。この12カ月、それしか考えていなかったよ。私たちは少しずつ改善点を見つけながら、それを積み上げていった。その改善点の一つひとつは、どれも決定的なものではない。でもすべてを組み合わせれば、私たちは黄色のジャージを奪還できると自信を持って言えるようになった」

クロワ・ド・フェール峠の斜面に差しかかった選手たちにポータルがルートの案内をするとき、無線がパチパチと鳴る。選手の様子を見守る車のなかでは、エリングワースがずっとつぶやいていた。「あと少しだフルーミー、あと少しがんばれ」。そんな言葉にもはや意味がないことは、エリングワースも知っている。選手たちが高く登るにつれて、励ましやサポートは通用しなくなる。彼らはいまや野心とノイローゼのなか、ほとんどガス欠同然の状態で走っている。

頂上に近づくと、イタリア人のヴィンチェンツォ・ニバリが、前を走るキンタナとの差を埋めようと飛び出した。フルームはそれに反撃し、このチーム・スカイのリーダーはしばし隊列から離れて孤立することとなった。それは忘れられない瞬間だった。「これはまずいことになるかもしれん。落ち着けフルーミー、落ち着くんだ」とエリングワースは言った。だがスタッフが恐怖におののいている間にも、フルームの反撃は先細りになっていった。ペースが落ちると、チーム・スカイのほかのメンバーが再びフルームの前に戻ってきて、リーダーのために風を遮った。フルームはラルプ・デュエズの最後の難関を通り抜けるために、エネルギーの最後の一滴を使い果たそうとしていた。

選手たちが蛇行する最後の坂を登りきったとき、まるで夢のなかの景色のような美しいアルプスの姿が見え、感動がみんなを包んだ。先にゴール地点にいたブレイルスフォードは感情を抑えきれず、レースを直視することも、目をそらすこともできず、ポートがフルームから離れないようにとただ願うばかりだった。一方、スポーツディレクターという、スタッフのなかで最も過酷な仕事をしているポータルが無線で語りかける声には、ただアドレナリンのみがみなぎっていた。「あと4キロだぞ」

全員、時計を見つめていた。キンタナは1分以上の差をつけて前を走っており、フルームは軽い肺の感染症を発症していて、ほとんど限界だった。時折フルームは、ただ一人同じ走行位置に残っているチームメイトであるポートに、ペースを落とすように求めた。フルームと何カ月も一緒にトレーニングをしてきたオーストラリア人のポートは、友人が何を求めているかを鋭く感じ取れたので、力を加減した。彼の頭は下がり、脚はただペダルを回し、額からは汗が滝のように流れていた。**これはもはやレースではなく、さまざまなもののメタファーだった。その最後の、究極の勝利へと向かう登り坂では、チームワーク、犠牲、規律、ヒロイズムなど、人間性を形づくる多くの要素が輝いていた。**

フルームがゴールを通過し、1分ちょっとの差で総合優勝に決まると、チーム・スカイのスタッフたちの目からは涙があふれた。ブレイルスフォードは目を閉じた。ブレイルスフォードには陶酔感も、心のなかでの興奮もなかった。ただ、彼のこれまでのすべての勝利のときに感じたのと同じ険しい満足感を、控えめに感じただけだった。「ほかの人が感じる高揚感を、どうやら私は感じないらしい」と、太陽の光に目を細めながら彼は言う。まるで、普通の人はどんな感情を持つのだろうと不思議がっているようだった。「安心感というのもないね。ただただ、満足感だ」

まだフルームがゴールラインのところで世界中のカメラマンのフラッシュを浴びているときに、チーム・スカイのほかの選手は500メートル離れたホテルに自転車で到着していた。ツール・ド・フランスの残酷で皮肉な点の一つは、おそらくは**究極のチーム戦でありながら、栄冠はただ一人のためにある**ということだ。「俺はそれでもかまわない。この競技はいつだってそうだから」とトーマスは言う。「フルームはすばらしいアスリートだ。フルームにはその栄冠を受ける資格があるよ」

遠くに見える山頂の下へと太陽が隠れはじめる頃、チーム・スカイの選手たちはホテルのレストランで夕食をとった。勝利の証しであるビールを飲み、再びエネルギーを蓄えるのだ。まだ、パリ市内へと凱旋するステージと、そのスタート地点までの長い移動が待っている。ポートはフォークも持ち上げられないほど疲れていた。「気分はどう？」と私は尋ねた。すると彼は力なく笑いながら「もう何も残っちゃいない。でもやり切ったよ」と答えた。

テーブルの向かいにはフルームがいた。彼はチームのミーティングでも、バーでも、レース後のインタビューでも礼儀正しさが際立っていた。彼はチームメイトをじっと見つめて、こう言った。「ありがとう」。それはほんの一瞬だったが、すばらしいチームの親和力を切り取ったような瞬間だった。「みんなすばらしかった。みんなのおかげだ」

数時間後、レストランにはチーム・スカイのドクターであるリチャード・アッシャーとポータルだけが残っていた。掃除係がフロアに掃除機をかけており、この特別な日の終わりを告げているようだ。ところがそのとき、パタパタと階段を上がる音とともにブレイルスフォードが部屋に飛び込んできた。その手には書類の束が握られている。彼の目はきらきら光っていた。「いま、世界最高クラスの若手選手との契約に合意したぞ」

レースが終わってからも、ブレイルスフォードは休まなかった。十数回ものインタビューを受け、レースの報告に目を通し、フルームと一緒にジャーナリストと面会したが、バーでエージェントと会って新しい選手の契約締結の話し合いもしていたのだ。「常に先のことを考えていなければならない」と彼は言う。「**喝采を受けて満足してしまうと、そこで終わりだ。あらゆる思い込みを疑い、あらゆる手順を見直すというプロセスを、これからもおこなうつもりだ。それが、成功を継続させるただ一つの方法だよ**」

「リサには電話しましたか?」(リサは彼の長年のパートナーだ)と私は尋ねた。ブレイルスフォードはため息をついて表情を歪め、「しまった。してないや」と言った後に笑った。リサに携帯電話でメッセージを打ちながら、彼は言う。「長い間ずっと家を空けていたけど、来週にはリサとミリー(彼の10歳の娘)と、近い親戚の何人かでアメリカに行くんだ。楽しく過ごせると思うよ」

それは休暇ということですか? 「まあ半分ね」と彼は答える。「羽を伸ばしにも行くけど、アメリカンフットボールのサンフランシスコ・フォーティナイナーズと、セーリングのオラクル・チームＵＳＡの見学にも行く。こういうことが、この仕事においては大事なんだ。**常に学習の余地はある。もう自分は何でもわかってると思ったら、諦めたも同然だ**」

そこで彼は一瞬言葉を切り、表情を和らげた。「人それぞれ、生き方は違う。もっと楽をしたいと思う人のことも尊重はするよ。それも一つの生き方だからね。でも私は、常に前進して、限界を超え続けたい」

「何もなくなるまで、限界を超え続けたいんだ」

II

The Mental Game

第2章　メンタルのゲーム

偉大さを支える心理的な要因は、いまだ最も解明されていないと言えるだろう。プレッシャーに押しつぶされてしまう人がいる一方で、プレッシャーのなかでもいつも通り行動できる人がいるのはなぜなのか？　何千時間もの練習の間にモチベーションを失ってしまう人がいる一方で、モチベーションを保ち続けられる人がいるのはなぜなのか？

失敗や挫折から学ぶアスリートがいる一方で（デヴィッド・ベッカムは1998年ワールドカップの退場事件の後に見事な活躍をした）、それに打ちのめされてしまうアスリートがいるのはなぜなのか？　そして、まるで一つの知能が操作しているかのように一致団結できるチームがある一方で、団結できずにもがくだけのチームがあるのはなぜなのか？

このような心理学的な要素がおもしろいのは、まだ研究の黎明期にあるからだ。世界中で、日々新しい実験がおこなわれている。認知神経学者は、人が行動したり決断したりする際に脳内で何が起こっているかについて、続々と新発見をしている。人類学者は、心の進化論的な発達に関する新たな知見を得ている。

スポーツは、これらのテーマを探究するのにとても適している。なぜなら、**最も高いレベルにおいて勝利と敗北を分けることが多いのは、心理的な要素だからだ**。ピート・サンプラス対アンドレ・アガシ、モハメド・アリ対ジョー・フレージャー、ファーガソン監督のマンチェスター・ユナイテッド対ヴェンゲル監督のアーセナル——このような戦いにおいては、偉大さを定義する精神的な特質が際立っているのである。

体が心を乗っ取る「1万時間の法則」

ピート・サンプラスは、いつも目立っていながらも隠れているという印象だった。彼は約10年間テニス界の頂点に立ち、メディアにもよく登場していたが、決して明らかにならない謎めいた性質を保ち続けた。それは引退に向かってゆっくりと歩みを進めるようになってからも変わらなかった。感情をあらわにするアンドレ・アガシとは精神面で対照的だったことも、二人のライバル関係に精彩を加えた。

サンプラスについてはっきりしていることは二つだけだ。一つ目は、彼が天使のように優雅なサーブとボレーを打ったということ。二つ目は、彼がほとんど神秘的とも言える落ち着きをまとっていたことだ。最も記憶に残る彼の記者会見での受け答えは、1999年のウィンブルドン選手権決勝でアガシをストレートで下した後のものだ。サンプラスはセカンドサービスでエースをとって勝利した。そのサーブを打つ前はどんな気持ちでしたか、と尋ねられたとき、彼はこう答えたのだ。

「完全に何も感じていませんでした」

ロンドンの中心街でサンプラスと会う機会があった私は、私の同僚のサイモン・バーンズが「禅の境地」にたとえたような心理状態をサンプラスがどのように獲得できたのか、ぜひとも聞き出したいと思っていた。四大大会の決勝戦という嵐のなかで、彼はどうやってその異常なほどの平静を保てたのか？　サンプラスは目を見開き、体をこちらに乗り出して答えた。「それについては何時間だって語れますよ。心というのは、スポーツのなかでも、最も私を魅了する要素なんです」

「不思議なことに、私はいつも、四大大会の決勝の日の朝には、とても緊張していたんです。ウィンブルドンでは、体中にアドレナリンが流れ込んで、朝の5時半に起きることもよくありました。心ははやるばかりでした。失敗したらどうしようという恐怖はとても大きかったです。四大大会の決勝では何度か負けたことがありますが、ひどいものですよ。残酷ですが、誰も敗者には目を向けない。私を動かしていたのは、失敗に対する恐怖でした」

「ところが、午後2時に試合のためにコートに向かうと、何かが起こるのです。突然すべてが思い通りになる。私の動きも、私の感情も、観客もです。快適でした。私の頭からあらゆる思考がなくなり、きわめてシンプルな一点のみに集中するようになります。それは、コート上では自分を捨てようということです。最もぴったりな表現は、**体が心を乗っ取っているような状態**でしょうか」

それはまるで啓示のような、本質をつく言葉だった。そこで私は、精神が肉体にコントロールを委ねるというのはどのくらい簡単なのかと質問した。「自信がなければできません」と彼は答える。

「勘違いしないでほしいのですが、例のセカンドサーブでエースをとる前、私は死ぬほど緊張していました。試合中、不安に感じることはありました。けれども、テニスをプレーするという行為が、心を解放するんです。ボールをトスすると、腕が勝手に振られ、体が動きを支配します。動きが噛み合うのです。大事なのは、子どものときの反復練習、身につけた優れたテクニック、すべてのコンディションが整っていること、自信、そして筋肉に刻まれた記憶ですね。つまり**1万時間の積み重ね**です」

サンプラスはとても無口で、インタビューでは場が温まるまでしばらくかかった。しかし、プレッシャーのなかでどうやってプレーするかを話しはじめると、彼の様子は変わった。彼の表情は豊かになり、目は輝いた。時折、強い手振りも交えて語った。

「四大大会の決勝戦の日は特別な心境でした」と彼は言う。「ウィンブルドンでは、コーチと当時のガールフレンドと宿舎の部屋にいました。朝8時には炭水化物を摂取します。これはいつもワッフルでした。そして散歩かジョギングに行きます。正午から40分間ボールを打って、午後1時に軽食をとります。それから2時に、センターコートに歩いていくのです」。彼の目の奥には、実際にウィンブルドンにいるかのような景色が映っていた。

四大大会で14回の優勝を果たしたサンプラスが、ラケットを置いてからの道に苦労したというのは、少し驚きかもしれない。「最初の4年間は大変でした」と彼は語った。「楽しいことをいろいろして、体重も増え、最終的には200ポンド（約90キログラム）になりました。毎日、ゴルフやポーカーやバスケットボールをしていましたが、何かが足りませんでした。退屈していました。次は何をしようか？　と考えはじめました。テニスのエキシビションでプレーするようになると、体型ももとに戻り、集中力もいくらか戻ってきました。日々の生活が再び規則正しくなり、ジムでトレーニングも始めました。私はそれを楽しんでいました」

インタビューの前の週、サンプラスは国際テニス連盟が若いテニスプレーヤーを増やすために企画した「ワールド・テニス・デイ」に参加した。アガシには2セット取られて負けたが、彼はこれからも時折テニスの試合をするつもりだという。「テニスは自分にバランスを与えてくれると思います。いまは、少しゴルフもやり、妻と二人の子ども（11歳と8歳）と一緒に過ごしています。スローな日々です。そんなにやることもありません。テニスを引退してからの人生には、四大大会決勝のような激しさはない――それは受け入れなければなりませんね」

インタビューも終わりに差しかかったとき、私はサンプラスの人柄が好きだとわかった。彼からあふれ出ているのは、テニスへの愛というよりも、**追い求めることへの、戦いの激しさへの渇望**だ。それはほとんど実存的と言えるほど強い。「これほどすばらしいことはありませんからね。何時間もジムで体に鞭打ったり、コートで練習したりして、とてつもない努力をし、自分を限界まで押し上げる。その成果を大きな舞台で実践できるかどうかがすべてです。偉大な選手は、その方法を見つけるものなのです」

恐怖が失敗を招く

ガラパゴス諸島で過ごした日々を記録した手記のなかで、チャールズ・ダーウィンは現地の鳥が驚くほど人に慣れていると書いている。「彼らはすべて、しばしば鞭でうち殺せるほど、手もとまで近づいてきた。私は時には帽子でこれを試みたほどであった」と『ビーグル号航海記』（岩波書店ほか）でダーウィンは述べる。「小銃はここではほとんど無用なものである。私は銃口で木の枝から、一羽の鷹を突きおとせた」

ダーウィンは最初、この状況のわけがわからなかった。少年時代から熱心に鳥を観察してきた彼は、20フィート（約6メートル）も近づけば逃げるイギリスの鳥の用心深さを知っていたからだ。だがやがて、彼にも状況が飲み込めた。ガラパゴス諸島の鳥たちには、天敵がいなかったのだ。人間はそこにいなかったがゆえに、目を引く存在だった。鳥たちが危険に身をさらすことを厭わなかったのは、恐怖の本能がほかと同じようには進化していなかったからだ。

これがサッカーとどう関係があるのか。イングランドがアイスランドに敗れた後の評価では、この「恐怖」という原始的な感情が必ず言及されていたのだ。スティーヴン・ジェラードは「恐怖に負けてしまう文化」について語った。イングランドサッカー協会ＣＥＯのマーティン・グレンは、チームが**「恐怖に邪魔された」**と述べた。これらのコメントには、2016年6月27日、UEFA EURO 2016でのアイスランド戦でチーム全体が崩壊する様子を見たファンたちも同意するだろう。あの試合中、選手たちは怖がっているように見えた。

他方で、ウェールズ（初出場ながら、2016年7月6日に準決勝でポルトガルに敗れるまで勝ち上がった）はのびのびと試合をした（なんとすばらしいことだろう）。試合後の心に残るインタビューで、監督のクリス・コールマンはこう言った。「恐れないことです［…］充分に努力し、夢見ることを恐れなければ、失敗も怖くなくなります」。有識者たちも指摘したように、ウェールズ代表には恐怖がないことがありありと見てとれた。

ここでダーウィンに話を戻して、恐怖の生物学的な仕組みがサッカーにおいてどのような意味を持つのかを考えてみよう。哺乳類に備わっているあらゆる本能と同じように、恐怖は鳥たちの生存のためにきわめて重要な役割を果たすとダーウィンは気づいた。イギリスの鳥が人間を見て逃げるのは、そのような性質を持っていた先祖たちが天敵に捕まらずに生き残ったからだ。ガラパゴス諸島の鳥がイギリスに連れてこられたら、朝食の材料にされてしまっただろう。

これは人間にも当てはまる。生物に古くから備わっている脳の部位である扁桃体の欠損によって恐怖を感じられなくなったSM（仮名）という女性がいたが、彼女は危険な状況に身を置き続けていた。彼女はナイフや銃口を突きつけられたり、家庭内暴力で殺されかけたりと、はっきりと死の瀬戸際に立たされたことが何度もあった。それでも、彼女は絶望や切迫感、あるいはそのような出来事に直面した際に通常は現れるほかの行動反応を、何も示さなかった。

このことからわかるように、**恐怖とは役に立つものだ**。私たち自身も子どもたちも、恐怖という感情を持っていたほうがいい。**だが、恐怖は有害なものでもある**。サッカーのイングランド代表には、恐怖感にとらわれてほしくない。このパラドックスをどう解消すればいいのだろう?

ダーウィンが指摘したように、恐怖とは天敵やその他の生存を脅かす危機を避けるために進化した。だからこそ、すべての哺乳類に共通する原始的な反応はそのような危機に対処できるよう、絶妙に調整されている。敵に見つからないように、私たちは動きを止める。このとき胃腸の機能も抑制されるのは、消化さえも止まっているということだ。敵に発見されると、私たちは逃走する。このとき、心拍数と肺機能の高まりによって、筋肉がよく動くように刺激される。そして追い詰められて絶体絶命になったときには、私たちは戦う。この闘争・逃走・凍結挙動反応は速さが勝負のため、理性のコントロールを経ないでおこなわれる。

しかしここでは、天敵を目の前にしているのではなく、サッカーのピッチに立っていると想像してみよう。**そこで脅かされるのは生命と体ではなく、エゴと周りからの評価**だ。失敗したくない、みんなに叩かれたくない——ジェラードは、「地元でどのように報道されるだろうか、どれほどの批判を受けるだろうかと、どうしても考えてしまう」と語っている。とても大事な場面だし、結果は現実のものなので、恐れるのは自然な反応だ(そのため、スピーチをしたり就職面接を受けたりといった、人から「判断される」状況で、私たちの大部分は闘争・逃走・凍結挙動反応を経験する)。

しかし、進化の過程で身につけた反応も、ここではきわめて不適切だ。**凍結挙動**とは、ボールが蹴れなくなることだ。クリケットならクリースから出られなくなること、ダーツなら矢をうまく投げられなくなることだ。スピーチや面接では、言いたいことがうまく出てこなくなることだ(「頭が真っ白になっちゃった!」)

第二の選択肢である**逃走**も、あまり良くない。プレッシャーのかかる場面で、心の底から逃げ出したいと思った経験は誰にでもあるはずだ。これが極端になると、言い訳をして(「けがをした」とか「体調不良だ」というように)試合の場に出てこない人が生まれる。ピッチに立ったとしても、ボールに関与しない。「ピッチ上で行方不明になっている」と言われる。

2006年のワールドカップ決勝でのジネディーヌ・ジダンのように、極度のプレッシャーにさらされたスポーツ選手が猛攻する場合もあるが、闘争も有効な反応とは言えない。

つまり、過呼吸になったり、イップスが出たり、攻撃的になったり、「ピッチ上で行方不明」状態になったりといった、**スポーツや日常生活でよくある大失敗は、その場を乗り切ろうとする本能だが、その本能が適さない状況で出てしまっている**ということなのだ。悲しいかな、ペナルティーキックの際に体が固まってしまうのはあまり役に立たないとわかってはいながらも、そう反応してしまう体の原始的なシステムのスイッチを切るのはとても難しい。

ここでサッカーの話に戻ろう。現代のパフォーマンス心理学のほとんどは、闘争・逃走・凍結挙動反応を避けることに重点を置いている。「チンパンジーを調教する」、「自分のなかの悪魔をコントロールする」などとも形容されるそのようなテクニックは役に立つかもしれない。だが、コールマンの言葉を思い出してみよう。そこには、別の方法のヒントがあるからだ。コールマンは、通常の心理学的なテクニックを使って闘争・逃走・凍結挙動反応を抑えようとしたとは言っていない。**「失敗」という言葉を再定義して、その反応を抑えようとしたのだ。**

失敗とは一般に、軽蔑されるべきものだと思われている。そこには恐ろしくネガティブな響きがある。ところがコールマンにとっては、失敗という言葉はまったく別の意味を持っている。**「私は失敗を恐れていない」**と彼は言う。「みんな失敗するものです。私も、成功より失敗の数のほうが多い」。彼の言いたいことはシンプルだが、力強い。失敗とは、生きることと学ぶことの核なのだ。人がどのように育ち、進歩し、最終的に花開くかを示すのが、失敗だ。バスケットボールの名手マイケル・ジョーダンはかつてこう言った。**「失敗はするさ。だから成功するんだ」**

失敗からネガティブな連想がなくなり、失敗を自分が非難される理由ではなく学びの機会ととらえることができたら、それを恐れる理由はなくなるのではないか？　サッカーの試合を表現の場と考え、どんなクリエイティブな試みにもつきものの失敗を認められるとしたら、パスを出すべきときに体が固まってしまうことはないのではないか？　そして、同じような考えを持ち、団結力があり、強く、決意と野心のもとに一つになれる仲間と一緒なら、うまくいかなかったときにメディアになんと言われるだろうかと心配する必要はないのではないか？

コールマンが見せてくれたのは、あらゆる偉大なリーダーシップの特徴だ。**失敗を再定義することで、重大な結果に臨む環境を、心配と怯えの場ではなく楽しみとチームの表現の場に変えたのだ。**

ビル・シャンクリーの有名な格言とは裏腹に、サッカーは生きるか死ぬかの戦いではない。そのため、進化の過程で身についた闘争・逃走・凍結挙動反応は、役に立たないばかりか、悪影響を及ぼす場合も多い。失敗という概念に刺さっているトゲを抜けば、原始的な中脳から恐怖を外科的に取り除けるのだ。

そうすれば、人生という試合をうまくプレーできるようにもなる。

リスクは避けるな、とことん楽しめ

ジャック・ニクラスはかつて、ゴルフのトーナメントで勝つために必要な技術とは、守りと攻めのタイミングを理解することだと述べた。これは特に、ミスが重大な結果を招く傾向にあるオーガスタ・ナショナル・ゴルフクラブについて語る際には、多くの人が同意する戦略的知識だろう。

しかし、温厚で物腰柔らかで、人によっては無気力と言うかもしれない性格のフィル・ミケルソンが、13番のフェアウェイ脇の松葉が敷き詰められた場所で2010年4月11日に見せたのは、それとはかなり異なる哲学的命題だった。

二本の木のたった数フィート（1メートル足らず）の隙間を抜けなければならず、大惨事になる可能性が目に見えているなか、このアメリカ人選手は一発勝負に出た。

ピンがグリーンからわずか数歩のところにあるなかで、クリークをまたいで200ヤードを打たなければならない。そのようなショットには、たとえ軌道に障害物がなく、ライが完璧でも、細心の正確さが求められる。このときミケルソンが置かれた状況では、こうしたショットを打つのは単に大胆であるどころか、正気の沙汰とは思えなかった。彼がバッグから6番アイアンを取り出したときも、見ている人の多くは、彼がグリーンを狙って三度目のマスターズ制覇のチャンスを危険にさらすよりも、低めにレイアップしようとしているのだろうと思った。

そこでのミケルソンのショットの選択は、反対されたばかりか嘲笑もされた。その日の見出しは自ずと決まったことだろう。ミケルソンは一打リードしていて時間もあったし、このホールは彼と相性が良かった。レイアップしてもバーディーを狙えるチャンスはあったし、レイズ・クリーク〈オーガスタ・ナショナル・ゴルフクラブを流れる川〉が彼の野望の軌道を横切るように蛇行していた。どの角度から見ても、彼の決定はよろしくなかった。

しかし、ゴルフ、そしてスポーツ全体は、このような瞬間のためにあるのだ。ミケルソンがボールを打った瞬間、2010年のマスターズは（それ以前もわくわくする展開にあふれていたのだが）、ここ最近で最大級にすばらしいスポーツイベントへと進化した。

すばらしかったのは、ショットの繊細さや、ボールがクリークからわずか数インチのところにソフトに着地し、ホールまであと数フィートの緩やかなパッセージを残したことにとどまらない。もっとすばらしかったのは、**そのショットの裏にあった静かな思考の大胆さ**だ。

ニック・ファルドとセベ・バレステロスが全盛期だった頃、コメンテーターたちはなぜバレステロスは観客の心を惹きつけるがファルドはそうでもないのか、理由を推測した。ファルドは称賛と尊敬を集めただけだったのに対し、なぜバレステロスは崇められ、さらには愛されたのか？　感情豊かなバレステロスに比べるとファルドは総じて陰気すぎるからだと言う人もいたが、それだけではなさそうだ。

二人のゴルフへの向き合い方を見ると、より深い真実がわかってくる。ファルドは一級の戦略家で、一打一打を自分の野心と天秤にかけ、コースの回り方を几帳面に組み立てる。彼を見ていると、ゴルフとはまるで、根本的な部分では代数と幾何学の問題なのではないかと思えてくる。

バレステロスはそれとはかなり異なり、ガッツでショットを打ち、感覚でプレーし、その大胆さをひたすら楽しむためにストロークを選択する。つまり、**バレステロスはリスクを取る人だったのだ。そこが愛された点だった**。

リスクは、人を酔わせる奇妙なものだ。ファンとして、観客として、私たちはリスクに惹きつけられる。それは、リスクを取る人にはありえないほどの富が転がり込むかもしれないという、**はらはらする可能性があるからのみならず、その裏に不幸があるからだ**。ルーレットが回り、白いボールが踊るとき、私たちは不確実性の地獄にとらわれる。そこでは富める者と貧しい者、勝利と絶望、優勝者に贈られる伝説的なグリーンジャケットとレイズ・クリークの冷酷な深さが対比される。

経済用語を使うなら、**私たちの大部分はリスク回避型**だ。リスクを避け、その影響を最小限にとどめて生きようとし、賭け金に制限を設ける。保険業界という大きな産業部門があり、人々がそこに何万ポンドもつぎ込んでいるのはそれが理由だ。しかし、**だからこそ、不確実性を受け入れて大胆不敵な道を歩む人や、すべてを賭けてすべてを得ようとする人が出てくると、どこか根本的な次元で惹かれる**のだ。

アレックス・ヒギンズは地球上で最も美男子というわけではないが、1982年の世界スヌーカー選手権で優勝するために、情熱的な、ほとんど自殺行為とも言えるショットを連発したことで、私たちの心をしっかりとつかんだ。アイルトン・セナは歴代で最も成功したF1ドライバーというわけではないが、最も敬愛されている。それはアラン・プロストが「教授」と呼ばれたのとは対照的に、一匹狼のギャンブラーの走りを見せたからだ。ヤン＝オベ・ワルドナーが卓球界で大きな喝采を浴びたのは、単に勝利を重ねたからではなく、負けを恐れずに大胆に戦ったからだ。

ミケルソンがアメリカ国民に尊敬されたのは、品行方正で実直な人だったからというだけではない。ゴルフの歴史を彩ったバレステロスやアーノルド・パーマーのような勇気ある選手たちに劣らない大胆さと冒険心を持っていたからだ。

そして、オーガスタの13番ホールの松の木の下で打ったショットのようなプレーを見せてくれるときにミケルソンは、安全性と確実性の繭を破って生きる勇気があると人生はどのようなものになるか、その一端を垣間見せてくれる。

『存在と無』（筑摩書房ほか）でジャン＝ポール・サルトルは、大部分の人がリスクの計算を誤る傾向にあると書いている。その先に何が待ち受けているのだろうという病的な恐怖のせいで、私たちは居心地の良い領域から踏み出すことを恐れている。しかし、私たちが何をしようとも、どんな保険をかけてそれにすがろうとも、実存的な終局はいつも同じである――これが暗黙の現実なのだ。「恐れてるって？　あたしが身を破滅させたおかげで何か得したことがあるとすれば、それはもう何も恐れることがなくなったということなのさ」とサルトルは戯曲の登場人物に言わせている。

「優越の錯覚」のワナ

私たちの多くは、自分が実際よりも優れていると思い込む。事実、この傾向はとても強いため、心理学者たちが**「優越の錯覚」**と名前をつけているほどだ。車を運転する人のグループに、運転スキルと安全性の観点から自己採点をおこなってもらうと、93％の人が自分は平均よりもレベルが上だと答えたそうだ。

この現象は、頭が良い人たちにも現れる。ネブラスカ大学の教授陣を対象にした調査では、「68％の人が、自分は教える能力において上位25％に属していると答え、90％以上の人が、自分は平均より上だと答えた」という。

昨日の『タイムズ』紙の独占記事を読んで、私はこのことをずっと考えていた。記事では、オーストラリアで戦うラグビーのイングランド代表に選出されなかったクリス・アシュトンが、おそらくはその腹いせに、南アフリカへ向かうサクソンズ（実質的な二軍）への招集を断ったと報じられていた。それはイングランド代表のヘッドコーチ、エディー・ジョーンズとの関係を断ってしまうかもしれない選択だった。

代表選手の選考プロセスには、恨みつらみが必ずつきまとう。チームにとっての自分の価値を客観的に評価できているとしても、単に自分が選抜されなかったことに腹を立てているだけだとしても、恨みという結果は同じだ。

だがこの**恨みつらみは、「優越の錯覚」という現象によって何倍にも大きくなる**。結局のところ、私たちみんなが自分を実際よりも過大評価しているとしたら、自分をチームから外した人が誠実な選考をしたとは思えなくなるのだ。

このようなことは、会社でもある。最も成績の悪い従業員なのに、自分が昇進しなかったことに対して大真面目にショックを受ける人がいる。「上司は俺がいかに優秀かわかってないのか？」という具合に。

政治の世界でも同じことがある。国会議員になってから1年半以内に入閣できなかった人はみんな、首相が正気かどうか疑っている。新聞の世界にもこれはある。そこでは編集者というものは、少なくとも9割の記者からは嫌われる。なぜかというと、ジャーナリストはみんな自分こそがその新聞で一番の書き手で、限られたスペースを割り当ててもらえる特権があると思っているからだ。「私の記事こそその欄に入るべきだった。98面に掲載されたゴミよりずっと良いじゃないか！」

しかし、**「優越の錯覚」の極致が現れるのは、スポーツにおいてだろう**。16歳のとき、私はニューデリーでおこなわれた世界卓球選手権の選手になった。選考した人はぎりぎりの選択をおこなった。というのも、ジミー・ストークスとジョン・スーターという二人の年上の選手が、私と同じくらいのレベルで、彼らが選ばれてもおかしくなかったからだ。結局、若い私が選ばれた。

これには多くの人が反対したものの、結局は、選考した人が公正な判断をしたのだろうと考えて、それを受け入れた。

だがスーターとストークスにとって、これは受け入れがたい裏切りだった。彼らはその場で卓球をやめてしまった。ストークスは父親の会社で配管工になり、スーターは運送業者になった。「明らかに自分が一番優秀なプレーヤーなのに、ここで選抜されないのなら、続ける意味はほとんどない」とか、それに類することを彼らは考えていた。

いまでも、私は二人の決断を残念に思う。彼らは卓球が好きだったし、すばらしいチームメイトだったし、続けていれば頂点に行けただろう。彼らは自分で道を断ってしまったも同然だった。

スポーツでも人生でも、選ばれなかった人がこのようにやけになってしまう場面を、何度も見たことがあるのではないだろうか。

現在問題になっている自転車チームの例がある。いろいろ疑惑はあるが、そのなかでも特に問題とされている、コーチのシェーン・サットンが選手に不適切な言葉を吐いたという疑惑に関する、独立機関による調査結果はまだ出ていない。しかし私は、サットンによって不当にチームから外されたと告発したジェス・ヴァーニッシュが、成績以外の理由で外されたとは到底思えないのだ。

サットンは受け入れられないほど攻撃的になることもあるかもしれないが、良識ある人の多くが、サットンはメダルを取ることのみに注力していると口を揃えて言うだろう。ヴァーニッシュはサットンに悪意があったと信じているようだ。だが、これはサットンが持っているとされる偏見よりも、ヴァーニッシュが持つ優越の錯覚によるものだと私は考えている。

私は、デヴィッド・ベッカムと、彼がレアル・マドリードでファビオ・カペッロに認められなかったときのことについて話したのを覚えている。多くの人は、あのイタリア人監督がベッカムを外したのは間違いだと思った。ベッカム自身にとっても、その決定が偏見によるものだと考えることは容易だったはずだ。彼はリッチで、知名度も人気もある選手だったので、ロサンゼルス・ギャラクシーに移籍するまでの残りの数カ月をレアルで難なく過ごせるはずだった。極端な話、監督と口論になってもおかしくない。

その代わり、ベッカムはカペッロがチームのためにベストな選択をしたと受け入れることにした。そしてそれが、監督に見直してもらうための最初の一歩となった。「ファビオがチームを良くしたいと思っていたことはわかっていた。だから再び試合で起用してもらうためには、もっと努力して、全力でトレーニングをして実力を見せる必要があった」とベッカムは語った。

数週間後、一級の合理主義者であるカペッロは、方針を転換した。「ベッカムが懸命に練習をしている様子がわかったし、今週のトレーニングは完璧だった」と監督は言った。「彼は飛び抜けて良くなった。偉大なプロのように振る舞っている。[…]私の決定に影響を与えたのは、ベッカムの努力だ。ほかの選手がベッカムを戻してほしいと言ったからではないし、彼を戻すという私の決断が私の権威を損なうとも思っていない」

アシュトンの場合も、同じことが当てはまらないか？　私がもし監督だったら、アシュトンのオーストラリア行きを認めただろうが、ジョーンズが不合理な決定をしたとも思わない。だからこそ、アシュトンはサクソンズで活躍するべきだったのだ。ジョーンズがアシュトンをシックス・ネイションズの代表選手に選んだことを考えると、アシュトンは高く評価されている。サクソンズの遠征における地位を受け入れていれば、29歳の彼はチームに貢献しただろうし、若手プレーヤーの良き助言者にもなっただろう。彼自身、それを楽しめたに違いない。

「優越の錯覚」という現象は、必ずしも悪いものではない。心理学者のマーティン・セリグマンが言うように、自己評価が高いと、よりポジティブかつ楽観的になれて、回復力も高まる。しかし、他者に認められないと、不当な扱いをされたと感じる元になり、害となる。上司や選考委員がおかしいのではなく、**自分の実力が足りなかったから認められなかったのだと、ときには受け入れるのも大事**なのではないか？　それは、いらいらしたり、ましてや諦めてしまったりする代わりに、**新**

たな改善策を見つけるということだ。

考えすぎは仇となる

数年前、オランダのすばらしい心理学者アプ・ディクステルホイスが、有名な実験を企画した。それは、専門知識を持つ人にサッカーの試合の結果を予想する能力がどれほどあるかという実験だったが、ペナルティーキックの蹴り方にも大いに関係するものだった。

実験はかなりシンプルだ。ディクステルホイスはサッカーの専門家を集め、何試合かの結果を予想するように頼んだ。一つ目のグループは、試合について2分間考える時間が与えられた。彼らは、接戦になった場合の結果や、花形選手のそのシーズンの戦績など、関係のある事柄なら何でも考慮に入れて、座ってじっくりと考えることが許された。

しかし二つ目のグループには、さらに複雑な条件がついた。予想するべきいくつかの試合は同じものだが、2分間じっくり考える代わりに、骨の折れる記憶力の課題を解かされたのだ。記憶力の課題に集中しなければならなかったので、サッカーの試合について考える余裕は事実上なかった。

実験結果は、二つのグループの間に明白に差が現れたが、一見すると理屈に合わないものだった。**考える時間があったグループのほうが、試合結果の予想を外す傾向にあったのだ。**まるで当てずっぽうで選んだかのようだった。他方で、記憶力の課題をやらなければならなかった人たちのほうが、試合結果の予想がずっとよく当たっていた。なんと、**邪魔されることによってパフォーマンスが改善したのである**。

この発見は、プレッシャーがかかる状況下で何かをおこなうことの核心に迫っている。一つ目のグループにとっては、**意識的な熟考が予想の邪魔**になった。考えすぎは仇となるということだ。しかし二つ目のグループでは、意識的な思考を妨げられ、記憶力の課題のほうに集中するように強いられた。それが、意識よりもはるかに強力な潜在意識を解放し、正しい答えに導いたのだ。

これがペナルティーキックとどう関係があるのだろうか？　ロイ・ホジソンはワールドカップ決勝に向けた強化において、イングランド代表と協働する心理学者を雇ってはどうかと提案した。イングランド代表の監督であるホジソンは、ペナルティーキックの成功のための大きな要素は心理的なものだと気づいたのだ。「大事なのは、選手たちの性格、自信、そして、翌朝のマスコミ報道の見出しがどうなるかという懸念を遮断する能力だろう」と彼は述べた。「それを遮断する方法を教えてくれる心理学者がいれば、私たちのチームにとってすごく良いことなのだが」

だが、心理学者が雇われたとして、その人は実際に何をするのか？　先ほど述べたオランダの実験がヒントになる。ペナルティーキックは、ある意味ではサッカーの試合結果の予想と似ている。意識的な思考が邪魔になりうるのだ。考えすぎると、失敗しやすくなる。月曜日にホジソンとの話し合いに参加したグレン・ホドル〈イングランド代表の元選手、元監督〉も、ペナルティーキックを蹴るまでの時間についての話になると、この点をはっきりと強調した。「ハーフウェイラインからＰＫを蹴る場所まで歩いていくときが、サッカーのなかで最悪の場面だ」と彼は述べる。「厳密には、ペナルティーキックを蹴ること自体は問題ない」

なぜ、その歩いている間が危険なのか？　それは、考える時間になってしまうというのが大きい。失敗した場合の結末、テレビで見ている何百万人もの人、屈辱的なピザ・ハットのコマーシャルについて、じっくり考えてしまう30秒間が生まれる。この間が永遠に続くかのように感じられても無理はない。そして、そんなときは、意識的な思考がさらに活発になり、いとも簡単に状況はさらに悪化してしまう。

考えることは、スポーツにおいても人生においても、万能薬としてよく持ち上げられる。仕事上の決断に迷っているときは、もう少しよく考えてみようと言われるだろう。ペナルティーキックがうまくできず悩んでいるときは、どのようにボールを蹴るかを分析するように言われる。もちろん、正しい場面では、考えることは役に立つ。**ただ問題なのは、パフォーマンスをする本番の環境では、思考は命取りになりかねないことだ。**もっとよく考えるのではなく、考えないようにすることが必要な場合もある。

同じことは努力にも言える。ＰＫ戦にせよオープンプレーにせよ、イングランドが負けたときに、選手たちはよく努力が足りなかったのだと叱られる。より良い結果の基礎はより大きな努力にあるという考え方だ。しかし、これも見当違いなのだ。インポテンツの男性が、性的機能を取り戻すためにもっと努力しろと医者に言われたとする。それは問題を悪化させるだけではないか？　**努力しすぎると、達成したいことを損なってしまう場合がよくある**。力を抜いてリラックスして、意識的な思考のスイッチを切ったときにしかうまくいかないことも多いのだ。

潜在意識の力については、脳の基本構造を見れば大部分がわかる（神経科学者によると、意識的な思考が1秒間に40ビットの情報を処理するのに対し、潜在意識は1100万ビットもの情報を処理できるという）。しかし、トップクラスの成績をあげる人たちの話からも、潜在意識のすごさはわかる。

スポーツ選手（あるいはミュージシャンでもいい）が最高のパフォーマンスをしているとき、意識的な心はとても静かで落ち着いていることが多い。その代わりに、**何年もの練習によりつくられてきた潜在意識の能力がフルに発揮されている**のだ。そこでは膨大な量の情報が処理され、大いに労力が使われているが、すべては意識の及ばない領域で起こっている。「禅の境地」のようなスポーツの「ゾーン」はまるで、水面下では足をバタバタ動かしているが、難なく水面を滑っているように見えるアヒルのようなものだ。

誰であろうと、サッカーのイングランド代表のために起用される心理学者の仕事は、思考しすぎるという誘惑に抗う方法を選手たちに教えることになるだろう。そのための確立されたテクニックはたくさんある。たとえば、サッカーの予想の実験でおこなわれたようにあえて気を散らしたり、結果はどうでもいいと思い込んでプレッシャーを和らげる自己暗示をかけたりする。しかし、万能薬はない。効果は、選手と精神的指導者の関係性によるところが大きいだろう。そのため、外から講習のために来るのではなく、キャンプに帯同する心理学者を起用したいとホジソンが考えたのは正しい。

確かなのは、イングランド代表がひどいＰＫ戦の成績（1勝7敗）を改善したいのなら、やり方を変えなければならないということだ。人生の多くの分野と同じように、**成功と失敗を分けるのはテクニックよりも、心のパラドックスを乗り越えられるかどうか**なのだろう。

プレーを純粋に愛せよ

選手生命の長さは、選手の偉大さと密接に結びついている。

一時的な傑出は誰もが普通に目にする。立ち消えになる前の1カ月間、あるいは1年間、明るく燃えるスポーツのスターを見たことがあるだろう。テニスのジェニファー・カプリアティ、サッカーのフレディー・アドゥなど、エリートのレベルにまでは登りつめたが、それを維持することはできなかった神童たちがいる。

対して、頂点に君臨し続け、キャリアの末期になっても、毎年毎年その限界を押し広げている人たちもいる。フェデラーがウィンブルドンの準決勝でアンディ・マリーを破ったのは、その年のベスト試合の一つに数えられる。フェデラーのショットは芸術性と正確さにあふれていて、ファーストサーブが入る率はすばらしく高かった。彼は3年間、四大大会でのタイトルを獲得していないが、34歳という年齢なのに、いまだほかの選手と遜色ないプレーをする。タイトルを獲得できる可能性はまだあるだろう。

選手生命の長さの不思議は、フェデラーだけでなく、その他の多くの名高いアスリートたちによって示されている。ジャック・ニクラスは46歳でメジャー大会18勝目をあげた。ライアン・ギグスは、マンチェスター・ユナイテッドで650試合以上に出場した後、40歳になってもすばらしいサッカーをする。ボート選手のスティーヴ・レッドグレーヴは体に鞭打ってオリンピックで5大会連続の金メダルを獲得した。そのほかの選手の名前が思い浮かぶ人もいるだろう。

どうしたら長い選手生命を保てるのか？　注目される期間がますます短くなり、「5秒世代」などと言われるなかで、**どうやってこれらの卓越したアスリートたちは、何年も、さらには何十年も、モチベーションと強さを保てているのだろうか？**

おそらく、答えを探しはじめるのにぴったりの場所は、オール・イングランド・ローンテニス・クラブの練習コートであるアオランギ・パークだ。ウィンブルドン選手権開催中の2週間、私はそこで過ごすのが好きだ。さまざまなチャンピオンたちから多くのことを学べる。今年の夏の大会の中日の朝、私はフェデラーが若い練習パートナーとともにその腕前を披露する様子を見学した。

それは啓示のようだった。練習は50分ほど続き、いろいろなメニューがあった（フェデラーは100本ほどのサーブを打った後、グラウンドストロークのラリーをおこない、最後に実戦形式の試合を6ゲームおこなった）が、一貫して見られたものがあった。それはフェデラーの笑顔だ。ドロップショットが決まり、相手がコートの後ろで立ち尽くしたときには激しく喜び、逆に相手がサイドライン近くを狙ったロブを決めると、両手を高く上げて褒めちぎった。

小学生のときに最初にテニスをしてから30年、そしてプロとしての生活を始めてから20年近く経ったが、フェデラーはいまでもテニスのおもしろさを大いに楽しんでいるようだ。まるで地元のテニスコートにいる子どもに似ていた。

似たような話は、ほかの名高いチャンピオンたちにもある。以前、セント・アンドリュースでニクラスにインタビューしたとき、40代を過ぎても続けてこられたのはなぜかと尋ねた。彼の答えは単純で、フェデラーを彷彿とさせるものだった。「ゴルフが好きなので。その気持ちがなければ、続けられませんよ」。ビリー・ジーン・キングも同じようなことを言っていた。テニスに退屈したことはないのかと聞かれたとき、彼女はこう反論した。「どうして退屈なんてするの？　ボールの飛び方は一度だって同じじゃないのに」

私たちが住む世界は、モチベーションがお金という色眼鏡を通して概念化されることが多い。誰かに忍耐強く、生産的でいてほしいのなら、ボーナスという誘惑を与えたほうがいい。これがいわゆる**「外発的動機づけ」**というものだ。

しかし、最もわくわくするタイプの寿命の長さを支えるものは、別の種類のモチベーションであると、フェデラーやニクラスたちは示している。それは外的な要因ではなく、競技そのものに備わった性質によるものだ。**プレーすること自体が報酬なのだ。**

ここで当然問題になるのは、多くのスポーツの楽しみが若者に教えられていないということだ。科学や美術や音楽に固有の魅力が、現在の実用主義的な教育のせいで若者の心に伝わらないのと同じ問題である。

若者は、科学や美術や音楽への愛を育むことを許されず、高収入やまっとうな経歴などの「目的」へのルートだと教えられる。しかし、これではそもそもなぜその活動をするのかがわからなくなってしまう。

もちろん、反論となる例もある。外発的なモチベーションのみで偉大なことを達成した人々は、スポーツにもそれ以外にもいる。思い浮かぶのはアンドレ・アガシだ。テニスが「大嫌いだ」という彼の言葉を私はあまり信じていないけれども。本当にそうなら、でしゃばりな父親の束縛から財を成して逃れた後も、なぜテニスを続けたのだろうか? あるインタビューで彼は、ほとんど言い訳がましかったが、テニスの試合でわくわくすることも多かったと認めた。

私はお金をもらうことを非難するつもりは決してない。やり遂げた仕事に対しては相応の報酬をもらいたいと、誰もが思っている。私はただ、お金を増額すればより大きなモチベーションが買えるわけではないと言いたいのだ。実際、ボーナスが多ければ多いほど、このような深い本能はかき消されてしまい、息の長さとは正反対の、短期主義に向かうことになる。

フェデラーにはその危険はない。彼がプレーし、コートを華麗に舞うとき、情熱とは軽く追加できるものではなく、創造性と活力という心理的なものだと私たちは思い出す。フェデラーの能力は卓越しているが、テニスに対する愛がなければ、その能力は発揮できないだろう。このコラムを書いている日の翌日、フェデラーは驚くべき38回目の四大大会準決勝に臨む。

お金で買えない持久力とは、このようなものなのだ。

状況をスキャンし目で考える技術

この項目で書くのは、チェス、放射線医学、そして高速航空機のパイロットが状況認識と呼ぶものについてだ。しかし話題の中心は、マンチェスター・シティFCの選手ダビド・シルバの首についてだ。彼は数ある栄誉のなかでも、ヨーロッパ選手権での二度の優勝とワールドカップでの優勝で有名だ。

この一週間のシルバは調子が良かった。前週のマンチェスター・ダービーでは、ラインの間にスペースを見つけ攻撃の道を開き、全体として、小柄な体型に似合わず大きく試合をかき回し、つけ入る隙がほとんどなかった。アーセナルFC戦の前半でも、ほとんど至高の存在に近かった。

このスペイン人選手の優れた点は確かに多い。流れるようになめらかなファーストタッチ、限られたスペースでボールを操る能力、そして特にここ最近では、フォワードの位置で進んでリスクを取ることなどだ。だが私は、これらはすべて、彼の最も重要な特徴なしにはあまり意味をなさないと主張したい。その特徴とは、**柔軟な首**だ。

試合の後、彼の首はとても痛むに違いない。彼は頭をあちこちに向ける。最もすばらしいのは、ボールが、しばしば速い速度で自分のほうへ飛んでくるときでも、肩越しに視線を送っていることだ。それは彼の本質を明らかにする行動だ。つまり、**ファーストタッチでリスクを冒しても空間認識能力を最大限に引き出している**のである。

クライブ・ウッドワードがラグビーのイングランド代表のヘッドコーチになったとき、視覚の専門家を起用した。彼はとりわけ、選手たちが利用可能な空間を効果的に使えているかを知りたかった。選手たちの典型的な傾向は、ボールを追跡し、ピッチを回るボールの行方を追い、ボールの進路に関与するように自分の動き方を見極めるというものだった。ウッドワードは（一部プロゾーンのデータを使用して）、重要な機会が損なわれていることに気づいた。かなりのスペースが活用されていなかったのだ。

そこで彼は新しい戦略を練り、それを**「クロスバー、タッチライン、コミュニケート」**と名づけた。選手たちはクロスバーを見て、次に両方のタッチラインを見て、自分たちの周りで何が起こっているかをもっと広い視点でとらえるようにした。すると「彼らは突然、次の展開がどこで起こるかを知るためのあらゆる視覚的な手がかりを拾えるようになった」とウッドワードは述べる。これはおそらくウッドワードがヘッドコーチを務めた期間に起こった重要なイノベーションであり、チームがワールドカップで好成績をあげた主な理由でもあった。

サッカーではよく、コーチが選手たちに、頭のなかに絵を描くことを推奨する。これは残念な言い方だと思う。サッカーのピッチにおける認識が静的なものだとほのめかしてしまっているからだ。絵からは、選手たちがいまどこにいるかがよくわかるかもしれないが、数秒後にどこにいるのかはまったくわからない。**常にスキャンしている**ほうが、はるかに効果的だ。どこに選手たちがいたか、いまはどこにいるかがわかるうえに、パスを出した後にどのような布陣になるかもそれとなくわかるようになる。

試合をリードすることに関して現代のサッカーで最大級に傑出した選手であるアンドレス・イニエスタはあるとき、その成功の秘訣を尋ねられた。彼の答えの中心は、状況認識の重要性についてだった。「誰にボールを回せるかを、自分がボールを受け止める前に見極めます」と彼は述べる。「自分の周りに誰がいるか、常に意識することです［…］そうしてパスを受け止められるスペースに入り込みます。スペースが広いほど、考える時間は多くなります」

「**一級の選手たちは、思考の速度も最速級**です。仲間はどこへ走っていこうとしているのか？　彼はオンサイドポジションにとどまるのか？　誰のところにスペースが空いているか？　誰がボールを受けられる状態か？　仲間が好むボールの位置は足元か正面か？　世界で一番うまくパスを出せるようになっても、チームメイトが適切な位置にいなければ、意味がありません」

イニエスタのチームメイト、ジャビ・エルナンデスも同じことを言った。「すばやく考え、スペースを探す。ひたすらスペースを探している」とある新聞のインタビューで彼は語っている。「日頃から、常にスペースを探している。（ここでジャビはスペースを探すように首を振った）ここか？　いや、あそこか？　違う、という感じで。サッカーをやったことがない人には、それがどれだけ大変かわかりづらいだろうね。とにかく、スペース、スペース、スペース。まるでプレイステーションのゲームをやっているみたいだ。ディフェンダーがこっちにいるから、あっちにボールを回そう、とスペースを見つけてパスを回す。そんな感じだ」

チェスに関する先駆的な研究においてハーバート・サイモン（ノーベル賞も受賞した偉大な心理学者）は、**グランドマスターはチェス盤を一度見るだけで、アマチュアが20回見ないと得られない量よりも多くの情報を得ると発見した**。これはいまや、ある特定の分野の専門家のパフォーマンス全般に見られることが知られている。たとえば、トップクラスの放射線科医は、X線写真から素人では見いだせない多くの診断情報を引き出せる。

一級のサッカー選手も、目で考えている。放射線科医と違うのは、サッカー選手は二次元ではなく四次元で考えて行動しなくてはならないことだ。だから首がとても重要になる。首をくるくる回し続け、知覚判断の力をつけてきた選手、すなわち、**常に状況をスキャンすることが習い性となった選手は、誇張ではなく、とても大きなアドバンテージを持っている**。サッカーは芸術と同じように、空間と時間の認識が肝なのだ。偉大な選手はそれを偶然ではなく、意図的にやっている。

首を回すことにかけて優れているのはスペイン人の選手たちだけではない。イングランドを含むほかの国の多くの選手も、卓越した状況認識力を持っている。私は、ユースサッカーでこの教訓を常に強調する必要があると強く提言したい。ユースのコーチは、右サイドへの上手な送球やヘディング能力の重要性については、あまり語らなくていい。ドリブルやシュートについてもあまり語らなくていい。その代わりに、首について語るべきだ。選手たちに、パスを受ける前に首を回して周りを見ることを、どの練習でも徹底させるべきだ。

マンチェスター・シティ対マンチェスター・ユナイテッドの試合では、シルバがボールを自分の横のわずかに後方、ヤヤ・トゥーレの進路に回したすばらしい瞬間があった。私の記憶が正しければ、実況解説者はこれをノールックパスと呼んだ。言わんとすることはわかるが、実際に起こっていることは正反対だ。シルバはボールを受ける前に、後ろを二度振り返っている。それはノールックパスではなく、**卓越した視野によるパス**だ。柔軟な首のおかげで、シルバは自分の後ろにも目を配れたのである。

「戦意喪失」の破壊的効果

中国の春秋時代であった紀元前500年頃に書かれた孫武の兵法書『孫子』(岩波書店ほか)は、いまでも軍事史において最も広く読まれた本である。その理由は単純だが説得力がある。『孫子』は実際には、戦争についての本ではないのだ。

文字数の多い各ページや暗号めいた格言をよくよく読んでみると、この本は究極的には人間の心理と、競争相手を怖気づかせるための技術についての本だとわかる。そのため、政治やビジネス、スポーツにおいて受け入れられたのだ。

2014年7月8日、私たちはサッカーの歴史のなかで最も生々しい敗北を目の当たりにした。それは単に、試合前にはほとんどのブックメーカーで好まれていたチームが大崩壊したというだけではない。前半、ドイツの2点目のゴールから5点目のゴールまでの時間に、ブラジルは奇妙に変化してしまった。彼らは集団全体で精神力が失われたようになった。そして7対1で敗北した。

そのときブラジル代表に何が起こったのか、『孫子』の第二篇にヒントが書いてある。そこで孫武は、少数の選りすぐった攻撃によって敵の士気を打ち砕くための**「急速なる優位性の確保」**という考え方を提唱している。この攻撃は軍事的な理由ではなく、心理的な理由でおこなわれるものだ。

敵にパニックを起こさせ、とても勝てないと思わせる攻撃を選択する。それは（春秋時代にそうだったように）**大きな破壊的効果をもたらす。**

孫武の理論は軍事的な教養において有力なテーマとなった。**敵の一定数が戦意を喪失すれば、その絶望感は簡単に広がる。**これはドイツの電撃戦においては「精確・精密に調整された兵力を、最大限のレバレッジを得るために適用する」という形で取り入れられた。また、アメリカの「衝撃と畏怖」ドクトリンにも「敵が戦ったり反撃したりしようと思う意志、認知、理解力に影響を及ぼす」という形で取り入れられた。

心理学の応用は戦場以外にも広がっている。マルコム・グラッドウェルはベストセラー『ティッピング・ポイント――いかにして「小さな変化」が「大きな変化」を生み出すか』（飛鳥新社）において、**「社会的伝染病」**という考え方を論じている。グラッドウェルは、アイデアや商品やメッセージ（たとえば1990年以降のニューヨークの犯罪率の減少や90年代中頃のスウェードシューズのブランド「ハッシュパピー」の流行）は、ウイルスのように広がると書いている。社会の崩壊や、銀行の取り付け騒ぎ、そして伝染する恐怖の効果などにも、同じことが言える。

この考え方の名残りはスポーツにも見られる。クリケットのバッティングの乱れは、判断ミスや悪運によってランダムに起こる場合もある。しかし時折、単なる運ではない場合もある。序盤の打席のバッツマンを何人かアウトにするような5、6球のうまいボールが投げられると、中盤の打席のバッツマンはパニックになる。いろいろな意味で、心理的な影響は統計的な影響よりもはるかに大きい。

次に打席に立つバッツマンは戦う気力を失っている。敵がとても強力に見えるからだ。**戦意喪失はウイルスのように広がる。**クリケット選手のマーク・ランプラカーシュは以前、こう語っていた。「戦意が崩壊していると、クリースに向かって歩いていても、心は選手控室に戻っているときがある。ほとんどどうにもならないほど圧倒されているのだ」

私は、スポーツが戦争と同じようなものだと言っているわけでは決してない。戦争とスポーツは、重要度もまったく違うし、似ても似つかない。どんな状況においても、人間心理に共通する特性があると指摘したいだけだ。だからこそ、**心の科学がこの30年間、とても急速に発展している。作戦室、役員会議室、ロッカールームと、どこに行ってもそれは重要なのだ。**

ドイツは試合開始後23分までに2点を取ったが、この点差はブラジルにとって、挽回できないほどの損失ではなかった。しかし、ドイツのゴールの決まり方が特別な影響力を発揮したようだ。それはすばやく、しっかりと組み立てられた攻撃で、ネイマールとチアゴ・シウバがいないブラジルよりもドイツが勝っていることを突きつけるようだった。心理的な言い方をすれば、ドイツのゴールはピンポイント攻撃のようだった。スタジアム全体がショックを受けた。ハーフウェイラインへと戻るブラジルの選手たちは度肝を抜かれた様子だった。

もともと両チームの実力には差があったという指摘は正しい。けれども、その次の7分間（ブラジルはさらに3点を許した）やその後に起こったことを思い出してほしい。その差は深淵となってしまった。

ＢＢＣの解説者アラン・ハンセンは、「これ以上ないほどきわめて悲惨なプレーだ。これを良いと評価できる人は誰もいないだろう」と述べた。ゲーリー・リネカーは「半世紀近くサッカーを見てきたが、これは私が見たなかで最も常軌を逸した途方に暮れるほど驚き呆れる試合だ」と述べた。


ブラジルの降伏が劇的だったのは、根底には社会学的な要素もあるからだ。先ほど述べたクリケットのバッティングの崩壊がサッカーのピッチで起こったものであり、ワールドカップの準決勝という場でパニックが疫病のように広がった出来事であった。さまざまな意味で、これは今年最も注目を集めたスポーツのエピソードだ。なぜなら、ここでも、サッカーやクリケットなどの試合が人間の精神の奥深くを私たちに垣間見せ、その美しさと精密さ（ドイツはすばらしかった）、そして人間の精神を取り巻く多くの皮肉を示してくれるからだ。

試合後、ブラジル代表で初のキャプテンを務めたダヴィド・ルイスは、カメラに向かってこう言った。「うまくいきませんでした。みんなに、すべてのブラジル人にお詫びします。みんなの笑顔が見たかった」。だが、彼の言葉よりも、その態度のほうが切実だった。彼はショックを受け、混乱し、何が起こったかよくわかっていない様子だった。涙が頬を伝っていた。

必死で勝とうとしたスポーツマンたちは、意志の力と希望の最後の一片も使い果たしてしまった。この日をまとめる一言は、ゴールキーパーならではの視点を持つジュリオ・セザルに託された。

「俺たちは負けたんだ」と彼は言い、彼もまた涙を流した。

「自己信頼」が、逆転勝利を導く

2013〜14年シーズンのジ・アッシズのウィンターツアーで、自分たちの代表が粉砕されるのを見たイングランドのクリケットファンと同じように、リヴァプールFCのサポーターはその日、前半の終わりにチームがとぼとぼと退場する姿を見て絶望に近いものを感じた。

ラファエル・ベニテス率いるリヴァプールはACミランのカカ、エルナン・クレスポ、アンドリー・シェフチェンコに痛い目を見せられていた。3点目のゴールを決められたとき、40人ほどのファンが屈辱に耐えきれずに観客席を後にした。2005年のUEFAチャンピオンズリーグでの出来事だ。この大会に何点差で負けるのかという疑問しか、もう湧いてこなかった。

そのときスタンドで、リヴァプールのファンの一団が歌いはじめた。「それはためらいがちに、怒りのこもった小声で始まった」と、その場にいた『タイムズ』紙のトニー・エヴァンスは書いている。「ところが、それは突如として、文化と信念の究極の表現となった。歌が終わったとき、緊張は解け、たとえチームは打ちのめされていたとしても、4万人のリヴァプールファンはもはや打ちひしがれていなかった」

チームもここで打ちのめされてはいなかった。スタジアムの奥にあるロッカールームで、ベニテスは決定的な戦略変更に踏み切った。スティーヴ・フィナンを下げてディートマー・ハマンを投入し、カカの独特な攻撃を無効化するように指示した。そしてベニテスは選手たちに語りかけた。ミランは疲れているだろうし、シーズン終盤にユベントスにセリエAのタイトルを奪われたことで、心理的に弱くなっている可能性があると主張した。ベンチに座り込んでいた選手たちも、ベニテスの話に耳を傾けはじめた。

選手たちはピッチに戻るとき、スタンドのファンの喧騒を聞いた。そのときには誰も、その後6分以内に3点を決めること、エキストラタイムの英雄的な奮闘、そして現代で最大級におもしろいスポーツの試合となったこの日のクライマックスを飾ったPK戦を予測できなかった。リヴァプールは逆転できる状況ではなかった。やがて奇跡が起こるかもしれないとファンが信じられる状況ではなかった。ところが、それこそが、逆転勝利の本質的なパラドックスなのだ。**信じたときにしか、奇跡は起こらない**。

アメリカの心理学教授、シェリー・テイラーは、この現象について研究している。ごくありふれた課題においても、**自分に非現実的なほど高い期待を抱いている人**（要するに、**自分は奇跡を起こせると信じている人**）**のほうが、かなり速く、より効率的にやり遂げられる。自己信頼がパフォーマンスを強化するのだ**。他方で、その課題の難しさについてより現実的な考えを持っている人は、より遅く、集中力を削がれながらしかできない。諦めてしまう場合もある。簡単に言えば、楽観的な思考には、実現の種が含まれている。

先述の「イスタンブールの奇跡」の6年前、カンプ・ノウで開催されたUEFAチャンピオンズリーグでも、私たちはこの現象を目撃している。

試合終了が迫るなか、マンチェスター・ユナイテッドFCはFCバイエルン・ミュンヘンを0対1で追いかけていた。だが、ユナイテッドの選手たちは奇跡についてすべてを知っていた。彼らは準決勝の第二戦で、（驚くべき方法で）ユベントスFCに逆転勝ちしていた。FAカップの準決勝の再試合では、10人でアーセナルFCに対して最後まで戦い抜いた（私が見たなかで最も手に汗握る試合だった）。**自分たちを信じ、負けを認めないという気持ちは、彼らのDNAの一部となっていたの**だ。アレックス・ファーガソンの言葉を借りれば、**「諦めるときは死ぬとき」**なのだ。

ガリー・ネヴィルは、この試合の最後に、疲れているにもかかわらずピッチの逆サイドの高い位置でスローインを受け止めるために全力で走った数秒間のことを回想して、自伝に書いている。「なぜそんなことができたのか？　あんなに遠くまで走って、自分は何をしていたのだろう？　それはまったく単純なことだった。ユナイテッドのユースアカデミーの頃から、そうするように教わってきたのだ。死ぬまでプレーし続けろ、死ぬまでボールを追い続けろ、死ぬまで全力で走り続けろと」。ユナイテッドは続くコーナーキックでゴールを決め、試合終了間際にもう1点を入れた。

2013年12月の11日の時点で、オーストラリアにいるクリケットのイングランド代表にも、奇跡かそれに近いものが必要だ。論理的に考えれば、2対0で負けていて、次の試合はパースという恐ろしい場所でおこなわれるため、イングランドはかなり絶望的だ。論理的に考えれば、彼らの奮闘はむだに終わりそうだ。

しかし、いまこそ、論理を無視するべきときなのだ。可能性が水平線上の見えない点ほどに小さくなってしまっているとき、合理性は最大の敵となるだろう。イングランド代表に必要なのは、正気の沙汰とは思えないほど楽観的になることだ。

ここで少し卓球の話をさせてほしい。1980年代初頭のヨーロッパトップ12（名高いリーグ戦）で、スウェーデンのミカエル・アペルグレンは最初の二戦に敗北した。三戦目で彼はラブゲームと15－5で2ゲームを落としていた。万事休すに見えた。あと一回負ければ、タイトル獲得の可能性は消える。しかし、彼がボールを回収しに来たとき、コーチで元世界チャンピオンのステラン・ベンクソンが伝説となる言葉を囁いた。**「小さなチャンスを信じるんだ」**

なんと美しく、矛盾したアドバイスだろう。人間は、エビデンスがあることを信じるのに慣れている。それが文明と科学の特徴だ。ところが、ベンクソンは実用的な観点から、アペルグレンに自分のチャンスは打ち砕かれたと信じさせるのは良くないと気づいた。**チャンスがないと考えるほうが理にかなっているかもしれないが、それは致命傷となる。**アペルグレンにまだやれると信じさせ、彼の心を（わずかとはいえ）成功の可能性で満たすほうが良い。そうしてアペルグレンは戦い続け、大会に優勝したのだった。

スポーツにおける逆転劇は、人間の条件に関する深遠な真理を見せてくれるので、すばらしい。強情さや楽観主義をもってして失敗する場合もよくある。ハーフタイムの時点で無得点のまま3点差をつけられたチームの多くは結局は負けるし、最初の二戦に負けた卓球選手の多くはヨーロッパトップ12で優勝しない。同じように、がん治療の方法を見つけようと奮闘する科学者の多くは画期的な成功を収められないし、慈善事業をおこなう人の多くは世界的な貧困という苦悩に斬り込むことはできない。

しかし、楽観主義のるつぼのなかで、偉大さという霊薬ができる場合もある。**自分の感覚というエビデンスを受け入れることを盲目的に拒否し、表面的な合理性を頑なに無視することで、奇跡が現実になる**。これはテクノロジー、民主主義、新大陸の征服、そして文明そのものにも当てはまるのだ。そこで起こったあらゆる奇跡のためには、本質的に常軌を逸した状態、つまり理性ある多数派が袖の下でくすくす笑っているなかで目標に向かって努力し続けようとする意志が必要だった。

スポーツは、この真理をほかのどの分野よりも強力に表現してくれるから美しい。壮大な逆転劇が私たちを驚嘆させるのもそのためだ。それらは人が諦めるのを拒否したときに何ができるかを教えてくれる。イスタンブールでもカンプ・ノウでも、奇跡のパイオニアたちは小さなチャンスを信じたのだ。

リスク回避が勝利を遠ざける

大切なものを守ろうと思うのは自然なことだ。私たちは子どもや家庭や生活を守る。実際、**その対象が大切であればあるほど、私たちはそれを保護しようとする態度をとる**傾向にある。生物学者はこれを「シールド傾向」と呼ぶ。

スポーツにもこの傾向がある。ゴルファーがやりたくないことの一つは、無駄打ちするはめになることだ。自分たちのスコアカードを恐ろしい赤字から守りたいと考える。言葉の響きからして、状況の恐ろしさがよくわかる。規定打数でホールアウトすればパーになる。なかなか見事な言葉ではないか？　だが、規定打数より一打多いと、「ボギー」を叩いたと言われる。ほとんど恥辱と言っていい。

クリケット用語も、状況をよく言い表している。試合で最大級に大切にされているものの一つが、自分のウィケット（打席）だ。特にアウトを取られない限り攻守が交代しないテスト・クリケットでは、プレーヤーはアウトにならずに自分のウィケットを大切に守り育てなければならない。へたな打球をしてしまうと、「ウィケットを捨てた」と言われる。オフ・スタンプ（三柱門のうち打者から一番遠い柱）の外側への球に「フラッシュ」（積極的にバットを振ること）して「甘い打球」を放つと、コーチは叱責する。ウィケットが本当に重要だというなら、自分のためだけでなく、チームのためにも守る義務があるのではないだろうか？

しかし、ここで私は、守る対象が自分のウィケットであれ、子どもであれ、そのほかのものであれ、**過保護になることに伴うリスク**について論じたい。子どもに関して言うなら、過保護になりすぎたと後悔する声がよく聞かれる。一時期、親たちは小さな我が子がスポーツ、冒険、あるいは木登りでけがをすることをあまりに恐れていたので、そのような事態が起こらないように教員や保育士に厳しい責任を押しつける政策が広まった。

健康保険業界や安全業界は、子どもたちのリスクを取り除くという思想に基づいている。たとえば、子どもたちを遠足に連れていった教員は、子どもが膝を擦りむいた程度でも厳しく叱責される。リスク回避は法的な要求のみならず、一つの精神構造となった。**用心深さにもリスクが伴う**と人々が気づいたのは最近のことだ。冒険心や精神力、レジリエンス（回復力）、そして楽しみを失った子どもたちは、教室から出られなくなっている。

リスク回避の危険は、スポーツにおいても見られる。ゴルフに話を戻すと、ゴルファーはボギーを叩くことをあまりに恐れ、スコアカードに赤字がつくことを気にしすぎるあまり、パーオンを確実にするためにバーディーパットをホールまで打つケースが多い。社会的な失態同然のプレーは避けられたのだから、これで良いと彼らは満足する。しかし、その慎重なパットに伴う結果について考えることはめったにない。つまり、それほどバーディーをとれるわけではないのだ。

科学的な研究によると、この傾向（「損失回避」とも呼ばれる）は平均レベルのプロに72ホールのトーナメントで約1ストロークを消費させており、トップ20人のゴルファーには年間で約1200万ドル（約82万ポンド）（約18億円）の賞金を失わせている。保険業界や安全業界の圧力団体がおこなったように、**過度な用心は最も大切な目的そのものを損なう**のだ。

ベン・ストークスが南アフリカのニューランズ・クリケット・グラウンドでダブルセンチュリーを決める様子を見て、私はこのことを考えていた。1981年のヘディングリーでの黄金の日々（1981年のオーストラリアチームのイングランドへの遠征。ヘディングリー・クリケット・グラウンドで6回のテストマッチがおこなわれ、両チームともに熱い戦いを繰り広げたため、歴代で最もおもしろいテストシリーズとも評された）に連れ戻されたのは私だけではなかったはずだ。1981年に活躍したイアン・ボサムと同じ、多くの魅力で私たちをわくわくさせてくれるヒーローであるストークスは、特に二日目、向こう見ずな態度でプレーした。彼にとっては、自分のウィケットは何の意味も持たないようだった。

だが、これはもちろん錯覚だ。ストークス（あるいはボサム）がチームメイトよりもウィケットを気にかけない一匹狼だと考えたくなるかもしれないが、かなり間違っている。ストークスはイングランド代表のなかでも最高レベルに入念なプレーヤーの一人だ。キャプテンのアラスター・クックは、「練習場に行くと、ほかの人の30分前からいち早くボールを打っている奴がいる。それがストークスだ」と証言している。

つまり、ストークスは、クリケットをとても大切に思っているし、ウィケットのことも同様に大切に思っている。しかし彼は、イングランドのチームとしてのもっと大きな目的のためにどのくらい役に立てるかによって、自分のウィケットの価値は変わると認識してもいる。

そして、攻撃的な打撃が彼の特徴だと考えると、彼のウィケットが持つ価値とは、手早く点を入れて相手のボウラーを脅かし、観客を沸かすことにある。彼が自分のウィケットを守ろうとするプレーをしたり、そのような心構えでクリースに立ったりしたら、彼の印象ははるかに薄くなるだろう。簡単に言うと、ストークスの攻撃は蛮勇ではない。**リスクとリターンを冷静に計算したもとで繰り出されている**。

私はずっと、テスト・クリケットでは、まるでプロゴルファーのように、バッツマンがリスク回避をしすぎる傾向にあるのではないかと考えている。イングランドの元キャプテン、マイク・ブリアリーは、まさにこの点を新聞のコラムで指摘した。「やすやすと」アウトになってしまえば非難されるという教訓が、行動しないリスクよりも行動するリスクのほうに目を向ける人間の内的な性分と結びついた結果、打席を続かせるために守りに入りすぎるバッツマンを生み出してきたのだ。

だからといって、みんながストークスのようにプレーするべきというわけではない。**コーチがリスクとリターンの関係性をもっとバランスよく明示するべきなのだ**。ストークスが「やすやすと」アウトになるのを非難するコーチは、よく考えてみるといい――リスキーな打球がなければ、南アフリカ相手の二日目の試合で258得点という偉業は達成できなかっただろう。

そして、オフ・スタンプの外側への配球を見送るバッツマンを褒めるコーチは、そこで打っていれば点が入ったかもしれない（そして、打たなくてもすぐにアウトになるかもしれない）ことも念頭に置くべきだ。アイスホッケーの大家ウェイン・グレツキーはこう言っている。「**打たなかったショットの失敗率は100％だ**」

イングランドの元クリケット選手エド・スミスは、「悪いアウト」という用語をもはや認めていないが、これは注目に値する。なぜ認めないのか？　それは「良い」アウトなどそもそもないからだという。彼はこう書いている。「デヴィッド・ゴワーは堂々たるカバードライブを打って、テストで何千点も入れた。彼はまた、打つことで数え切れない回数、アウトになった。彼のランには『計り知れない価値がある』と考えつつ、彼が食らったアウトは『穏当だ』と言うのは、まったくの矛盾だ。アウトになるリスクを冒さなければ、ランで得点を入れられなかったのだから。全体的に見て、ゴワーがカバードライブを打ったのは、何かほかのことをするよりも良い賭けだったかどうかが問題なのだ。そしてもちろん、ゴワーの選択は正しかった」

これはクリケットのみならず、人生にも当てはまる。**良いことに必ず伴うリスクを受け入れなければ、物事の価値は発見できない。守りの姿勢が強すぎると、目指している結果から遠ざかってしまう。私たちは何よりも、リスクとリターンのバランスをもっと賢明に計算し、時折は悪い結果に導く合理的なリスクを新しい方法で表現する必要がある。**そうすれば、ボギーを叩く回数は何度か増えるかもしれないが、喜ばしいバーディーの回数もはるかに多くなるだろう。

心の拠り所としての「神」

カカは、マンチェスター・シティFCに帰依するつもりはないにしても、結局のところはキリストに帰依している。こう書くと、シティのファンよりも聖職者のほうが面食らうかもしれない。しかし、彼の伝道活動への熱意がサッカーでゴールを決めるよりも大きな影響力を持っていることを考えると、そう言っても差し支えないのだ。

このACミランのフォワードが母国ブラジルでキリスト教の広告キャンペーンに出演すると、何千人もの人々がキリスト教に改宗し、何百人もの人々が自分に取り憑いていた悪魔から解放され、何十人もの人が薬物依存症から立ち直ったという。リオデジャネイロの繁華街で水がワインに変わったという奇跡は報告されていないものの、ヴードゥーを信仰していた有名な女性がキリスト教に入信したとの噂さえある。

カカは12歳のときにキリスト教の洗礼を受けたが、本格的に神に奉仕するようになったのは、18歳のときにプールのスライダーで滑って、プールの底に頭をぶつけたときからだった。この首のけがは彼のキャリアを終わらせてもおかしくなかったが、2カ月で治ったのだ。**「そのとき僕は、神が僕を見守り、僕の味方をしてくれていると知った」**と彼は語っている。

私は、キリスト教徒が「神の手」（という言い回しが許されるならば）ととらえるものの選り好みの激しさに感心することが往々にしてある。おそらくカカは、自分の足がスライダーに触れたことや、スライダーが変に滑りやすくなっていたこと、さらには頭をコンクリートの床に突っ込ませるように重力が働いたことに関しては、神による介入だとは考えなかった。ところが聖なる神は、カカの頚椎を癒やして予想よりも早く完治させるために奇跡的に現れたのだ。私に言わせるなら、これらはすべて結果論で、偏見じみたものである。

しかし、カカの信仰の合理性を疑う人はいても、その影響力を疑う人はいない。創造主が自分の味方をし、自分を導き、自分の回復のために特別な力を注いでくれ、勝利を目指すプレッシャーを和らげてくれ、負けたときには慰めてくれ、使徒パウロによるローマ人への手紙の文言を借りるなら「神を愛する者たちには、万事が益となるように共に働く」ような世界を組み立ててくれる――これらすべては、スポーツマン、さらにはほかの万人の目標の達成力に強い影響を与えているに違いない。モハメド・アリが言うように「アラーが味方してくれているのに、負けるはずがないだろう？」というわけだ。

アリはこれを、ジョージ・フォアマンとの１９７４年の決着の準備のときに語った。アリ陣営の人でさえも、アリが勝てるとはほとんど思っていなかった試合だ。アリの活躍を最も雄弁に記録したノーマン・メイラーは、試合前のトレーニングにおいて、年をとりつつある元チャンピオンと手強い若手の対戦者の間に明らかな実力差が存在したため、アリが自信と体力を失っているかもしれないと危惧した。ところがメイラーは、神的な要素を考慮するのを忘れていた。**自分の内側からの強さではなく、全知全能の神からの強さで満たされているアリが、自信喪失の餌食になるなど、ありえない話だ**。

もちろん、アリの神はカカの神とは違う。ネーション・オブ・イスラムのメンバーは、訪問セールスマンから救世主となったW・D・ファードの教えを信じていた。ファードによれば、神は単一の回転する原子から76兆年前に生まれた聖なる存在で、終末の日には車輪型の宇宙船で黒人を救うのだという。他方でカカが信じているのは聖書の神ヤハウェだ。これら二つの信仰体系が言っていることはまったく違うので、正しいのは（せいぜい）どちらか一方なはずだ。言い方を変えるなら、アリかカカのいずれか（あるいは両方）が、間違った信仰から強力な恩恵を受けている。

三段跳びの世界記録保持者ジョナサン・エドワーズは、信仰を捨てたと告白したインタビューで、まさにこの点を主張した。「振り返ると、スポーツを始めるという自分の決断だけでなく、自分の成功の中枢にあったのは信仰でした」と彼は述べた。「**自分を超越した何かを信じることには、心理学的にきわめて大きなメリットがあるのでしょう。たとえその信仰が間違っていたとしても。それは私に深い安心感を与えてくれました。結果は神の手のなかにあると考えていたからです**」

エドワーズのような、新たに無神論者になった人でさえも、宗教的信仰には力があると証言できるのだから、誰が異論を挟めるだろうか？

先週、私は著名な英国国教会の司祭でアルファ・コース（教会外の人々に伝導するためのコース）の創設者、ニッキー・ガンベルに会った。和やかな話し合いの終盤、彼は著書である『Is God a Delusion?（神は妄想か？）』を私に手渡した。それは無神論者リチャード・ドーキンスの著書『神は妄想である――宗教との決別』（早川書房）への返答であり、本のなかでガンベルは、宗教的な信仰は非合理である必要はないと主張している。ガンベルはいくつかの説得力のある論点を提示しているが、その議論は最初から破綻しているのも確かだ。

神の存在にせよ、ファードの神性にせよ、シヴァの聖性にせよ、証拠に乏しい何かを信じようという信仰が合理的であるなどありえるだろうか？　信仰の定義とはそもそも、証明不可能なものを信じることだ。そしてそれがまさに、信仰が人間の心に強い影響を及ぼす理由だと私は言いたい。

しかし、まったく違う意味では、信仰は合理的だ。真理ではなく、スポーツやその他の事柄の成功に焦点を当てたとき、**信仰とは役に立つのみならず、本質的に求められるもの**だ。神を信じていない人でも、理性の限界を超えた信念を持っている。

クリケット選手のケビン・ピーターセンは運命を信じている。それは、ためらいなくバットを振るための自信を与えてくれるのだという。重要な打席の前に緊張するかどうか尋ねると、「なるようになります」と彼は答えた。「物事には理由があるんです」

世俗的な非合理性と呼べる種類の信仰を持っている人はほかにもいる。アンディ・マリーは、誰と対戦しても自分が勝つと信じているというが、それは正気の沙汰ではない。マリーがクレーコートでラファエル・ナダルと対決すれば、（数学的に考えて）マリーが負けると考えるべきだ。しかしマリーは、疑いはテニスコートの上では危険なものだと知っている。

勝つためには、エビデンスがあるものを信じるのではなく、心が役立てられることを信じなければならない。イエス・キリストが比喩的に言ったように、「もし、からし種一粒ほどの信仰があれば、この山に向かって、『ここから、あそこに移れ』と命じても、そのとおりになる」のだ。

スポーツ心理学が発明されたのは、信仰を持たないスポーツマンが宗教の精神的な力の一部を得られるようにするためだ。そしてその力は、宗教もそうだが、「**プラシーボ効果**」から出てくる。スポーツ心理学者は科学者ではなく、ホメオパシー治療者に似ている。つまり、真実ではないが（異なる種類の真実である）結果をつくり出す信念を、少しずつ染み込ませるのだ。そのため、スポーツ心理学者は技術者肌ではなく、自分たちのやり方を喧伝し、カリスマ的に擁護する場合も多い。スポーツ心理学者がキリスト教の福音伝道者に似ていると思うのは私だけではないだろう。

スポーツマンだけではない。注意深く組み立てられた神話がなければ、私たちの誰もがやっていけない。ポジティブなことを目立たせ、ネガティブなことを押さえつけ、トラウマを遮断し、人生に関する小さな物語を紡ぎ、それを愛する。その物語は、まじめに考えてみれば、ほとんど現実に即していない。だが、私たちは勝つためのみならず、生き残るためにそのような物語をつくり出す。

制約がまったくない理性は危険なものだ。哲学者の人生について学んだことがある人ならば、みんなそれを知っている。

その意味で、宗教の擁護者は正しい。私たちはみんな、正当化され得ない思い込みをする。数学者でもそうだ。少なくとも私が問題だと考えるのは、宗教はミニマリズム（つまり、最小限の介入で最大の効果を得る）に失敗しているということだ。宗教はより小さなもの（世界）をより大きなもの（神）の観点から説明しようとするが、その結果、何の説明にもなっていないのだ。

私自身は、キリスト教、仏教、シーク教などの信者に異を唱えるが、それでも、私の無神論の非合理性も認めざるを得ない。私たち一人ひとりが、説明のできない信念に手を伸ばしているのだ。ガンベル、アクィナス、カカ、アリ、エドワーズ——みんなそれぞれ違う方法で、人生という奇妙な試合で勝つために非合理的な道を見出している。

スキルより「ゲームインテリジェンス」

サッカーとは、一番高いレベルにおいては知性のゲームである。私が思い出すのは、昨年のパリ・サンジェルマンFC戦において、アンドレス・イニエスタがターンしてボールを取る様子だ。彼は器用にボールをコントロールしたのみならず、ボールを股の間で大事に受け止めたときにはすでに頭を上げて前方の状況を読み取り、可能性を計算していた。その間にもボールは彼の足より前に動き、彼の体はハーフウェイラインを越えつつある。

ＦＣバルセロナのチームメイトであるネイマールが空いているスペースに移動していて、自分がディフェンダーの注意を引きつけているときだけ、イニエスタはパスを何ヤードも先へ向かって放つ。そうして、ネイマールがゴールネットの裏めがけてシュートを打てるようにしてやる。ほんの数秒の間に、イニエスタは認知と判断の力、多才さ、そして充分なほどの狡猾さを見せてくれた。

もちろん、攻撃する選手だけではない。世界最高クラスのディフェンダーと守備型ミッドフィールダーが見せるスキルを考えてみよう。スペースを警戒し、常に危険を予見して判断するスキル、チームメイトとの距離感を見極めるスキル、相手を邪魔したりボールに突撃したりしながら、オフサイドの可能性に気づくスキル、そして、必要が生じれば、前線まで上がるスキルだ。

サッカー選手は知的ではないと考える人は、私に言わせれば、言葉の意味をとらえ損ねている。サッカー選手は確かに理論家ではないだろう。たとえば、微分方程式を型通りに解いたりはしない。だが、彼らは実用的な問題を解決する。どの試合でも毎分毎秒、複雑な計算をおこなっている。そしてそれは、観客が叫び、相手がくるぶしを蹴ってくるなかでおこなわれるのだ。

哲学者・数学者のナシム・ニコラス・タレブは、この実用的な問題解決のための知性について論じている。彼が指摘しているのは、産業革命が理論家ではなく、読み書きがかろうじてできるレベルの人々に触発されたということだ。実用的な問題を解決しようとし、試行錯誤を通じて機械を辛抱強く調整した。そのような機械は驚くべきもので、科学者がその仕組みを説明する理論を組み立てなければならなくなったのは、後になってからなのだ。熱力学の法則は産業革命に触発されて成立したのであって、法則が先にあったわけではない。

あるいは、ジェームズ・ダイソンのことを思い浮かべてみよう。彼は5126個ものサイクロン式掃除機の試作品をつくり、結果を作業場のノートに手書きで記録した。彼は試して、学んで、応用し、実地で問題を解決する人だった。彼がつくった掃除機は、当時の理論で言われていたよりもはるかに小さな塵の微小な粒子を空気から取り除けるようになった。同じようなことは、サイバネティックス、誘導体、医学、ジェットエンジンの進化においても起こった。

サッカー選手とは、まさにこの意味での問題解決者なのだ。彼らはスキルと理解を試行錯誤（練習ともいう）を通して身につける。重力、運動、摩擦、慣性の法則を暗黙裡に理解し、複雑なパターン認識や運動技能を発達させる。それはトッテナム・ホットスパーFCのデレ・アリが、2016年1月23日のクリスタル・パレスFC戦において、投げ出されて動くボールを足で軽く触れるだけでコントロールし、方向転換をし、相手ゴールから20ヤードちょっとも離れているところでゴールネットに向かってシュートを打てるようにした技能だ。このシュートは「マッチ・オブ・ザ・デイ」〈サッカーのハイライト番組〉で「今シーズンの名ゴール」に選ばれた。

ここで私の論点にたどり着く。サッカーが知性のゲームだとすると、その知性をどのように教えるのかという問いが浮かぶ。最高レベルのプレーヤーの証しとは、個別のスキルを持っていることではなく、それらを同時に活用できることだ。頭を上げたままドリブルができる。次のパスを受けるためにどこに走ればいいかを意識しながらボールを受けられる。ボールが相手に奪われたらどこに後退するかを考えながら、チームメイトにスペースをつくってやるためにボールを運べる。

世界トップクラスの選手たちには時間がたっぷりある。それはライバルより足が速いからではなく、マルチタスカーだからだ。たとえば、ボールが猛スピードでイニエスタのほうへ向かっているとき、彼はその速度や角度を計算しているだけではない。チームメイトと相手のディフェンダーがどこにいるかの情報を統合して、次にどこに動くかも計算している。彼の脳は、現在の状況に対処していながらも、未来に身を置いている。これこそが、「**ゲーム・インテリジェンス**（試合における知性）」という概念が究極的に意味するところなのではないだろうか？

言い換えるなら、**スキルとはゲシュタルト**（部分からは導けない、有機的な全体性のある構造を持ったもの）なのだ。すでにこの考え方のもと、高速航空機のパイロットや、特殊部隊の兵士、そして革新的な外科医のチームのトレーニングは進められている。**そこでは「決定することが豊富にある」環境に置かれるため、時間のプレッシャーのもとで、常に複雑な問題解決を求められる。**

私が問題だと思うのは、ユースのトレーニングで、区切られた反復練習をたくさん目にすることだ。若い選手たちはたとえば、目線を下げてピッチを横切る線に沿って一列に並んで走るという方法でドリブル練習をさせられる。ある程度は、この方法でも問題はない。反復練習にも特有の良さはある。だが極端にやりすぎると、試合全体を考える力が損なわれる。

また私は、ばらばらにスキルを伸ばした選手のほうが、大きな試合で固まってしまうのではないかという気がする。プレッシャーがかかると、一つのことに集中する考え方に戻ってしまい、ボールを受けられるがパスを出せなかったり、相手に奪われそうだと気づけずにパスを出してしまったりする。区切られた反復練習がコーチたちに大人気だった過去20年間、イングランドを苦しめてきたのはこのようなことだったのではないだろうか。それなら、選手たちがボールに対してとても余裕がなさそうに見えた理由の説明が確かにつく。

しかし**重要なのは、ゲーム・インテリジェンスは教えられるということだ。脳は適応力が高く、正しい環境下にいれば、より強力で複雑なつながりをつくり出せる**。イングランドのコーチの教え方はすでにその段階に移行していると言う人もいるだろう。それは正しい。だが、さらに多くの方法を試し、何が効果的で何が役立たないかを検証する必要がある。コーチ陣はライバル国を真似しようとするのではなく、大胆にイノベーションを起こすことに注力するべきだ。

イングランドがワールドカップで優勝できる可能性は常にあった。試合を「知性の戦い」と位置づけ、コーチたちにその考えを持ってもらうことによって（ドイツではおこなわれているように）、知性ある選手を育てられる可能性も高まる。それが私たちの目指す未来だ。ユースの指導はかつて、体格が良く頭も良い、傑出した選手を発掘することを目的としていた。**だが本当は、自分の知性をうまく使えるように選手を育てることが、常に必要だったはずなのだ。**

メッシの「千里眼」のカラクリ

リオネル・メッシはボールのコントロールに優れている。彼のファーストタッチはすばらしい。彼の足は俊敏で、瞬きする間に速度を上げられる。だが、現代で最高レベルに魅力的なスポーツマンの一人である彼の真髄は、別のところにある。**メッシは千里眼を身につけている**のだ。

2014年7月5日におこなわれたワールドカップ準々決勝のベルギー戦で、アルゼンチンのキャプテンであるメッシが見せてくれた魅惑的なプレーからは、それがよくわかった。メッシとマルアン・フェライニが対決して、ボールが両者の間にとどまる瞬間が何度かあった。相手に威圧感を与えようとしたベルギーのフェライニは、不安でためらっているように見えた。彼は傑出した敵からボールを奪いたがらなかったのだ。それもそのはず、フェライニが前に飛び出した瞬間、ボールは消えてしまっていたのだ。

メッシは、フェライニが動き出す前から、その動きを知っているようだった。メッシはフェライニが飛び出してくるのに反応していたのではなく、それをあらかじめ予測しており、飛んでくる蹴りが動き出す前からボールを優しく遠ざけた。そうして、このマンチェスター・ユナイテッドFCの選手の攻撃がますます激しくなるなか、90分間それをかわしてタップダンスを踊り続けたのだ。

メッシはボールを持って走っているときも同様に動いていた。見ている人はみんな、彼のボールのコントロールや、前に走りながらもボールが足から離れない様子を称賛する。だが、メッシが高速で動いているときのすごさの真髄は、相手の攻撃をほとんど感知できないほど優しくかわすことだ。ディフェンダーの意図が彼ら自身の頭のなかに現れる前に、メッシはそれを予測できるのである。

1966年にクリーブランド・ウィリアムズと対戦した際、モハメド・アリも似たような千里眼を見せつけた。アリは100発のパンチを当てた一方、彼が食らったのはわずか3発だった。両手ともに力強い優れたボクサーだったウィリアムズがフックやジャブを繰り出す前に、アリは動き出していた。まるでスローモーションのような、腰まで使った動きだ。それは気だるく、ほとんど怠惰と言ってもいいほどの動きだった。ウィリアムズは狙いを1インチ外すことがたびたびあったので、当時見ていると、まるで試合全体が事前に振り付けられていたように感じられた。

土曜日の試合では、メッシが囲まれたも同然の瞬間があった。行く手には3人のベルギー人選手がおり、みんなボールを奪おうと、彼を通すまいと決意していた。それぞれがメッシにタックルしようとしたが、その足は虚空を蹴った。彼が持つボールは糸でつながれているかのようにどの動きも小さく精確で、ベルギー人選手たちのキックはボールから数ミリずれてしまうのだ。**メッシは相手選手たちの心を読み、その意図を知っていた。**それは千里眼のようなサッカーだった。

心理学の世界では、時間の辻褄が合わない現象（時間のパラドックス）について話題になる。**最高レベルのスポーツ選手たちはほかの人とは異なる時間の流れでプレーしているように見える**という、よく知られた現象だ。たとえばロジャー・フェデラーは、世界で最も速い部類に入るスポーツであるテニスにおいて、バレエのように堂々と舞う。マーベラス・マービン・ハグラーとの試合の後半ラウンドで、シュガー・レイ・レナードは半分の速度で戦っているかのようだった。

この矛盾は認知心理学者によって詳しく研究されており、何も謎めいたことはない。それは、知覚認識が高度に洗練されると発生する。**偉大なスポーツ選手たちは対戦相手の細かい手がかりを「読む」ことができ、早期に警戒するべきしるし（姿勢、ボディーランゲージの小さな変化など）から、相手が何をしようとしているかの情報を得られる。**相手が実際に動き出す前に動きを予見できれば、時間はいくらでもある状態になる。

メッシはこのワールドカップで、その能力を体得しはじめた。ボールを奪うと、彼は文字通り静止する。ハブを前にしたマングースのようにその場に立ち、敵が噛みついてくるように挑発する。このような場面は、ほぼすべての重要な動きは足ではなく脳で起こっていると示してくれるので、試合を見ていてわくわくする瞬間だ。ボールは静止しており、選手たちも静止している。メッシの目は相手に照準を合わせ、相手を何度もスキャンし、サッカー界の誰も見ることのできないヒントを読み取っている。そのとき、相手はボールがあったはずの空っぽの空間に向けて飛び出す。この流れは美しく、スポーツの本質を見せてくれる。

メッシをサッカー史上トップクラスの偉大な選手の一人と認めるためには、まずはワールドカップで優勝しなければならない、あるいは圧勝しなければならないという議論がある。だが、力の全盛期のスポーツマンが試合を塗り替える様子を見る純粋な喜びを前にすると、この議論は意味のないものとなる。私は、自信と自己表現の全力に浸っているときのメッシは地球上で最も魅力的なアスリートだと思う。歴史上、彼のようにプレーできた選手はいない。

アルゼンチンは決してワンマンのチームではない。ゴンサロ・イグアインはベルギー戦の前半で、ほとんど一瞬のすばやいシュートで点を入れた（メッシが二人のディフェンダーを蚊帳の外に追いやった名場面の後だ）。アンヘル・ディ・マリアのプレーも良かった。彼が負傷のためにこの大会でもうプレーできないのはとても残念だ。エセキエル・ガライはディフェンスでいくつか名プレーをした。しかし、魔法をかけたのは、小柄な背番号10番のメッシだった。彼の計り知れないほどの価値は、例のマングースのようなスキルだけではない。ときどき、メッシは顔を上げ、スペースの余裕を計算し、相手を動かすパスを投げ込む。試合の速度を遅くするのも速くするのも、意のままだ。それは相手チームに恐怖を与え、何人かでメッシを取り囲ませるため、メッシのチームメイトに時間的・空間的余裕が生まれる。それだけでも、メッシがチームにいる意味は大きい。

このワールドカップのこれまでの試合のほとんどで、メッシはマン・オブ・ザ・マッチに投票されているし、すでに4点を入れている。しかし、この数週間で彼がもたらしてくれた大きな喜びは、これらの統計では正しく測れない。俊足のマジシャンであるメッシは、ボールを持ったときのほとんどのすべての行動において、理屈を無視している。**そして何よりも、彼は洗練された予知能力という計り知れない力を見せつける。**彼こそが、千里眼を持つサッカー選手なのだ。

チームに伝播する「ゾーン」

落ち着き――それが「ゾーン」の証しだ。それは、**すべてが自動的に、ほとんど労力なしに起こるという感覚だ。**ゾーンと禅の境地は混同されがちだが、ゾーンは心が何もしていない状態ではない。何もしていないというよりもむしろ、無意識の仕掛けがすべて（相手の動きを読み、次のショットの準備をし、ラケットの動きとボールの軌道を合わせる、など）をカバーしており、その分、心の意識的な部分はさざなみ一つない湖の水面のようになるのだ。

ゾーンに入っている人は見ていて美しく感じる。サンプラスやロジャー・フェデラー、相手の拳を避けて華麗に舞う若きモハメド・アリがそうだ。心理学者のミハイ・チクセントミハイは、「フロー」という状態について論じている。フロー状態になると、「感情がただ抑制されたり流されたりするのではなく、前向きな力を与えるものになり、取り組んでいるタスクと緊密に連携するようになる」という。アーティストとその人の芸術が一体になった状態とも呼べるだろう。

しかし、さらに本質的で、私にとってはよりいっそう美しく感じられるゾーンの種類がある。それは、個人ではなく、**チームで起こるフロー状態**だ。これを「**集合的なゾーン**」と呼ぼう。その状態になると、選手はチームメイトのパスをあらかじめ予測できるし、パスを出すチームメイトは反対に、パスを受ける選手が空いている場所に滑り込むことを予見できる。**そこでは個々人が行動を組み合わせているのみならず、調和させている**のである。

これを聞くと、ボールをゴールネットにまで送り込む一連のダンスを、ほとんど偶然に思えるほど流れるようにつくり出す、全盛期のFCバルセロナが思い浮かぶ。また、1973年のカーディフ・アームズ・パークで、ニュージーランド代表と戦ったバーバリアンズ（試合やツアーごとに選出された世界の一流選手からなるラグビーチーム）がガレス・エドワーズの手でトライしたときのことが思い浮かぶ。それはおそらく、スポーツ史上で最も美しい連携だった（元ラグビー選手クリフ・モーガンがこう称えた）。

そして、2015年10月17日にフランスでおこなわれたオールブラックス対フランス代表のプレーについても話したくなる。特に後半、集合的なゾーンが宿ったすばらしい動きのアンサンブルが現れた瞬間が何度かあった。動きは激しかったし、衝突もあったが、ニュージーランド代表の全選手が、互いに見えない糸で縫い合わせられているかのようだった。

試合中にオールブラックスが決めた驚異的な9回のトライの大半（特に、最初のジュリアン・サヴェアのトライ）は、深い集合知を感じさせるものだった。

注目すべきは、この種のチームワークの特徴は循環的だということだ。個人の行動はどれも、全体の行動一つひとつがなければ意味をなさない。空いている場所に滑り込むのは、チームメイトのパスと同時でなければならないばかりか、敵の侵入をブロックする別のチームメイトの動きや、さらに多くの可能性を開拓する三人目・四人目のチームメイトの動きと同期していなければならない。

要するに、**これは連続した行動のまとまりなのではなく、人間の相互作用の統一的で複雑な網目なのだ**。集合的なゾーンの本質についてはいま、心理学の研究が本格的におこなわれている。その本質を理解するために適した分析対象の一つが、即興ジャズだ。

そこではミュージシャンたちのグループが自然発生的に新しい音楽をつくり出す。スポーツと同じように、その結果があらかじめ決まっているわけではないので、心理学者にとっては魅力的な現象だ。ミュージシャンは楽譜に書かれた曲を演奏しているわけではなく、「自由に」演奏している。それでいて、(これが重要な点だが)サクソフォニストやピアニストやベーシストが出すそれぞれの音は、**ほかのメンバーとのハーモニー**がなければ何の意味も持たないのだ。

軍事システムの専門家フランク・J・バレットはあるすばらしい小論で、このテーマについて論じている。「ソロがすばらしいことで知られているプレーヤーは多いが、結局のところ、ジャズは継続的な社会的実践行為なのだ。即興演奏が成功するためにはおそらく何よりも、メンバー間での絶え間ないやり取りが必要だ。**プレーヤーたちは、間断なく対話と交換をおこなっている**」

組織心理学者デヴィッド・バスティエンは、ジャズに関する画期的な研究において、偶然性という外観の下には、隠れた支配と相互理解のネットワークがあると結論づけた。あるプレーヤーは、

4分の4拍子から4分の2拍子に変える際、四本指のハンドサインを使うかもしれない。別のプレーヤーは、コードを解決することでソロの終わりを示すかもしれない。「このような、行動における規範やコードは、明確なコミュニケーションを生むためにつくり出されたものだが、観客からは見えないようにされている」と彼は書いている。

さらに、共感も必要だ。ここでの共感とはソフトで曖昧な概念ではなく、自分の考えや利益を集団の考えや利益に従属させようという、鋭い感覚である。音楽でも、スポーツでも、人生でも、偉大なチームの証しとは、みんなが同じ精神性でいることだ。すると、彼らは世界を同じ目で見るようになり、新たな可能性の隙間が開ける。

これを念頭に置いて、1973年のバーバリアンズのトライの話に戻ろう。そのときのチームからは、共感と相互信頼がにじみ出ていた。カーディフ・アームズ・パークのターフを横切ってトライを決めるまでにボールに触った7人のうち6人がウェールズ出身だった。

デレック・クィネルがハーフウェイラインから数ヤード上がったところでボールを取ると、まだ空いたスペースに突進している途中のエドワーズが声をかけた。「そのときは、たまたまウェールズ語でクィネルに向かって叫んだのを覚えています。サポートに回っていることをただ知らせるためです」とエドワーズは振り返る。

そのときの映像を見返していると、涙が出てきた。それは美しいトライだったからというだけではなく、重要なもののメタファーにほかならなかったからだ。

そのトライは、**一人でいるよりも仲間といるほうが無限の可能性が開けるという、スポーツにとどまらない普遍の真理を明らかにしてくれる。**これは組織や国民国家にも当てはまる。「すべてが本能レベルになり、スポーツがある種の芸術になったとき、選手たちは意識の外でプレーするようになる」と、バーバリアンのみならず、ライオンズ（ブリティッシュ・アンド・アイリッシュ・ライオンズ。イングランド、スコットランド、ウェールズ、アイルランドの代表選手から選ばれたラグビーチーム）のコーチでもあった、例の試合の前に選手たちに檄を飛ばしたカーウィン・ジェームズは述べた。「そのトライは、試合がほとんど超意識のレベルに達したという証明だった」

最後に、当時の実況を引用しよう。当時の情景が心のなかに浮かぶだろうし、モーガンの太いテノールの声が、ゆっくりと盛り上がっていくのも聞こえてくるだろう。それはまさに史上最も偉大なトライであり、集合的なゾーンの美しさと計り知れない力を教えてくれる。

「すばらしい。フィル・ベネットがカバーに回る。アリスター・スカウンが追う。すばらしい送球！　ジョン・ウィリアムズから……ブライアン・ウィリアムズ……プリン。ジョン・ドーズ。秀逸なダミー。ボールはデヴィッド、トム・デヴィッドへ。ハーフウェイラインを越えた。クィネルのすばらしいパス。ガレス・エドワーズが取った。劇的な試合の幕開け！　なんとすばらしい得点！」

「最も偉大な作家がこの物語を書いても、それが現実に起こるとは誰も信じなかったでしょう」

III
On Beauty

第3章　美について

スポーツがとても心を打つのは、覇権のためのダーウィン的な生存競争において、個人やチームが最高の地位を求めてとことん戦うなかで、稀有で強力な美があらわになるからでもある。

この美はさまざまな形をとる。以下の各章では、詩的と言っても差し支えないようなテニスの試合を展開するロジャー・フェデラーの優雅さや、ヨハン・クライフの指揮のもとでのFCバルセロナの成長を見ていく。フェデラーもクライフも獰猛な競争好きだが、頂点を目指して戦うなかで、ある種の芸術をつくり出した。

また、リオデジャネイロオリンピックでアンディ・マリーとフアン・マルティン・デル・ポトロの間に交わされた抱擁についても見ていこう。それは人間性とお互いへの尊敬の大きさを物語るものだった。それに、自転車のロードレースにおけるアシスト（ドメスティーク）の、勇気を与えてくれる役割についても取り上げる。アシストをする選手の自己犠牲には貴重な美と、私たち人類の繁栄の背景にある、協力という本能のメタファーが存在するのではないだろうか？

さらに、スポーツの美が物語によって形づくられる様子も見ていく。クリケットのイングランド対オーストラリアであれ、サッカーのリヴァプールFC対マンチェスター・ユナイテッドFCであれ、競争はピッチ上のスペクタクルだけによって意味が与えられるのではない。複雑な歴史という背景があってこそ、独自の意味を持つのだ。

これらのテーマを考察すると、偉大さの本質をさらに深く理解できるだろう。なぜなら、**真の偉大さとは単に勝ち負けではなく、競争やその勝者によって見ている人が刺激され、感動し、魅了されることでもあるからだ。**

誇り高き勝利へと導くインスピレーション

毎朝11時頃、デニというすてきな女性が、私の母の職場であるレディングのプロスペクト・パーク病院の事務室にやってくる。デニはメンタルヘルス評価の部長で、私の母はそこの精神科医局長の秘書を務めていた。デニと母は職場で身の上話をした。数カ月後、彼女たちは仲の良い友達になった。

デニと母には多くの共通点があった。私の母は大人になってから、人生の大半を卓球に本気で打ち込む二人の息子たちの面倒を見るのに使った。母は毎回の練習や試合の送り迎えをしてくれた。勝利の喜びを分かち合ったし、数多くの衝撃的な敗北の際には慰めてくれた。私たちにとってと同じくらい、卓球は母の人生の大部分を占めていた。送り迎えの様子を母は自分で「タクシードライバー」と言っていたが、母がしてくれた尽力はそれよりももっと深いものだった。

両親にとって皮肉なのは、子どもたちと同じくらいの情熱をそのサポートに注ぐのに、どこか一歩引いたところにいなければならないことだ。両親は息苦しさを感じさせない応援、重圧にならない愛、決して上から目線にならない慰めを心がけなければならない。それは私の母に言わせるなら、実地で学んでいくしかないデリケートなバランスだ。

親のサポートは、とても骨の折れる活動でもある。毎週、全国各地で試合がある。ある週はクリーブランド・スリー・スター（英国の卓球の大会のランクで三つ星級ということ。全国大会レベル）、次の週はコッツウォルズ・セレクト（選抜大会）、そのまた次の週はエセックス・ランキング・トーナメント（ランキング・ポイントが得られる大会）。

私たちは毎日、午後になると地元のクラブで練習したが、母はいつも、目立たずにそこにいた。スポーツ選手としてのキャリアを支援するための莫大なコストと、私たちがトップに立てない可能性が高いという現実を天秤にかけていた人だった。

デニは、サッカーに夢中になった娘のフランとともに、私の母と同じような道をたどってきた。デニは自分の職業を愛していて、実際にすばらしいメンタルヘルスの専門家だったが、彼女の心のなかで最も上位にあったのは、娘のサッカーのキャリアのことだった。

「フランのサポートがデニの生きがいだった」と私の母は回想する。「私は子どものスポーツのキャリアを応援する献身的な親をたくさん見てきたけど、なかでもデニは特に活気と情熱があって、それはほかの人にも伝わるんだ。前の日のトレーニングの様子とか、前回の試合でのフランの活躍ぶりを話してくれたときの目は輝いていた。私がデニと知り合ったとき、フランは9歳か10歳だったと思う。だからサッカーを始めてだいぶ日が浅い頃だね。でも、デニは娘がやることすべてに対して、信じられないほど大きな誇りを持っていたよ」

デニと私の母が仲良くなるにつれ、二人の会話もより立ち入ったものになった。デニは、トップに立つためのあらゆるチャンスを娘に与えることを惜しまなかった。どうすればアーセナルFCのトライアルを受けられるのか、娘がけがをしたらどう支えてあげられるのか、スポーツへの情熱と学校の勉強のバランスを取らせるためにどのようなアドバイスができるか、といったことを考えていた。

「フランはイングランド代表になるという大きな夢を持っていたけど、デニは賢明だったから、それはかなわない可能性があるとよくわかっていた。でも、フランには明らかにすごい才能があった。デニが出勤してくるとすぐに、娘がハットトリックを決めたのよと話しだしたときのことを覚えているよ。とても生き生きと語るものだから、まるで自分がスタジアムにいたかと思うくらいだった。デニはそのくらい情熱的な人だった」と私の母は振り返る。

私の母がデニと最後に会話してから7年の月日が過ぎた２０１５年6月13日、フラン・カービーはイングランド代表としてフル出場したワールドカップのデビュー戦で得点した。それはメキシコ相手の絶対に勝ちたい試合で、試合開始後70分が経過しても、両者は無得点で同点だった。そのとき、ペナルティーエリアに蹴り出されたボールがカービーの前に跳ね返ってきた。21歳の彼女はボールを操り、二人のディフェンダーをすり抜け、左コーナーへとボールを打ち込んだ。

カービーの表情は純粋な喜びそのものだった。彼女は両手を広げて選手控室へと走って戻っていった。2対1でイングランドが勝利したのだ。今晩、コロンビアに勝てば、イングランドはベスト

16に進出できる。カービーはプレーヤー・オブ・ザ・マッチに選ばれ、イングランド監督のマーク・サンプソンを含む多くの人から称賛を受けた。「カービーは私たちのミニ・メッシだ。特別な選手は特別な瞬間に成長する。彼女にはまだまだその機会があるだろう」とサンプソンは語った。

カービーの父親と兄はスタンドにいたが、母親はこのすばらしい瞬間に立ち会わなかった。デニは2008年に、突然亡くなったのだ。その日の夕方、彼女は地元レディングのクラブでフランとコーチと一緒にプレーの振り返りをしていたが、頭痛を訴えて机に突っ伏し、意識を失った。重篤な脳出血だった。病院に運ばれたが、次の日の朝に亡くなった。

カービーは母親ととても親密だったため、最初は死の事実を知らされなかった。デニが倒れた翌朝、父親、おじ、兄、ほかの家族のメンバーは死を知らされた。しかし、応援、愛、友情、情熱を与えてくれ、サッカーの道をともに歩んでくれる母に頼っていた当時14歳の少女に、誰もそのことを伝えられなかった。知らせを聞いたとき、カービーは友達の腕のなかで泣き崩れ、信じたくない、受け入れられないといった様子だった。

カービーはその次の日にはもう学校に行き、悲しみをブロックしようとしたが、結局は重度のうつになってしまった。そして2011年、カービーはサッカーも、学校も、すべてをやめた。希望を見出せない日々が続いた。

「17歳になったとき、すべてが限界になった」と彼女は最近のインタビューで語った。「ほとんどのことをやめてしまおうと思った。とても気分が落ち込んで、部屋から出られなかった」

彼女がサッカーに復帰しようと思ったのは、18歳になってからだ。母親がそれを望むだろうと気づいたことが大きかった。最初はアマチュアのサークルでプレーし、その後レディングのクラブに復帰した。レディングは二級のクラブだったが、そこで彼女は慣れ親しんだ、応援してくれるメンバーたちに囲まれていた。昨シーズン、彼女は出場した試合で合計29回のゴールを決め、そのすべてを母親に捧げた。

5月28日、カービーはインスタグラムにこう投稿した。「7年前、私は一番の友人、最も熱心なファンを失いました。カービーは～彼女はどんな天気の日にも私のプレーを立って観戦してくれました。彼女は一度だって文句を言わずに、毎晩の練習の送り迎えをしてくれました。いなくならないと人の大切さには気づけないもので、私もその大切さに当時気づけなかったことは悔やんでいるけど、いまはとても尊敬しています」

「お母さん、あなたは誰よりも明るい笑顔と、優しく愛情深い心を持っていました。あなたのことを考えない日はありません。[…]あなたがいなくて寂しいし、これからも寂しい日は続くでしょう。あなたが私のモチベーションの最大の源です。大好きだよ。安らかに」

カービーの物語は、さまざまな理由で心を動かすが、それは人生における多くの重要なことを表現していると思う。**それは人間としての不変の条件である愛と喪失に関する物語であり、あらゆる人にとって生きる意味の土台となる、悲しみと受容のプロセスを表現してもいる。**

この深い物語のなかで、サッカーはサブストーリーにすぎない。それは母親と愛する娘が共有した道のりの媒介物であり、自分を生んでくれた母親、亡くなった後も愛で包んでくれている母親に敬意を表するための手段なのだ。

「フランが点を入れたとき、涙がこぼれてきたよ」と昨日、私の母は言っていた。「サッカーに多くを捧げ、耐えてきたフランを見て、とても喜ばしかった。そして何よりも、デニを思うと涙が出てきたんだ」

「デニと交わした長い会話、デニが娘のために大切に育てた希望や夢のことを思い返してみたよ。デニは、言葉にできないほど昨日のゴールを誇らしく思っただろう。デニは本当に、人の心を動かす女性だった」

「文武両道」という生き方

私がエイサー・ネザーコットに会ったのは一度だけだが、彼の輝きは決して忘れられない。彼は「ザ・ボート・レース」(毎年開催される、オックスフォード大学対ケンブリッジ大学の競漕の定期大会)で2003年と2005年の二度の勝利、および北京オリンピックでの銀メダルという、ボート選手としての華麗な経歴を歩んだ後、2013年1月26日に、進行の速い脳腫瘍によって35歳の若さで亡くなった。ボートのイギリス代表チームのパフォーマンスディレクター、デヴィッド・タナーはネザーコットを「現役で最も優れたイギリス人コックス（舵手）」と形容した。

だが、ネザーコットのすばらしさはそれにとどまらなかった。特にプロのスポーツ選手が、競技のパフォーマンスを高めること以外何も考えないという極度に視野の狭い世界を持つなかで、ネザーコットの生き方はほかとは違った様子だった。彼は毎朝早くから限界までトレーニングをし、どんな細かい努力も惜しまなかった。苛酷な鍛錬こそが善であるという倫理観を持つボート選手のなかでも、ネザーコットは常に気を抜かないことで有名だった。

けれども、彼の人生はボートだけに縛られていたわけではなかった。艇庫を後にすると、ネザーコットは人生のなかで愛してやまないもう一つの活動、学びに没頭するのだった。彼はオックスフォード大学の優秀な研究者で、哲学分野でギブズ賞（オックスフォード大学の最優秀成績者に与えられる賞）を受賞している。2004年のザ・ボート・レースの前に話を聞いたとき、ネザーコットは**「生きるとは身体のみに関わることではなく、精神も重要なのです」**と述べた。「哲学は、ボートの厳しさからの避難所となってくれました。その逆もまた然りです」

このような生き方は、ネザーコットもよく知っている古代ギリシャ人を連想させる。古代オリンピックの守護者たちは、レスリングで6大会連続の優勝を果たしたクロトンのミロンのような偉大なアスリートの功績を称えている。

ミロンの偉業についての歌がつくられ、抒情詩人たちはミロンの筋骨のたくましさを賛美した。

だがギリシャ人は、身体と心のシナジーにも着目していた。世界を変えた哲学者プラトンは、レスリングの並外れた腕前ゆえにプラトンと呼ばれた（肩幅が広いという意味だ）。古代ギリシャの体育場と学園は、互いに異なる目標を追求するものではなく、人間にとって大事な二つの側面を補い合うものだった。

このような、精神と人間性を高めるという展望が現代のスポーツから失われてしまったも同然なのは、悲しいことだ。サッカーのアカデミーでは、学校で良い成績を取るために努力するべきだという考えは忌み嫌われる。大多数のコーチは、精神的な刺激は肉体的な完璧さを目指すという命題の邪魔になると考えている。オリンピックの強化プログラムにおいても、このような考え方が見られる場合がある。競技に打ち込むことが、一つのことに対するこだわりと同義だと思われているのだ。私が哲学・政治・経済を学ぶためにオックスフォード大学ベリオール・カレッジに入れてもらったときも、大学教育はスポーツの強化選抜とは両立できないと、卓球の代表チームのコーチに警告された。

しかし、そのような考え方は窮屈だし、人間の成長を誤解している。ネザーコットも指摘したように、**身体を動かして自己解放することが学者にとって有益なのと同じく、知的な刺激はスポーツ選手にとって有益なのだ**。ネザーコットの学問面でのヒーローである哲学者のルートヴィヒ・ヴィトゲンシュタインが、成熟した人生におけるスポーツの役割をわかっていなかったという点については、ネザーコットもかなり批判的な見方をしている。「ヴィトゲンシュタインは、スポーツという活動は本質からして軽薄なものだという考えを持っていました。彼はスポーツの本当の意味を理解できなかったのだと思います」

知的活動を重視しないことが、意欲的なスポーツのスターに与える害は特に著しい。多くのアスリートが、学びの楽しみを感じ損なっているばかりか、しっかりした教育を受ければ得られるはずの機会も失っている。多くのプロスポーツ選手が、引退した途端に社会から不要とみなされてしまっている。フォアハンドでトップスピンをかけるのがうまくても、求人市場ではほとんど役に立たない――彼ら自身がそう気づいたときには手遅れになっているのだ。

熱心に勉強しているトップレベルのアスリートは、しばしば嘲笑されたり、やる気を疑われたりする。私はバルセロナオリンピックに出場したとき、チームバスのなかでヒュームの『人間知性研究』(京都大学出版会ほか)をめくっていたら周囲に馬鹿にされた思い出がある。読書という行為は異質で気取ったものだと思われていたのだ。

さらにこの例は、私たちの社会に深く根づくようになった反知性主義の一端を示してもいる。私たちはトップレベルのスポーツ選手を正しく認めて称賛するが、精神面での先駆者のことは無視しているも同然だ。最近ノーベル賞を受賞した生物学者のジョン・ガードンや物理学者のアンドレ・ガイムの名前はほとんど知られていない。イギリス人の文化的な生活において、これほど危険な傾向はない。

この点、ネザーコットは重要なロールモデルだ。ネザーコットの生き方は、神経学の先駆的な研究を陸上選手としてのすばらしいキャリアと組み合わせたロジャー・バニスターのような肉体と知の調和を彷彿とさせる。バニスターはかつて私に、「科学への愛と陸上競技への愛は手を取り合っている」と語った。これにはネザーコットも同意するだろう。さまざまな意味で、バニスターやネザーコットは私がこれまで会ったなかでも特に刺激を与えてくれるスポーツ選手だった。

モンブラン近くのアルプス山脈のフランス側に、ネザーコットの母校であるオックスフォード大学ユニバーシティ・カレッジが運営するシャレー（スイスアルプスでよく見られる、軒が張り出した山小屋）がある。高地の小さな平原の、木に囲まれた場所にその小屋が建っている理由はただ一つ、学生が「古典的な読書会」を楽しむためだ。紹介文にはこう書かれている。「一日を読書に費やし、次の日にはウォーキングをするのがいいでしょう。学生は、運動と学び、どちらのメリットも享受できます」

ネザーコットもそのシャレーが好きだった。がんの診断を受けた後も、そこを定期的に訪れた。大学の同窓だった大切な友人ダニエル・クルーに送った最後のメールには、「今年は難しいかもしれないのはわかっているけど、ハイキングしやすい時期はいつだったっけ？」と書かれていた。

メールはこう続いている。「きれいで身体を浄化してくれるアルプスの空気のなかで、充分な療養期間を過ごしなさいと、昔の医者は患者に言っていたよね。僕はアルプスに行くのをとても楽しみにしている。アルプスは自分がまだ生きていることを申し分なく実感させてくれる（現地の不思議な美しさこそが、生きていることに感謝する理由にもなるし！）［…］10日間をあのシャレーで過ごすことこそが、いまの僕の精神と魂にとって最大の滋養になると思うんだ」

その最後の旅行からたった数カ月後、医者の根気強い治療の甲斐もなく、ネザーコットは亡くなった。しかし、彼の友達や家族は、身体と精神の鍛錬からインスピレーションを得ることを決してやめなかった、彼の生き方に安らぎを見出すだろう。ネザーコットの生き方こそが、美しい生き方というものだ。

危機的瞬間を予測する「見えない天才」

もし読者のみなさんが、サッカーで最もすばらしい瞬間とは何かと聞かれたら、長考することはないだろう。たとえばヨハン・クライフのターン、ペレがキーパーに仕掛ける有名なフェイント、1970年のブラジル戦でのゴードン・バンクスのセーブ、あるいは2014年11月1日にオスカルが放った見事なシュートかもしれない。このブラジル人選手はシューズの外側を使って、キーパーのロバート・グリーンを迂回するようにボールを蹴ったのだ。

いま例に挙げたような、天才的な技の爆発は、試合を美しくする要素の一つである。そこには夢が詰まっており、試合観戦の帰りの会話を盛り上げてくれる。劇的な出来事はファンの記憶のなかに生き生きと残るし、相手側によって罵倒とともに語られることもある。だが、サッカーにおける大事な要素を考えるとき、私たちが見ていない瞬間についてはどれほど語られるだろうか？　目につかないものに対して、私たちはどれほど注意を向けるだろうか？

存命中のキーパーで最優秀の部類に属するピーター・シルトンを例にとろう。ときどき、彼は凄まじいセーブを見せてくれる。華やかで鋭いゴールキックも見せてくれる。そのような場面があると、彼がその日のＭＶＰをとったり、次の日の試合結果の記事に名前が載るのは確実となる。

しかし、シルトンが90分の試合の間ずっと、特に何もしていないように見えるときがある。これは偶然ではない。シルトンのポジショニングが完璧なので、相手は的外れなシュートしか打てないのだ。つまり、シルトンがセーブするまでもないのである。シルトンが早々とゴールエリアから前に出て、相手のチャンスが実体化する前に防がれる場合もよくある。彼はペナルティーエリアを強大な権力をもって支配しているため、単に通常の混戦が起こらないのだ。

これを「**見えない天才**」と呼ぼう。イギリスではこれが蔑ろにされがちだと私は感じるのだが、とても重要な概念だ。たとえばディフェンダーは、相手のゴールを防ぐ土壇場での突進が好まれる。特にジョン・テリーのような選手が秀でていた技で、だからこそテリーは多くの人から尊敬された。彼のスキルはとても目につきやすく、いろいろな意味で心を動かす。私たちはこの目で、テリーの英雄的なタックルが敵の攻撃を阻止する様子を見ることができる。

だがここで、ドイツやイタリアの偉大なディフェンダーを思い浮かべてほしい。彼らはイギリスの選手に比べて、土壇場でボールを奪おうとするケースがはるかに少ない。理由は簡単で、その必要がないからだ。彼らは見えない天才的な技を身につけていて、華々しい突撃ではなく、うまいポジショニングと組織的な知性によって相手を止める。つまり、危機的瞬間が訪れる前に攻撃を防いでいたのだ。**彼らは効果的に連携し、個人ではなく全体で見えない天才的な技を発揮していた。**

究極的には、サッカーで勝てるかどうかは、それができるかにかかっているのではないか？ 全盛期のＦＣバルセロナには、たくさんの見えない天才がいた。リオネル・メッシのドリブルのすごさが強調されがちだが、バルセロナがどのように敵を破るかをよくよく調べてみると、より目立たないことが最も重要だとわかる。

それは短いパス、コントロールの効いたボール保持、ゆっくりとした相手の妨害といった要素だ。シャビ・エルナンデスやアンドレス・イニエスタといった、見せ場をつくることはめったにないが、バルセロナ（やスペイン代表）の成功の基盤をつくっている静かな権力者たちのすばらしさが重要なのである。

このコラムの内容を考えたきっかけは、ネマニャ・マティッチのプレーを見たことだった。マティッチはエデン・アザール（チェルシーのフレッド・アステアとも言えるスター）やオスカルのように持て囃されることはないが、チェルシーＦＣというチームの中心で地味ながら影響力を発揮している。いろいろな意味で、彼はミッドフィールドで目を光らせていたあのクロード・マケレレの再来だ。マティッチやマケレレの天才性が表れるのは、目立つ瞬間をつくることではなく、それが起こらないように防ぐことにおいてだ。彼らのプレーは、好調なほど目立たなくなる。彼らのレーゾン・デートル（存在意義）は不可視性にあると言っても過言ではない。

見えないことの重要性には、数学的な側面もある。『マネー・ボール』（早川書房ほか）を読んだ人ならわかるだろうが、昔の野球のスカウトは壮大で躍動的なプレーを過大に高評価していた。ボールを場外に飛ばせる選手が好まれた。サッカーで例えるなら、それはクライフのターンやベッカムのハーフウェイラインからのロングシュートだ。つまり、試合で観客の熱狂を集める要素である。

当然のことながら、このようなとても目立つ特質が過大評価されるようになったのは良くなかった。

この問題はスポーツにとどまらない。銀行は花形のトレーダーと契約したがるし、新聞社はスター級のコラムニストに執筆を依頼したがるし、政党は新進気鋭のスーパースター的な議員をちやほやする。しかし、そうすることで、**目立たない貢献で組織を動かしている、何よりも重要な裏方の人たちが蔑ろにされる。**

たとえば、直さなければその新聞全体の信用が損なわれるような重大な間違いを修正する編集助手。花形のトレーダーが会社を破産させてしまいそうだと気づく事務部門のスタッフ。名誉毀損の訴訟を未然に防ぐ、新聞社の夜間弁護士（副業的に新聞社の記事の法的瑕疵をチェックする弁護士のこと。夜作業することが多いのでこう呼ばれる）だ。

ある意味では、見えないものが蔑ろにされる理由は完全に理解できる。**私たちは、起こる可能性があるが起こらなかった（つまり反事実の）ことより、実際に起こったことに注意を払いがちだ。**諜報機関の職員は、大規模な殺傷事件を起こしたかもしれないテロリストの計画をたびたび未然に阻止しているが、実際に攻撃は起こらなかったのだから、私たちの耳に入ることはない。この英雄たちは、新聞の見出しを飾る出来事をつくるのではなく、防いでいるのだ。断っておくと、ここで私はテロ対策とスポーツが同等だと言っているのではもちろんなく、単にこのような過小評価されている役割の重要さを指摘したいだけだ。

少なくともサッカーにおいては、強調されるポイントがわずかに変わってきてはいる。マケレレのような選手や、エドウィン・ファン・デル・サールのようなキーパーが、ファンに評価されはじめているのだ。

このような選手は、丸1カ月間、試合結果の記事に名前が出されないまま、静かに驚異的なプレーを続ける場合もある。しかし、このような傾向がもっと広まるのは、サッカーにとっても、世界全体にとっても良いことだ。見えないものの価値を学べなければ、この世界は歪んだままだろう。

チェルシー対クイーンズ・パーク・レンジャーズFCの試合の前半で、すばらしい瞬間があった。マティッチが、止めなければ危険な攻撃に発展しうるサイドチェンジのパスを、先手を打って止めたときだ。誰も拍手喝采をしなかったし、そもそもそれに気づいた人もほとんどいなかった。

しかし私は、タッチライン脇にいたジョゼ・モウリーニョ監督は喜びで軽く身震いしていたのではないかと思う。その理由は単純だ。このポルトガル人監督の成功の基盤はなんと言っても、目につかない技の真価をしっかりと認めてきたことにあるからだ。

人間の本能を描く「不朽のドラマ」

試合の終わりに、アンディ・マリーとファアン・マルティン・デル・ポトロは抱き合った。リオデジャネイロのオリンピック・テニス・センターで噛みつき合いを始めてからちょうど4時間が経とうとしていたそのとき、デル・ポトロはマリーの肩に頭を寄せ、横を向いて、囁くように勝者に祝福を送った。

マリーは、対戦相手の肩に右腕を回して慰めながら、観衆のすばらしい喝采を浴びた。実況席では、アナウンサーのサイモン・リードが「この二人の男は、特別な絆で永遠に結ばれるでしょう」と述べた。このとき、マリーの地元のイギリス全土の人々も、デル・ポトロの地元のアルゼンチン全土の人々も、涙を流していたのではなかろうか。

長く生きるほど、スポーツとは取るに足らないものだとますます気づく。テニスボールを打つのは、ワクチンの発明とは比べものにならないくらい小さなことだ。スポーツ科学者やアスリートが円盤投げの世界記録を数インチ伸ばす方法を見つけたとしても、そこからの連鎖反応でがんの治療法が見つかったり、コミュニケーションを進歩させるテクノロジーが開発されたり、新たなエネルギー供給法が確立されたりといったことは起こらないだろう。

しかし、まさにスポーツは取るに足らないがゆえに、私たちを魅了するのだ。**人間の活動のなかで、スポーツほど正確に人間の本能をドラマ化するものはない。そこで表現される本能とは、勝利の追求、他人との比較、世界に挑む勇気、挑戦のなかで自分自身をより深く知りたいという思いである。**

この10日間、私は3歳の娘がオリンピックの熱狂的なファンになる様子を驚嘆しながら見ていた。陸上競技、飛び込み、自転車、何でも娘は好きになった。彼女はスポーツのドラマに釘づけになった。アスリートたちの強い意志、そしてそれが実際に対戦相手の最も望むものを阻もうとする猛烈な力となること、それでいて戦いの後には、互いに尊敬の心を持って対戦相手を抱擁するというドラマに惹かれたのだ。

「なんであの人たちは頭を下げてるの?」と娘は柔道の試合が終わったときに尋ねた。イギリスのサリー・コンウェイとオーストリアのベルナデッテ・グラフが、互いを床に投げ飛ばそうとする様子を見た後のことだ。「お辞儀をしているんだよ」と私は教えた。「ハグみたいなものだ。戦った後も友達だよって、お互いに伝えているのさ」

「じゃあ、誰かを倒そうとしているときでも友達になれるの?」と娘は混乱して聞いた。私は「そうだよ、だから人類は多くのことを成し遂げられたんだ。それが人間でいるってことなんだよ」と教えてあげたい気持ちになった。

私たちは、自分の人生を生きながらオリンピックの試合を見る。仕事や人間関係で問題を抱えていたり、家族が病気だったりするかもしれない。しかしどういうわけか、**私たちの日常の心配事がどれほど深刻だったとしても、スポーツという不朽のドラマは、それらを忘れさせ、慰めや勇気さえも与えてくれる力を持ち続けている**。今回のリオデジャネイロオリンピックほど私が夢中になったスポーツ大会はこれまでなかった。2012年のロンドン大会と比べてもだ。

もちろん、薬物問題や不正はある。スポーツの負の側面を喜ぶような人たちもいる。それでも、新たに二種目覇者となったマックス・ウィットロックがあん馬を自分の肉体の一部に変えてしまう様子や、ジェシカ・エニス＝ヒルが陸上の女子七種競技の800メートルをむなしく(金メダルを逃したので)、しかし美しく全力疾走する様子や、ローラ・トロットがオムニアムで自転車をペガサスに化けさせ、最終カーブをトラックから飛び立たんばかりの勢いで曲がる様子を見て、心を動かされない人がいるだろうか？

このオリンピックで私は、回数を思い出せないほど何度も感動した。マリーが勝ったとき、遅い時間だったというのもあり、彼の母親のことが頭をよぎった。スコットランドの村の自宅から息子を見守っている彼女は、小柄でどちらかというとシャイな息子が最も手強いチャンピオンに成長していく過程で母親として自分が払ってきた犠牲を思い出していることだろう。マリーが試合を締めくくるために新たに力を出した瞬間、彼女は「戦士よ」とツイートした。

また私は、生涯で最大級にドラマチックなスポーツイベントの一つとなった男子団体追い抜きの決勝でも感動した。もうだめなのではと私たちは心配していたが、4人のイギリス人サイクリストはコンマ7秒差で金メダルに輝いたのだ。

私はブラッドリー・ウィギンスと、彼が達成した金メダル5個、メダル全体では8個という偉業に思いをめぐらせた。彼はキルバーンの公営住宅に育ち、ひどいいじめを受けたため自転車が逃げ道となったのだった。2015年12月、彼がダービーの自転車競技場で肉体の限界までトレーニングする様子を私は見学した。「すべては一日のためにある。その一日の影のなかで、僕らは生きている」と彼は語った。

舵手なしフォアで金メダルを獲得したコンスタンティン・ルルディスは、リオに旅立つ24時間前に書いたコラムで、オリンピックで競うプレッシャーについて見事に語っている。「うきうきすると同時に、恐ろしい。強烈な数分間とその結果は、その人の一生に響き渡るのだ」。彼はもちろん正しいが、その後何年も響き渡るのは、成功か失敗かという結果だけではない。**どのように戦ったか、どのように人間らしさを見せたかも、時間を超えて残る**のだ。

ジャスティン・ガトリンが100メートルの決勝で入場した際にブーイングが起きたことを思い出してほしい。リオの観客たちは、世界中の観客と同様に、一度ならず二度も禁止薬物で陽性になった人物に優しくなれなかった。このアメリカ人選手は、勝利をとても強く望むあまり、スポーツの意味を見失ってしまったのだ。他方、デル・ポトロは、負けてもその勇気と品格が世界に受け入れられた。彼は敗者としてスタジアムを去ったが、その評判は大いに高まった。逆境に置かれた人を慈しむ——それもスポーツの醍醐味の一つではないか？

確かに、スポーツは小さく、取るに足らないものだ。しかし同時に、そこには稀有で美しい深みがある。私たちは**勇気を目撃した**はずだ。ベッキー・ジェイムスが何年もの苦難の末に、競輪で銀メダルを獲得した際の勇気を。フラン・ハルソールが50メートル自由形で世界に挑んだが、わずか100分の6秒差でメダルを逃したときの勇気を。

現在、そしてこれまでも、これからも、最大級に完成されたイギリス人アスリートの一人であるジェイソン・ケニーが、人間と自転車の関係性を塗り替えたときの勇気を。

オリンピックは、人間の性質の最良の部分と最悪な部分を明らかにする。大会は腐敗しているし、薬物摂取に毒されている（ロシアのように、国の最上層部によって組織的におこなわれている場合もある）し、卑怯な人々によって運営されている。しかし、このような欠点や問題があるからといって、人間の手で発明されたスポーツという勝負が大事な理由、それが私たちの心を動かす理由、そして子どもたちがかつての私たちと同じく驚嘆の念をもって試合を見る理由が覆い隠されてしまってはならない。

「やり遂げたよ」と、勝利の後の月曜（2016年8月15日）の朝早く、マリーは語った。「ただただ、すばらしい気分だ」。彼は最高の技術と努力で戦い抜いた4時間の試合に勝ったときの気持ちについて語っていたのだが、それはどういうわけか、私たちの気持ちの代弁にもなっていたのだ。

完璧なタイミングこそが究極の美

2015年1月19日の夜、ロジャー・フェデラーは全豪オープンで通算1001勝目を挙げた。この試合はその前の1000回の試合と同じように、見る人をうっとりとさせるようなプレーだった。

このスイス人選手は、どの試合でも記憶に残る名場面をつくり出していると思う。台湾の盧彦勳と戦った2セット目では、盧がサイドラインぎりぎりに打つバックハンドに押され、フェデラーはサイドラインのすぐ脇に追いやられた。するとフェデラーは猛烈に、だが優雅に、相手のボールをネット周辺のサイドライン上へと導いた。

その後、ベースライン近くでの体力を使うラリーがあると、フェデラーは相手にドライブをかけさせ、最後の最後に、ボールの下をスライスして絶妙なドロップショットを放った。ボールは衝撃で止まったように見え、ネットを越えた後、推進力を失って落ちた。盧は信じられないといった様子で、また嘆願するように、肩を落とした。

フェデラーは現代で最も美しいスポーツマンだと断言できる。ラファエル・ナダルとの通算対戦成績で負けている（10対23）（原書執筆時）とか、全盛期を迎えたノバク・ジョコビッチのほうが激しく力強い試合を展開すると指摘する人もいるだろう。そうかもしれない。しかし、美学の点で言えばフェデラーはほかの追随を許さない——これに反対する人はほとんどいないのではないか。フェデラーはテニス界のミケランジェロだ。

そして私は、フェデラーの美的な側面がその成績のおまけではなく、むしろ基礎をなしているという思いを強めている。このコラムが掲載される頃にはフェデラーは敗退しているかもしれないが（フェデラーの二回戦はこれを書いた日の夜中におこなわれる）、仮にそうなっても私の意見は変わらない。なにしろ、**スポーツにおいても人生においても、美は些細なものであることはめったにないのだ。**

進化生物学者は、人間が感じる美を説明できるようなメカニズムを、自然界のなかに発見し続けている。たとえば、多くの人は左右対称の顔を魅力的だと感じる。その感覚は、完全に主観的なものではない。むしろ、左右対称とは健康と免疫力の強さを示すしるしなのだ。同様に、体型の比率には生物学的な「適応度」に関連する要素が反映されている。

クジャクの華麗な尾羽も、進化論の複雑な構造のなかで語ることができる。大きく、見方によっては意味がない付属物を体につけて生きられるオスは、強く精力的であるに違いない。メスのクジャクがその尾羽を美しいと思うのは、そのオスにどれだけ繁殖力があるかという目に見える証拠となっているからだ。

フェデラーにも同じことが言える。彼の力のどこを見ても、**美と「適応度」**（この場合は、テニスの試合に勝てる傾向）**の間には深いつながりがある。**フェデラーが寸分の狂いもなく規則正しくおこなっている、ラケットの速度が最高になったまさにその瞬間にボールを打つという動作は、完璧なタイミングの象徴だ。ボールを打つ瞬間に彼の頭が動かずにいるのは、ストロークの見た目の美しさを格段に上げるが、ストロークの正確さも大いに高めている。

フェデラーのボレーやサーブやグラウンドストロークに余計な動きがないこと（これはフェデラーの「ミニマリズム」と呼ばれたこともあった）は、精度と速さを高めている。そして、コート内を滑るように動くのは（２０１４年のウィンブルドンで、ジョン・マッケンローはその動きをバレエダンサーのルドルフ・ヌレエフに例えた）エネルギーの節約になり、速く動く際にバランスを保つのに役立っている。これは特にグラスコートではきわめて重要だ。

ほかのスポーツでも、美に関する同様の真理が垣間見える。たとえば、水中を堂々と滑っていくマイケル・フェルプス。その動きには苦しそうなところがなく、ほとんど気が抜けているようにも見えるが、それは**効率を猛烈に突き詰めた結果**である。適切な割合で垂直方向と水平方向の推進力を生み出すストロークの、流体力学的な効率性が、その美しさと重なっているのだ。それは地元のプールで見かける、素人ののた打ち回るような泳ぎよりも、間違いなく優雅な泳ぎだ。

あるいは、安定感とバランス感覚と正確なタイミングを持ち、全盛期にはフェデラーと同種のスリルを感じさせたボクサー、モハメド・アリ。彼は、まるでグローブをレースで飾りつけたように優雅なスタイルを持つ最も偉大なボクサーだと多くの人に認められている。ダーツのような競技でも、投擲《とうてき》のなめらかさと成功率には密接な関係があるようだ。史上最多得点を挙げたダーツのチャンピオン、フィル・テイラーが、投擲の美しさの点でも最もすばらしいのは、偶然ではない。

もちろん、スポーツの目的は美ではなく、勝利だ。冷酷でまったく感傷的にならないフェデラーは、美的な長所に対する称賛には興味がなく、四大大会で勝利することのみを目指している。だが、それが重要な点なのだ。**自然淘汰の副産物として肉体的な美が出てきたのと同様に、トップアスリートのテクニックの効率性は、競争の厳しさから生まれた。**

チームスポーツにも同じことが言えるだろう。史上最もすばらしい二つのサッカーチームである、2011年頃のFCバルセロナと1970年のブラジル代表が、最も観客の目を楽しませてくれるチームでもあったのは、偶然だろうか？

バルセロナがマンチェスター・ユナイテッドFCを破った2011年のチャンピオンズリーグ決勝は、スポーツ観戦というよりも美的な体験であったと、私の元同僚のスポーツライター、パトリック・バークレーは告白している。「私は自分が死んでサッカーの天国に来たのかと思った」

ここで述べた美と強さの関係は、絶対ではない。どちらかと言うと優雅とは言えないプロゴルファーのリー・トレビノ、長距離走選手ポーラ・ラドクリフ、プロクリケット選手のマヘンドラ・シン・ドーニのようなスポーツ選手も、間違いなくすばらしい。美しい選手が美しくない選手にたびたび負けているのも事実だ。

それでも私は、優雅さとスポーツの成功には関連性があると主張したい。理由は単純で、**効率性が一定の美しさを持つ**からだ。たとえば全力疾走するチーターは、陸上の動物で最も速いと同時に、最も優雅である。

盧彦勲との試合の3セット目で、フォアハンドを打つために回り込んだフェデラーによって手際よく放たれたボールは、一瞬にして盧を通り過ぎていった。同じショットを私は何百回と見たことがあったが、このときも歓声をあげずにはいられなかった。私が何を言いたいか、読者のみなさんにもおわかりいただけると思う。絶好調のとき、フェデラーの優雅さはすべての人を惹きつける——テニスにそれほど興味がない人もだ。そして、対戦相手をも魅了する。

これは主観的な感想ではなく、美しいデザインと、とことんまで追求された効率性の関係性という工学的な根拠によるものだ。もしスティーブ・ジョブズがテニス選手を設計したら、おそらくそれはフェデラーのようになっただろう。

試合は、一つの物語の最終章である

ケリー・シブリーが、2014年8月2日に卓球のコモンウェルスゲームズの混合ダブルスで、ダニー・リードとともに銅メダルを獲得した。私はそれをテレビで見ていたが、最後の一点が入るときには感動を抑えられなかった。

私の妻も隣で見ていた（正直なところ、私にいやいや付き合わされていた感があった）が、彼女は私の反応にかなり驚いた。「コモンウェルスゲームズの銅メダルでそんなに熱くなる?」と彼女は言った。それはもっともな反応だ。だが、そのおかげで私は、それまでは完全に理解できなかったスポーツの一つの側面について理解できた。

私が初めてシブリーに会った場所は、ノッティンガムのイングランド代表チームのトレーニングセンターだ。そこではシニア(イングランド卓球連盟の区分で19歳以上)とジュニアのチームが住み込みでトレーニングをしていた。シブリーがそこに入ったのは13歳のときだったが、それでも周囲は驚いた。シブリーは、国内外のチームにいる同世代に比べたらかなり遅れていたのだ。女子チームのコーチは私に「**シブリーはベストじゃないけど、彼女の態度は好きなんです**」と言った。

当時、女子と男子はそれぞれ、低い衝立で仕切られたホールの別々の半面で練習していた。それでも私は、グループのなかで一番若く、背が低いが断固たる決意を持ったシブリーに注目せざるを得なかった。彼女のウォーミングアップは、ほかの誰とも違っていた。全力を注いでいたらしく、卓球台に向かう前から汗をかいていた。練習に注ぐ集中力も、目立たなかったがほかの人とは格段に違っていた。卓球台から離れると、彼女は控えめでおとなしかったが、その意志力は決して揺らがないことが、次第に明らかになった。

しかし、彼女のフォームには問題が残っていた。ある午後、私は彼女が多球練習をする様子を見学した。ボールがフォアハンド側の遠い位置に来ると、彼女はポジション取りに毎回苦戦した。彼女は何度も何度も失敗し、コーチはバランスと足の位置関係についてアドバイスした。シブリーはそれにうなずいて、微笑んで練習を続行した。汗が額から滴り落ちていた。ほかの選手はみんな、練習を切り上げてシャワーを浴び、夕食に向かっていた。しかし、シブリーは練習を続けた。試行錯誤を繰り返しながら。

国際大会でのシブリーの成績は常に標準以下だった。彼女のクラスだと、女子の上位は一流の選手とコーチとシステムを持つ中国に独占されていた。この30年間、中国勢はほぼすべての国際大会で優勝し続けていた。ヨーロッパ大陸の選手たちもなかなか優秀だった。そんななかでシブリーは、たびたび一回戦敗退を経験した。だが、シブリーのプレーが良くなっていることは、試合のなかで次第に目に見えてわかるようになってきた。

私はシブリーの両親、リンとジョンと知り合いになる機会があった。彼らは、スポーツで卓越する子どもたちを持つほかの多くの両親たちと変わらなかった。娘が負けるのを見て、あるいはたまに勝つのを見て、試合後には娘や指導者と集まって、トレーニングがどのように進んでいるかを聞くという生活だ。シブリーの両親は、娘が毎週一回戦で敗退しても彼女のことを誇りに思っただろうが、時折の勝利の際にはことさらに喜んだ。

ゆっくりと、シブリーの順位は上がりはじめた。彼女はシニアのチームに選ばれ、世界ランキングの低い階層に入りはじめた。彼女はイングランドで最も優れた選手でも、最もわくわくさせる選手でもなかったが、その態度は決して変わらなかった。「彼女がチームにいるのは喜ばしいことです」と女子のコーチは昨年、私に言った。「13歳で強化選手になってからずっと、彼女はチームにとって喜ばしい存在でしたよ」と私は答えた。

銅メダルを獲得した試合の終盤は、魅力的と言うほかなかった。シブリーとリードの相手は、世界ランキングで100位以上も高いシンガポールのジャン・ジェン（詹健）とフォン・ティエンウェイ（馮天薇）だった。シブリーとリードは最初のゲームを落としたが、猛攻に転じた。クライマックスに差しかかったとき、私は興奮で椅子の端をつかんでいた。

私の妻にとって、それは卓球の試合だった。BBC Oneをつけていたほかの視聴者にとっても、それは卓球の試合だった。しかし、シブリー（もしくはリード）を知っている人にとっては、それは15年以上にわたって続いた物語の最終章だったのだ。**それは希望、粘り強さ、夢、願望、数え切れないほど多くのトレーニング、何百万回という全力疾走の物語だ。**それはホームシックの少女がノッティンガムで練習の後も毎晩居残り、正しいフットワークを身につける物語だ。

試合の最後の瞬間は、ほとんど言葉にできないほど美しかった。マッチポイントを入れると、シブリーは飛び上がり、ペアのリードを抱きしめた。その目は驚きと喜びで生き生きしていることがテレビのスクリーン越しでもよくわかった。カメラは飛び上がる彼女の両親、唇を震わせるコーチ、そして互いに抱き合うサポーターたちを映し出した。私は自分が涙を流していることに気づいた。10年間のドラマと、この少女の成長を見てきた断片的な記憶が、私の心のなかで結晶化していく。

数年前、私は『タイムズ』紙のスポーツ主任インタビュアーのような非公式の役職に任ぜられた。それはある意味ではすばらしい仕事だった。いろいろな場所に出向いて、トップクラスのサッカー選手、ゴルファー、テニス選手などに話を聞いた。だがしばらくすると、このようなインタビューにどれほど価値があるのだろうかと自問するようになった。これらのアスリートたちは偉大なスポーツ選手であることは確かだが、哲学的な話や、人生を変える価値観の話はほとんどしなかった。それなのに、なぜ読者は彼らの発言に関心を持つのだろうか?

シブリーを見ていて、納得した。物語が重要なのだ。**これらのアスリートについて知りたいと思うのは、その来歴や舞台裏の物語を理解したいからだ。**そのアスリートたちを応援し、そのアスリートの活躍から感動をもらうためには、そのプレーをより豊かで人間味のある物語のなかに位置づけられなければならない。私たちがテレビで見る試合は、実際には「スポーツ」のすべてではない。コンチェルトの終わりに鳴り響くトランペットのような、**物語の最終章にすぎない**のだ。本当の意味でのスポーツとは、そこにとどまらないすべての要素だ。モデラート、アダージョ、アレグロと、あらゆる楽章が含まれている。

1980年モスクワオリンピックの陸上でのセバスチャン・コー対スティーブ・オベットの戦いは、単なる競走ではなかった。40年前にかつてのザイールでおこなわれたモハメド・アリとジョージ・フォアマンの対決は、単なるボクシングの試合ではなかった。2005年にイスタンブールでリヴァプールFCがACミランを破った戦いは、単なるサッカーの試合ではなかった。

これらの衝突は、この世に存在する何よりも豊かで重要なテーマを喚起する。それらをより広いキャンバスの一部としてとらえようとせずに、単体で見るのは、一段落のみでシェイクスピアを理解しようとしたり、一小節のみでバッハを理解しようとしたりするのに等しい。

コモンウェルスゲームズで繰り広げられたどの試合にも、これは当てはまる。卓球で銅メダルを獲得したシブリーにも、スカッシュで金メダルを獲得したニック・マシューにも、ファンにとって大切な思い出となったその他の多くの試合にも当てはまるのだ。**試合は競争だが、人間にとって本質的な物語の成就でもある。**それこそが、スポーツの醍醐味なのだ。

「創造性のパラドクス」とは何か？

ヨハン・クライフは、控えめに言っても、成功者だ。選手としては、アヤックス所属でUEFAチャンピオンズカップで3回、オランダのリーグで8回の優勝を果たした。監督としては、FCバルセロナを率いてラ・リーガで4回の優勝、1989年のUEFAカップウィナーズカップで優勝、1992年にUEFAチャンピオンズカップで優勝を果たした。試合に勝つこと、トロフィーを獲得することこそが、成功の定義だ。

ところが、クライフの生き方は大きな皮肉でもあった。勝つことが彼の第一の動機ではなかったのだ。2011年、私の『タイムズ』紙の同僚マット・ディキンソンによるインタビューでクライフは、**自分にとって最も重要だったのは、チームがどうプレーするかだった**と語った。彼の関心は哲学や表現にあったのだ。「勝利は一日ですが、評判は一生つきまといます」とクライフは語った。「**勝つのも大事ですが、自分のスタイルを持ち、ほかの人の模範となり、尊敬されることこそが、最も大きな恩恵なのです**」

これは、サッカーに関する、さらには人生に関する私たちの一般的な考え方とは逆であることは言うまでもない。通常、スポーツは勝つためのもので、そのほかの要素は優先順位が低いと考えられている。同じように、ビジネスは利益を得るためのもので、ほかのあらゆる要素は利益という目的の追求に役立つものでなければならない。この考え方は道具主義と呼べるだろう。実利的な目標を設定し、それに向かって進んでいくのだ。

しかし、クライフの成功は、私たちがあえて見ないようにしている心理的な真実を示唆している。**ファンだろうがアスリートだろうが、ただ実利のみに心を動かされる人はほとんどいない**のだ。私たちはより広い理想や、より深い意味をとらえたいと思っている。

ここでいったんサッカーから離れて、ハーバード・ビジネス・スクール教授のテレサ・アマビルの研究について考えてみよう。彼女は何人かの芸術家を募集し、その作品のなかから10の注文作品（お金をもらってつくられたもの）と10の自主的な作品（制作そのものを愛し、自己表現への欲求から生まれたもの）を選び出した。そして、影響力のある芸術家やキュレーターのグループに、それらを評価してもらった。

「非常に驚くべき結果が出た」とアマビルは書いている。「注文作品は自主的な作品と比べて、創造性の面ではるかに劣ると評価された。それでも、技術面の評価では両者に違いがなかった。さらに、依頼された作品を制作しているときは、芸術家たちは自主的に制作しているときと比べ、著しく束縛を受けているように感じる、とも語った」

別の研究では、研究者が美術学校の学生に、お金を稼げる芸術家になりたいか、もっと根本的な意味で自己表現ができる芸術家になりたいかを尋ねた。20年後、研究者はその元学生たちがフルタイムの芸術家としてどのように活動しているかを調べた。すると、**「絵画にしろ彫刻にしろ、外的な報酬ではなく活動そのものに喜びを追い求めた芸術家のほうが、社会的に認められる芸術を生み出してきた」**そうだ。

この現象はいまではよく知られていて、名前がついている。作家のダニエル・ピンクが「**創造性のパラドックス**」と呼び著書『モチベーション3.0』（講談社）にまとめている。**私たちは勝利とは異なるものに動機づけられているときに最も深いインスピレーションを得られるが、それがかえって私たちをより成功に導く**のだ。芸術家を追跡する研究をおこなった研究者たちはこう述べている。「結果として、外的な報酬の追求を動機としなかった者ほど、外的な報酬を（生涯では）得たことになる」

選手時代にせよ監督時代にせよ、クライフに率いられたチームを見てみると、この真理がはっきりとわかる。それらのチームにとっては、勝利は大事なことだが、唯一の大事なことではなかった。だからこそ、そのチームのパフォーマンスは想像力と鋭い直観で満たされていたのだ。クライフは、パスを試合における機能的な要素ではなく、美的な要素だと考えた。37歳になっても、彼は試合の次元を変えていた。『フィナンシャル・タイムズ』紙のサイモン・クーパーが述べたように、「当時のテレビカメラが追えないほどの驚異的な30メートルのパス」を打っていたのだ。

このような話は、サッカー、もしくは芸術分野にとどまらない。利益を強調したり、競争に勝ったり、それまでより多くのボーナスをはずんだりしても、企業は従業員の心をめったに動かせない。このようなアメとムチはそれどころか、私たちからインスピレーションを奪い、私たちが仕事や生活に求める意味を曇らせてしまう。真に先見の明のあるリーダーは肝心の収支や、公正な報酬の支払いを決して忘れないが、**彼らが人々を惹きつけるのはまさに、損得を超越した野望を打ち出すからなのだ。**

たとえば、アップルのスティーブ・ジョブズが、ペプシの取締役だったジョン・スカリーを引き抜こうとしたとき、お金を積んだわけではない。「一生砂糖水を売り続けたいか、それとも私と一緒に世界を変えたいか」と述べたのだ。ジョブズは他人との付き合いにおいて常に褒められた存在ではなかったかもしれないが（偶然ながら、クライフもそうだ）、お金ではないものに動かされていたがために、何十億ドルも稼いだのだ。

そのため、クライフによるサッカー界への最大の贈り物は、このパラドックスへの理解をバルセロナに遺したことだと言える。「クラブ以上の存在」という標語を耳障りに感じるファンもいるが、試合に勝つことだけが自分たちの使命ではないと、バルセロナが信じているのは間違いない。バルセロナでは、一軍でもアカデミーでも、この使命感とプレースタイルが思考と行動に染み込んでいる。そしてそれが、彼らの成功の決定的な理由の一つなのだ。

クライフが監督を務めた時期にバルセロナでプレーし、監督としてもクライフから学んだペップ・グアルディオラはこう述べている。「クライフは聖堂を描き、彼以降の監督はそれを修復したり、改築したりしただけだ」。バルセロナの元会長（原書刊行時。2021年より再び会長）のジョアン・ラポルタは、「選手として、ヨハンはサッカーをある種の芸術に変えた。ヨハンがやってきて、すべてが革命的に変わったのだ。現代のバルサは彼とともに始まった。彼は我らのアイデンティティの象徴だ。私たちが愛するサッカーのスタイルは彼によってもたらされた」と述べた。

クライフが亡くなったとき、私はたくさんの追悼コメントを読んだ。どれも、その人の個人的な、心からの哀悼を表していた。だが、そこに一つの共通点を発見して、私は心を打たれた。みんながクライフの重要性を強調する際に挙げていたのはその成功ではなく、彼が私たちの心を動かしたという点だったのだ。

「そのサッカーはまるで別の惑星からやってきたものだった。それは、**名振付師によって再構築されたサッカー**だった。彼はサッカーを解体し、錆びついた時代遅れの部品を捨て去り、より美しいだけでなく、議論の余地がないほど完全に効率的になるように再構築するという任務を持っていた」とスポーツ記者のリチャード・ウィリアムズは『ガーディアン』紙に書いた。

『フィナンシャル・タイムズ』紙では、先述のクーパーが以下のように書いている。「クライフはまるで、電球とトーマス・エジソンを一つにしたような存在だった」。カタルーニャ州の州都の木陰で偉大な人物にインタビューしたことを振り返って、私の同僚のディキンソンはこう書いた。「クライフへのインタビューは、サッカーの教皇による宗教的な説教のように思えた。**勝利がすべてではない。大事なのは美だ**、と彼は言った。私は選手としてのクライフに驚嘆し、監督としてのクライフに憧れた。しかしクライフの最も愛すべき点は、彼が理想主義者で、自称ロマン主義者だったことだ。サッカー界にそのような人はほとんどいない」

それこそが、本当に大事なことである。おそらく最も創造的なオランダ人だが、芸術に革命を起こしている最中には1セントも稼げなかったファン・ゴッホはこう言ったという。「私自身、確かなことは何も知らない。しかし、星空は私に夢を見させる」（ファン・ゴッホの弟に宛てた手紙より）。従来の成功を超えた何かを求めて高い理想を掲げながら、クライフはサッカー史上最も成功した人物となったのだ。

天才的スキルを支えるチームのハーモニー

1999年のFAカップ準決勝、アーセナルFC対マンチェスター・ユナイテッドFCの再試合の延長開始から8分、自陣の中ほどの右サイドにいたデヴィッド・ベッカムのほうへとボールが戻された。ベッカムはそれを最初、センターサークルのなかにいたポール・スコールズへとパスし、スコールズは10ヤード〈9・15メートル〉先にいたニッキー・バットへとパスした。バットはそのボールを、すでにボールを受けるために走り出していたスコールズに返した。スコールズとバットはまるでテレパシーで通じ合っているようだった。

スコールズはボールを操り、ターンした。そしてあらかじめ前に走り出ていたバットに横からパスした。バットはそれを左から上がってくるフィル・ネヴィルに回した。ネヴィルはボールを一回触っただけでその向きを変えてスコールズに戻した。スコールズはそのとき、ハーフウェイラインまで下がっていた。少し相手選手と交差した後、スコールズはアーセナル側のゴールラインに向けて走るベッカムに寸分たがわぬパスを出した。

ベッカムは顔を上げる必要はなかった。ガリー・ネヴィルが後ろにいることはわかっていたからだ。ベッカムからネヴィルに渡ったボールはチップキックでベッカムに返された。

ボールが最初にベッカムにパスされてから27秒後、選手がボールに触った回数は19回だったが、そのうち17回がいわゆる92年組と呼ばれる、マンチェスター・ユナイテッドのアカデミーでともに育った選手たちによるものだった。キャプテンのロイ・キーンが退場を食らっていたので、そのときマンチェスター・ユナイテッドは10人になっていたが、特にボールを保持しているとき、まるで選手の数が増えているように感じられた。第六感でつながっているように、選手たちは仲間の意図を読み取れたのだ。

2014年12月1日、バロンドールの最終候補3人が発表された。その顔ぶれは、すでに4回選ばれたリオネル・メッシ、昨年この賞を受賞したクリスティアーノ・ロナウド、FCバイエルン・ミュンヘンのゴールキーパーのマヌエル・ノイアーだ。強者揃いのリストで、全員がすばらしいプレーヤーである。しかし正直に言うと、この賞に関して私はどうしても複雑な思いを抱いてしまう。それは、主観的な気まぐれで投票する審査員団によって決まるからというだけではない。

もっと深いところで私がバロンドールに不服なのは、その華やかさと物々しさがサッカーにおける重要な真理からみんなの注意をそらしてしまうからだ。**サッカーのスキルとは、単なる選手個人の能力ではなく、チームの相互作用によって決まるという真理である。**選手はソリストではなく、交響曲の一部だ。チームのメンバーが互いの心を読み、お互いの意図を察知できれば、彼らのスキルは集合体となる。これこそが、サッカーの試合の醍醐味なのだ。

メッシはその典型的な例だ。彼はすばらしいプレーヤーだ。ドリブルも、シュートも、フリーキックも上手く、その気になれば自陣に退くこともできる。だが、このすばらしい選手の国際舞台であるアルゼンチン代表においては、FCバルセロナでプレーしているときほど影響力を出せない。

国を背負ってのプレーにプレッシャーを感じているのではないかとか、代表のチームメイトとは社会的に反りが合わないのではないかと考える評者もいる。だが私は、そのような説明は的を射ていないと思う。アルゼンチン代表でプレーするときのメッシにとって、問題は単純だ。アンドレス・イニエスタやシャビ・エルナンデスが一緒にいないのである。

絶好調のバルセロナを見れば、この真理は試合のどこをとってもはっきりと表れていることがわかる。パスの流れは、先述のFAカップ準決勝の再試合で92年組が見せたのと同様だ。**彼らは、心理学者が「メンタルモデル」と呼ぶものを共有している**。それができている理由を突き止めるのは難しくない。メッシとシャビとイニエスタは同じアカデミー出身で、クラブの流儀を学び、どのように試合を運ぶかに関する共通の理解ができている。**彼らは第六感を共有している**のだ。

サッカーの指導者は、正しくパスをするために「顔を上げろ」(下を向いてボールを見るのではなく)と言う。イニエスタからメッシへのスルーパスのボールを見ると、このアドバイスは厳密には間違っていると気づくだろう。彼らが一緒になると、お互いを見る必要もなくなるのだ。一緒に数千時間にわたって練習をしてきたので、互いを見るスキルは不要なものとなっている。メッシがゴールに迫っているときに、すばやくて防ぎきれないスルーパスがただ放たれるだけなのだ。彼らの**集合的な知性**は見ていてわくわくする。

そのため、メッシが個人の賞を取ると、私はちょっとがっかりする。彼は私が生涯で目にしたなかで最高レベルにすばらしいスポーツ選手の一人だが、**彼に向けられる称賛は、世界中のファンを魅了するそのスキルの発揮のために不可欠なチームメイトたちにも分け与えられるべきだ**と、私はいつも考えているからだ。オペラは、台本なくしては意味を持たない。オーケストラなしのピアニストは、セルゲイ・ラフマニノフの曲の良さをフルに引き出すことはできない。

メッシは、世界中のどのチームに入っても輝くだろう。だが、**独特の、またとない天才的スキルは、バルセロナで三位一体となっているほかの二人のメンバーと一緒のときにしか発揮されない。**メッシの名誉のために言うなら、彼自身もその真理をたびたび認めている。

92年組も、同時期にクラブのアカデミーにいた（フィル・ネヴィルだけ少し後から入ったが、一緒に練習する機会はたくさんあった）。彼らは熟年夫婦のようにお互いの心を読めて、付き合いたての恋人が一週間かけてやり取りするくらい深い情報を、一瞬目を合わせるだけで伝えられる。ベッカムが肩を落とす仕草、ライアン・ギグスの走りの曲がり方――こうした微妙な動きが、相手のディフェンダーには予期できないような出来事を準備する。

１９９８―１９９９年のシーズン、ベッカムがもう少しでバロンドールを受賞するところだったことは指摘しておくべきだろう。多くの評者は、そのシーズンにベッカムが世界第二位のプレーヤーではなかったと主張して否定的な反応を示した。だが、それも正しくない。当時のマンチェスター・ユナイテッドで、ベッカムは息を呑むような調和の取れた動き（と意志の力）の機械を動かす歯車の一つだった。**チームが卓越したパフォーマンスをしたから、ベッカムも卓越していた**のだ。グループとして、マンチェスター・ユナイテッドは偉大な成績を残した。ベッカムのすばらしさは部分的には、周りの選手の存在ゆえに生まれたのだ。

互いの結びつきを強めるためには、必ずしも同じアカデミー出身である必要はない。アラン・シアラーとテディ・シェリンガム、ゲーリー・リネカーとピーター・ベアズリーなど、本能的に互いを理解している選手たちもいる。共通のメンタルモデルを組み立てるために意識的に努力する選手もいる。だが、試合のこの側面を、今日の監督の多くは正当に評価していない。彼らは選手をオーケストラのメンバーではなくソリストとして考え、そうなるように指導するのだ。

マンチェスター・ユナイテッドのアレックス・ファーガソン監督はそのなかでも異なる見方をしていたことを述べておかなければならない。彼は新たに戦力となるかもしれない選手がチームにどのように溶け込むか、全体の総和にどのようにプラスになるのか（あるいはマイナスになるのか）にとても敏感だった。スコールズの言葉を借りるなら、「ファーガソンは常に、選手をばらばらにではなく、そのスキルがチームをどう補完するかという観点で見ていた」。

バロンドールのような賞は、サッカーにおけるこのような交響楽的な発想を損なってしまう。ロナウドのように個人で卓越した選手でも、相互に理解し合えるチームメイトに囲まれれば、さらに大きく改善する。ある選手がチームメイトに頼っているというのは決して批判ではない。ジョン・レノンがポール・マッカートニーに頼っていたというのと何も変わらないのだ。

最高と呼べるチームの一つである1970年のブラジル代表に、最高レベルの選手の一人、ペレがいたのは偶然ではない。ペレのおかげでチームが偉大になったように、ペレの偉大さはチームに由来していたのだ。ワールドカップ決勝のイタリア戦でカルロス・アウベルトが決めたゴールは、選手とチームが互いを高め合うという美しい真理を、ありありと見せつけた。8人の選手が30回ボールを触って決めたゴールは、まず間違いなく、史上最もすばらしいゴールだった。

感情的資本が支配する独自の市場

破産とは、資本主義の最大の恵みである。ウールワース（オーストラリアの小売業者。スーパーやコンビニなどを展開）やブロックバスター（アメリカのレンタルビデオチェーン）のような企業が没落しても、私たちはもっと気楽でいるべきだ。それは競争の証しであり、市場のシェアをめぐる戦いの証しなのだから。自由な市場が成長と繁栄を生み出すのは、毎年5～10％の企業が倒産しているからにほかならない。オーストリアの偉大な経済学者、ヨーゼフ・シュンペーターはそれを**「創造的破壊」**と呼んだ。

今日のスポーツは、著しく自由な市場を謳歌している。私は今週、スカイスポーツでネットボール・スーパーリーグとバドミントンのナショナルリーグを見た。ユーロスポーツでは、アイスケート、スキー、自転車を放送している。BTスポーツ（現TNTスポーツ）では、アルティメット・ファイティング・チャンピオンシップ（UFC）とMotoGPが放送されている。スヌーカーとボウリングはBBCで見られる。スカッシュとホッケーも、定期的にテレビ放送がある。これらの競技は、市場のシェアをかけて争っている。

25年前、この分野の様子はとても違っていた。チャンネル数が少なかったため、マイナーなスポーツはテレビで放送してもらえなかった。入り込む余地もなかったのだ。バドミントンをはじめとする競技の運営者は、テレビ局の重役にこんなことを頻繁に言っていた。「チャンスをいただければ、びっくりさせてあげますよ。私たちの競技だって、サッカーに負けず劣らずエキサイティングなのですから」

この提案はいま、実際に試みられている――だが、失敗しつつある。シュンペーターなら感心したであろう企業経営を通して、バリー・ハーン（イギリスのスポーツイベントプロモーター。多数のスポーツを手がけた）はダーツが利益をあげられるニッチ市場を開拓した。バドミントンは、スカイスポーツの視聴者に忠実なファンがいる。卓球も、ユーロスポーツで放送されるときにはまずまずの視聴率を獲得する。テレビで幅広く放送されるようになったのは、ファンにとっても競技そのものにとっても良いことだ。

ところが、サッカー、ならびに少し程度は劣るがラグビーユニオンとクリケットの優位が脅かされる気配は微塵もない。これら三つの競技は、50年前には放送を独占しており、20年前にも独占しており、今日でも独占し続けている。テレビの放送、新聞記事、および文化的な浸透度合いというもっと曖昧な概念で測っても、サッカーは王者で、ラグビーとクリケットは王子の位置にとどまっている。その一つ下のランクにはテニス、ゴルフ、モータースポーツがある。マイナーなスポーツはというと、依然としてマイナーなままだ。

この状況はすぐには変わりそうにない。デルタ航空がパンナムを倒し、アルディとリドル（いずれもドイツ系のスーパーマーケットチェーン）がテスコとセインズベリー（いずれもイギリスのスーパーマーケットチェーン）を脅かしたようにはいかず、ネットボールがサッカーを打ち負かすことはないだろう。資本主義の破壊的な力が周辺部で猛威を振るったとしても、基本的な構造に大きな変化は起きそうにない。そしてこのことが、スポーツの意味について重要なことを物語っているのではないかと、私は考える。

経済学者はよく「先行者優位性」を話題にする。これは従来の市場において多くの側面に表れており、しばしば、設備投資を例に説明される。たとえば、ある一つの企業がすでに電力送電網の建設に資本を投下していたとすると、ライバル企業が同様のインフラ建設に参入するには大きな障壁となる。先行者は価格を下げ、市場での生き残りをかけた消耗戦を展開するかもしれない。アメリカがフラッキングで石油を増産しようとしたときに、中東の産油国がとった対抗措置の一部は、このようなものだった。

スポーツでも、先行者優位性は存在する。だが、テクノロジーやインフラとは関係ない。サッカーの新たなライバルとなる競技がサッカーのシェアを奪うのに苦戦しているのは、サッカースタジアムがすでに全国津々浦々に数多くあるからではない。**ここでの先行者優位性は、スタジアムのような物的資本ではなく、感情的な資本によって起こっている**のだ。**サッカーの美しい試合には、歴史的な重み、すなわち現在を過去と結びつける、驚くべき豊かさと深さを持つ物語の筋書きがある。**

マンチェスター・ユナイテッドFCのようなクラブを考えてみよう。チームがプレーしているのを見て、ファンはただ楽しんでいるのではない。両親や祖父母も参加した儀式に参加しているという意識を持っているのだ。

ユナイテッドのファンである私の義理の兄は、ボビー・チャールトン、ジョージ・ベスト、マット・バスビーの伝記を読んだ。彼の心には、ミュンヘンの悲劇の際に滑走路で灰になったクラブの再建（１９５８年、当時西ドイツのミュンヘンの空港で、マンチェスター・ユナイテッドのチャーター機が起こした事故。８人の選手が亡くなった）、ファーギーズ・フレッジリングス（ファーガソンのひな鳥。ファーガソン監督時代に活躍したユース出身の選手たち）、トレブル達成といった出来事が刻まれている。ユナイテッドは彼にとって単なる出来合いの製品ではなく、歴史と意味を持った、生きている組織なのだ。ユナイテッドを追いかけることは、全国のほかのクラブについても同様だが、物語を感じることだ。そして、これらのクラブとその物語がぶつかり合う場である上位リーグには、上位リーグ独自の物語がある。

何十年という期間でリーグの支配者が変わってきたことは、どのファンも知っている。ハーバート・チャップマン率いるアーセナルFC、ビル・ニコルソン率いるトッテナム・ホットスパーFC、80年代のリヴァプールFCの栄光、最近のチェルシーFCとマンチェスター・シティFCの再浮上といったように。

このような歴史が、すでに私たちの感情のなかに場所を占めている。それはファンと試合を、いまの試合と過去を、へその緒のようにつなげている。ナショナル・バドミントン・リーグの強豪サリー・スマッシャーズ（サリー大学バドミントン部）対チーム・ダービー（ダービー大学バドミントン部）の試合も、確かにとてもおもしろい。その内的な性質で判断すれば、サッカーの試合に劣らず楽しめるだろう。しかし、私たちが共有する感情的・文化的な歴史の琴線に触れることはない。それは少なくとも、マジョリティに共有されている物語には支えられていないのだ。

その他の強大なスポーツの大会を見てみると、この真理がはっきり示されているのがわかるだろう。ウィンブルドン、全英オープン、FAカップのテレビ放送のオープニング映像に、過去の優勝者の姿がいつも登場するのはこのためだ。過去の優勝者のモンタージュは感情的な重みを喚起する。つまり、今年のイベントは単体で成り立っているのではなく、長い旅路の最新のステージなのだという思いを抱かせるのだ。

２０１３年のアンディ・マリーのウィンブルドン優勝の意味は、地元でイギリス人が優勝できなかった77年の苦節の日々の上に築かれている。過去の一回戦敗退が、無慈悲にも優勝に届かなかったティム・ヘンマンが、自国の選手の優勝に憧れ続けた何十年もの期間が、マリーを見るイギリス人の頭をよぎるのだ。

オーストラリアのチャンネル・ナインで放送されたクリケットの試合のオープニング映像をYouTubeで探していると、2008年の映像が見つかった。それは美しかった。まずは時を刻む時計の映像から始まり、ドン・ブラッドマンの画質の荒い映像と当時の実況音声が流れた。そこから、デニス・リリー、スティーブ・ウォー、マイケル・クラークと映像が切り替わっていく。これは単なるクリケットの試合ではなく、クリケットという物語だ。オーストラリアの国家の神話におけるクリケットの位置づけを物語っている。

このようなスポーツの真理は、ごく少数の例外を除いて、世界中で現れている。たとえばアメリカでは、野球、NFL（アメフト）、バスケットボールが依然として支配的だ。サッカーはそこにがんばって食い込もうとしており、大きなファン層もいるが、ライバルたちが確立した感情的な地位に対して苦戦している。

アメリカのファンはみんな、バンビーノの呪い（ボストン・レッドソックスが1918年から2004年までワールドチャンピオンの座を逃し続けたのは、1919年にトレードで放出されたバンビーノことベーブ・ルースの呪いだとするジンクス）、ドワイト・クラークの「ザ・キャッチ」（1981年シーズンのナショナル・フットボール・カンファレンスのチャンピオンシップ戦終盤で、サンフランシスコ・フォーティナイナーズのクラークが決勝タッチダウンとなるスーパーキャッチを決めたこと）、マイケル・ジョーダンの得意としたスティールを知っている。**サッカーにせよほかの競技にせよ、どれだけ資本を投下しても、この幅広く共有された文化の基準点を買い取ることはできない。**ワールドカップの開催国となってから20年以上が経ったいまも、アメリカでサッカーが二級の地位に甘んじているのはそのためだ。

創造的破壊はすばらしい。適切におこなわれれば、消費者に利益をもたらす。しかしスポーツにおいては、この破壊的な力は、物語のより深遠な真理によって食い止められている。**資本主義の力に巻き込まれているとはいえ、スポーツは通常の市場とは違う。正統的な経済学よりも、文化と歴史に根ざした独自の法則に従い、独自の真理を喚起する。**結局のところ、これこそがまさに、私たちがスポーツを愛する理由なのだ。

ドーピングの誘惑に打ち勝つ条件

著名な行動経済学者ダン・アリエリーは、著書『ずる――嘘とごまかしの行動経済学』（早川書房）で、人間のごまかしについて研究している。その方法はシンプルだ。あるグループに、単純だが時間のかかる数学の問題20問を出題する。被験者は5分以内にできるだけ多くの問題を解かねばならず、正答数に応じてお金がもらえると言われる。

驚くほどのことではないかもしれないが、被験者が自己採点したときのほうが、監督者に採点してもらったときよりも良い点数になる傾向にあるとわかった。言い換えるなら、被験者たちは少し嘘をついていたのだ。解答用紙をシュレッダーにかけてもいい、つまり証拠を隠滅してもいいと言われたときの点数も依然として高かった。

だが、**被験者たちが最もずるをしたのは、誰かが堂々とずるをしているのを目撃したときだった。**

ある実験の回で、アリエリーは一人の学生（実際は俳優）に対し、実験開始後1分が経過したときに立ち上がって、もう自分は20問全部を解いたという信じがたい主張をするように依頼した。「このマドフ〈バーニー・マドフ。大規模なポンジ・スキームを運営したアメリカの相場師〉の卵が明らかにごましをしていて、大金をつかんで軽々と去っていくのを見て、残った学生たちは、このヤラセの学生がいなかった対照実験群に比べて二倍の数の問題を解いたと主張した」とアリエリーは書いている。「ごまかしは、どうやら感染するようだ」

自転車ロードレースを見ている人の頭には、ごまかしの感染力はすぐに思い浮かぶ。２０１２年10月17日、マット・ディキンソン（『タイムズ』紙のスポーツライター）がランス・アームストロングに関する暴露に端を発して明らかになった不正の規模の大きさについて物語った。ドーピングに関わったとされる選手は、ここに書ききれないほど多い。ほぼ全員だったのだ。

禁止薬物の摂取は倫理的に後戻りのできない道へと踏み出すようなもので、その一線を越えてしまう人は周囲に流されやすいか、根っからの悪人だと考えられがちだ（ベン・ジョンソンが受けた中傷を思い出してほしい）。だが、アリエリーの研究は、この問題が白か黒かではないと示している。

感染しやすい状況のときに、多くの人が不正をすると彼は発見した。言い換えるなら、ごまかしても逃げおおせるだろうと考えられる状況のとき、そしてもっと重要なのは、**ごまかしが普通だと考えられる状況のとき**だ。

自らの過去のドーピングについて告白した人の回顧録やインタビューを読むと、その言い訳が心理的に似通っているという印象を強く受ける。自転車ロードレース選手のフロイド・ランディスにせよ、同じく自転車のデヴィッド・ミラーにせよ、陸上選手のドウェイン・チェンバースにせよ、みんな言い方は違うが一様に、不正が流行していたことを言い訳にしようとする。

2005年のインタビューでチェンバースはこう述べている。「**ほかの人もみんなやっているのに、どうして自分だけやらずにいられるだろうか？**　同じ土俵に立たないと、決して夢はつかめないとわかっていたんだ」。アリエリーなどの行動経済学者は、ごまかしの流行を断ち切るには、人の考え方を変える必要があると論じる。たとえば、不正はその人が思っているほど流行しておらず、普通のことでもないと示唆して、心理的な構造を操作するのだ。

それは、「**選択アーキテクチャ**」（選択に影響を与えるような情報を提示すること）を通して人々の背中を押すということである。大まかなレベルでは、こうした操作は間違いなく効果的だ。スポーツは、薬物摂取を減らす試みのなかで、このテクニックをいくつか利用できるだろう。

しかし、行動経済学も、ある重要なことを見逃す傾向にある。グループや集団の平均的な変化を見ているので、おそらく最も興味をそそる質問が問われなくなっているのだ。それは、なぜ一部の人には不正を是とする心理的な環境に対する充分な免疫があるのか、という問いだ。

スポーツを例にとるなら、薬物摂取の文化に浸かっていたり、チームメイトがドーピングをしていたり、ドーピングをしている多数派に追随しなければ勝てないとわかっていたりしながら、正しい道から外れないアスリートがいるのはなぜなのだろうか?

自転車のロードレースの分野で最も目立つ例は、クリストフ・バッソンだ。このフランス人選手は1998年、車いっぱいの禁止薬物がツール・ド・フランス中に見つかり、スポーツの歴史のなかで最大級のスキャンダルが巻き起こったとき、フェスティナ・ロータスに所属していた。

調査によって、チームのほぼ全体が、広大で複雑な組織的ドーピングに染まっていることがわかった。その規模と組織化具合は驚くべきものだった。だが、ある一人の選手は、チームの命令はもちろんのこと、集団の力学にも逆らった。ドーピングをおこなったと認定された二人の選手、アルミン・マイアーとクリストフ・モローによると、バッソンは組織的なドーピングに一人で立ち向かっていたのだ。

彼は不正へと誘うそそのかしに乗らなかっただけでなく、甘い言葉で丸め込まれたり、脅しに屈したりもしなかった。彼はほかの選手から避けられ、慣例の賞金のチームでの山分けへの参加も許されなかった。結局、彼はチームを解雇された。だが、決して譲歩しなかった。

イギリスの中距離走者、カースティ・ウェイドも、決して自分の原則を曲げなかった人の一人だ。特に東ヨーロッパで、陸上競技における薬物摂取がはびこっていた時代に、彼女は選手として戦った。彼女のライバルの多くは、顔に毛を生やし（男性ホルモン摂取の影響）、驚異的なタイムを叩き出していた。選手たちは、先述のアリエリーの実験で1分後に立ち上がって問題をすべて解いたと主張した男と同じくらい、明らかな不正をおこなっていたのだ。ウェイドは、勝つためには周りと同じことをするしかないとわかっていた。だが、彼女はそれをしなかった。クリーンなままでいたのだ。

清廉潔白でいて、ほとんど報われなかったも同然の人たちは、スポーツ界にはたくさんいる。7位になったところで、賞はもらえないのだ。たとえ上の6人が薬物を使っていたとしても。

そのことが、彼らの高潔さをさらに興味深く、立派なものにしているのだろう。だが、このアスリートたちがすばらしいのは、自分を道徳的に勇敢だと考えていたわけではないことだ。ウェイドも、バッソンも、断固としてクリーンでいたほかの選手のほとんど全員も、**ドーピングをしようという「誘惑」を、まったく誘惑だと考えていなかった**。

バッソンはこう証言する。「薬物を使わなかったから自分が勇敢だとは思っていない。僕にとって、勇気とは恐怖を乗り越えることにほかならないけど、僕は決して怖がっていなかった。ただ運が良かっただけだ。僕はちゃんとしつけられて育ち、たくさんの愛をもらって生きてきた。ドーピングをしたいと思う余地がなかったのさ。薬物を断るのは僕にとっては簡単なことだった」

ウェイドはこう証言する。「ドーピングなんて頭に浮かんだことすらない。本当に。正直に言って、**ドーピングは自分の性格と真っ向から対立することだったから、誘惑ですらなかった。私はきれいな良心を保ったまま、フェアに戦いたかった。**チョコビスケットは私にとって誘惑だけど、筋肉増強剤は違う」

ほかのクリーンなアスリートのインタビューを聞いても、基本的なパターンは同じだ。彼らは不正がバレるかもしれない可能性と、金メダルを取れるかもしれない可能性を天秤にかけはしなかったし、ドーピングをして得られるメリットと、ドーピングによって失われる自己イメージを頭のなかで比較検討することもなかった。**どんなことがあろうと、ただ不正をしなかった**だけなのだ。不正は彼らが信じているもののすべてに反することであり、彼らの人格と相容れないものだった。

どうやら、大事なのは**社会的な心理よりも価値観**のようだ。そこから、基本的な問題が見てとれる。私たちは、極端な振る舞いの目立つ例にとらわれすぎていることが往々にしてある。なぜバーニー・マドフは友達から総額数億ドルもの金をだまし取ったのか？　なぜランス・アームストロングはあれほど大規模にいじめと不正をおこなったのか？　これらの病理の例は、研究の価値とは無関係に興味深い。

だが、このような話が重要である一方で、もっと地味で目立たない、正直に振る舞った人の話は脇に押しやられる場合が多い。ドーピングが許せなかっただけでなく、そんなことをするという発想すらなかったアスリート。会社の資本でリスクを取ることを拒否したバンカー。ダイビングを拒否したサッカー選手。不正行為をより広く取り締まるには、このような人々についてもっと知る必要があるのではないだろうか？　これまでよりももっと深く、このような人々の話や動機について研究する必要があるのではないだろうか？

バッソンの話を聞いたランディスの言葉は、その必要性を示唆している。「感心しました。ドーピングをしないという強い心を持った人がどれくらいいたのか知りませんが、多くはないでしょう。バッソンとは知り合いではありません。でも、彼のことを知りたいと思います」

「年齢の壁」を超える

1974年の暖かい雨の日の夜、モハメド・アリのグローブをはめた拳が、それまで難攻不落だったジョージ・フォアマンの顎にヒットした瞬間、世界は変わった。

その試合がおこなわれたのは、その結果と同じくらいありえない場所だった。そこは当時ザイールと呼ばれていた国のジャングルの開拓地、コンゴ川から目と鼻の先のところにあり、一世一代のスポーツイベントと今日でもみなされているこの試合を録画するために世界中のテレビ局のスタッフが機械を操作するのを、ワニが見つめているような場所だった。

2009年7月19日、テレビの解説者たちが目の前で起こっていることの重大さを表現する言葉を見つけられずにおり、ファンや視聴者が目をこすり腕をつねってこれは現実かと確かめ、私が妹にレストランの予約を一時間遅らせてくれるように頼んでいるなか、スコットランド西岸の細長い砂丘地帯にて、トム・ワトソンはあともう少しで、あのアフリカでの驚くべき夜の出来事に匹敵する歴史をつくるところだった。

アメリカ人ゴルファーのワトソンは、古くからあるターンベリーのコースで自分より若くて健康な選手たちを相手に戦っていたのみならず、老いのプロセスそのものを、死すべき運命を、大鎌やマントなどを身につけた死神を相手に戦っていたのだ。後半のホールの2時間、オープンで最初に優勝してから30年以上になる、60歳の誕生日まであと6週間というこの59歳の選手は、私たちがスポーツに関して、そして人生に関して知っていると思い込んでいたすべてを覆してしまいそうだった。

ワトソンのショットはまっすぐで欠点がなく、コースマネジメントも賢明で、関節がきしんでいても、ストロークは完璧だった。ワトソンは人工股関節を入れており、その顔のしわはプルーンより多かったけれども、そのプレーにはゴルフの最も重要な賞を勝ち取れるのではないかと思わせるような荘厳さと、スリルと、場をかき回すずうずうしさがあった。結局、72ホール目で、優勝を決めるはずの8フィートのパットが右に流れてしまい、彼は失敗してしまったが、それでも世界を変えることには成功したのだ。

少なくとも、最高レベルの競技スポーツは、老年、さらには中年の人のための場所ではないと考えられている。私は32歳のとき、国際的な卓球の競技から身を引いた。それはやる気がなくなったからではなく、求められることに体がついていかなくなったからだ。数ミリ秒の遅れをとるようになっただけでなく、ベストな選手とそれ以外の選手を分ける要素である精度と機敏さを失ったのだ。私の対戦相手たちは、死骸に群がるハイエナのように襲いかかってきた。

2009年7月16日、ターンベリーでは156人の選手が大会をスタートしたが、大多数が20代と30代だった。みんなガツガツしてやる気もある、ハイエナだ。彼らの野心で、小さな町の電力を1週間まかなえるほどだ。40代と50代の選手もちらほらいた。そしてそこに、全員より6歳は年上のワトソンが加わっていたのだ。彼が大会にいたのは、60歳以下であれば過去のチャンピオンが再出場できるという奇妙なルールがあったからだ。それは、古いコースをよろめきながら進む過去のヒーローに敬意を表する機会をファンに提供するものだった。

だが、ワトソンは儀式のためにこの大会に来たわけではなかった。帝王然としてファンに手を振って見せるのではなく、**大会に勝ちに来た**のだ。彼が自分の勝利を信じていたという事実だけでも充分心揺さぶられるが、だんだんと並々ならぬプレッシャーが否応なしに高まっていく最後の2日間にしっかりと自分のプレーをできたのは、英雄的を通り越して、革命的と言えることだった。

それは不屈の精神と勇気を物語る出来事だった。大胆さを物語る出来事だった。そして何よりも、

不可能に見えることを信じたときに起こる不思議を物語る出来事だった。気分が高揚するいくつかの見せ場で、彼は私たち全員を信者に変えた。

ワトソンに対する賛辞は、ゴルフが年齢の高い人でもできるスポーツであることに鑑みると、それほどでもなくなると主張する人もいるだろう。だが、それは誤解だ。ワトソンが優勝できていれば、大会の150年の歴史のどの優勝者よりも13歳以上年上ということになった。この桁違いの数字が、すべてを物語っている。

ゴルフには稲妻のような反射神経やむき出しの力は必要ないかもしれないが、精神的な強さとストロークの繊細さが必要なのは確かだ。そしてそれは、どんな理由であれ、過ぎし日の年老いたチャンピオンからは徐々に失われていくものなのだ。

ゴルフは神経が試されるスポーツの極致かもしれない。ショットの間には、絶望して首を吊るだけの時間がある。刻一刻と過ぎていく時間のなかで、心はさまざまないたずらを仕掛けてくる。毎年必ず、ボールを場外に打ってしまったり、膝まで水に浸かるはめになったりして、自ら切腹をしてしまう選手がいる。彼らの心は、賞まであと少しという事実に幻惑させられてしまうのだ。ボールを前にしたときに、自分の運命を意志の力でコントロールすること――これが競技ゴルフにおいて、最も心躍ると同時に、最も恐ろしい要素だ。だが、私たちの予想していたほど、ワトソンは過呼吸になることはなかった。

もちろん、その日の午後ずっと、ターンベリーを覆っていた暗黙の前提とは、この老人は終盤のホールが発する熱に飲み込まれて溶けてしまうだろうというものだった。年老いたチャンピオンが最終日の混戦にからんだときには、いつもそうなっていたからだ。ところが、ワトソンは花崗岩のように固かった。72ホール目のグリーンに向けたアイアンショットがターフから飛び出さなかったら、彼は勝利していた。前に飛び出て、グリーンを抜けて奥のラフの縁まで進んでしまうまでは、そのストロークは見事で、ボールはまっすぐにホールへ向かっていたのに。彼はそこから3回パットしなければならなかった。何百万人もの人々が心を痛めた。

私たちのようなスポーツについて書く三文文士にとって、サッカーのピッチで、ボクシングのリングで、クリケットのグラウンドで、そしてゴルフのコースで起こる出来事の重要性を誇張するのはたやすい。実際にはその多くはどこまでいっても取るに足らない出来事だ。だが、それが私たちに、**世界の見方を変えるようなヒロイズムの爆発**を見せてくれるとき、スポーツは競技場の外でも通用する意味を持つ。

アリのザイールでの勝利は、若くて無敵に見えた相手を倒すために時を戻したかつてのチャンピオンの勝利だった。黒人の誇りを象徴する存在となった男の勝利だった。あばら骨と腎臓に耐えがたい量の強打を食らったが、最後には選手生命のために温存していた象徴的なパンチを放ったボクサーの勝利だった。

ワトソンの歴史に対するむなしい挑戦はそれと同じくらい強烈で、感動的で、重要だった。だが、その理由はまったく違う。**ワトソンは、私たちがスポーツ、および年齢の可能性について知ってい**

るすべてのことをひっくり返すまで、あと1・5インチ（約3・8ミリ）のところまでたどり着いたのである。

「勝てなかったのは断腸の思いだ」と大会後に彼は言った。私たちも同じ気持ちだよ、トム。

必須スキル、「クワイエット・アイ」と「クワイエット・マインド」

アンドレス・イニエスタは、ペレ、ディエゴ・マラドーナ、リオネル・メッシ、ヨハン・クライフとともに、すでにサッカーの歴史のなかで特別な位置を占めている。だが、2016年UEFA欧州選手権で、もう一度最上級のプレーを見せれば、彼は少なくとも私のなかでは、史上最も偉大な選手の座につくだろう。

彼への称賛は、国際レベルの大会だけでなく、国内のクラブでのプレーに対しても同様だ。2002年にFCバルセロナの選手としてデビューしてから、彼はラ・リーガで8回の優勝、コパ・デル・レイで4回の優勝、ワールドカップで3回の優勝、チャンピオンズリーグで4回の優勝を果たしている。

しかし、そのきらびやかな戦績のほかにも、イニエスタには奥深い資質がある。それは、最も重要なときに必ず期待に応えることだ。彼は2008年のUEFA欧州選手権で卓越したプレーをし、2010年のワールドカップ決勝戦で勝利のゴールを決め（マン・オブ・ザ・マッチも獲得した）、2012年のUEFA欧州選手権では大会最優秀選手（そしてイタリアと戦った決勝戦のマン・オブ・ザ・マッチ）に選ばれた。アトレティコ・マドリードとスペイン代表のストライカー、フェルナンド・トーレスはこう言っている。「15歳のときから一緒にイニエスタとプレーしているが、僕は彼が下手なプレーをするのをただの一度だって見たことがない」

このすばらしい成績の背景は、イニエスタが史上最も優れた二つのチームでプレーできる運を持っていたからだと言う人もいる。しかし、私は、それは因果関係が逆だと思うのだ。スペイン代表とバルセロナがすばらしいチームである大きな理由は、このミッドフィールダーの天才を中心に組み立てられているからだ。彼は自ら告白しているが、少年時代、バルセロナのアカデミーであるラ・マシアに入団するために親元を離れる際、「川のように涙を流した」ほど優しい人物である。

サッカーを生態系に例えると、私たちは最もカラフルで豪華な植物に注目しがちだ。たとえば、メッシやクリスティアーノ・ロナウドを思い浮かべるとき、彼らの爆発的なスキルが指摘される。並外れたフリーキック、曲がりくねったドリブル、躍動的なヘディングシュートなどだ。この二人がFIFA最優秀選手賞を独占しているのは、このスキルのためだ（場合によっては、まったく正しい評価だ）。

彼らのスキルは、名前を聞けば考える間もなく心に浮かんでくるかもしれない（それは「利用可能性ヒューリスティック」と呼ばれる現象だ）。この生態系のなかで、イニエスタに適した生息場所は別のところにある。彼は、周囲の花の成長と開花を可能にする土壌なのだ。イニエスタの才能の総体を、単一の象徴的な瞬間でとらえるのは難しい。その才能はとても豊富で幅広いからだ。

彼のスキルを見極めるためには90分の試合のすべてを観戦し、彼がどのようにボールを受けるか、どのようにチームメイトのためのスペースが空く可能性を切り開くか、そしていかに完璧なコントロールでボールを維持するかを見る目を養わなければならない。彼の試合における貢献の効果は累積的なもので、90分が終わる頃に決定的となるが、複雑で目立たないものでもある。

私のお気に入りのインタビューの一つは、2009年のチャンピオンズリーグ決勝でマンチェスター・ユナイテッドFCがバルセロナに敗れた後のアレックス・ファーガソン監督のインタビューだ。それをずっとYouTubeで探していたが見つけられなかったので、私の記憶を頼りに引用するしかない。インタビュアーは、ユナイテッドが期待されたプレーをできなかったとか、戦術を間違えたとファーガソンに認めさせたいような聞き方をしていた。だが、ファーガソンは首をかしげて、ただこう言うのみだった。「**彼らからボールを奪えなかったん**だ。シャビとイニエスタが決してボールを離さなかった。バルセロナは我々よりもチームとして上手だった」

エリート級のスポーツ界には、「**クワイエット・アイ（視線固定）**」という確立された現象がある。これは、とても優れたスポーツ選手は、普通の人よりもわずかに長い間、ピッチの一部（あるいはボールやF1サーキットのカーブ）に向けて固定された完璧に静止した視線を保つことができ、それゆえ**行動する前により多くの情報を引き出せる**というものだ。さまざまな証拠によって、プレッシャーにさらされたりパニックになったりすると人の目は「騒々しく」なり、視線が充分に焦点を合わせられずにさまようとわかっている。

イニエスタはクワイエット・アイのみならず、クワイエット・マインド（**心の固定**）**を身につけているの**だ。現代のサッカーの試合につきものの喧騒のなかでも、**彼は一歩引いたところから冷静に状況を分析し、問題を予期し、謎を解読できる**。「彼がチームを動かしている」とファーガソンは言う。「彼のパスの受け方、動き、スペースをつくり出す能力は信じられないほどすごい」

『ニューヨーク・タイムズ』紙のある特集が、カナダのアイスホッケー選手ウェイン・グレツキーの天才を解説しようとしたことがある。「彼はあまりホッケー選手のようには見えない。彼のショットは平均レベルにすぎない――あるいは最近の水準では、平均未満だ」とその記事には書かれている。それでは、どのように彼は最高レベルのプレーヤーになったのか？

「彼の**生まれつきと言ってもいい才能とは**、**見る力**だ。多くのファンにとって、そしてときには選手たちにとっても、ホッケーはカオスに見えることがよくある。スティックが振り回され、体が倒れ、パックが手の届かないところに飛んで行ってしまうという具合に。だが、その大混乱のなかで、グレツキーは試合の根底にある規則性や流れを見分けられ、試合会場にいる誰よりも早く、詳しく、何が起こるかを予測できるのだ」

この分析はイニエスタにも同様に当てはまるのではないか？　**スキルとは、足でやっていること**
だけでなく、脳で起こっていることだ。最終的な産物はチームメイトによって発揮される場合も多いが、イニエスタは守備をこじ開ける圧力を蓄積するために欠かせない存在だ。バルセロナの監督、ルイス・エンリケは「イニエスタはスペインのサッカー界のなかで最も創意に富む選手だ」と語る。「彼はまるでハリー・ポッターだ。いちにのさんで、あっという間に相手選手を抜いている。魔法の杖を持っているようだね」

2013～2014シーズンにルイス・スアレスがリヴァプールFCで最も活躍した際、識者たちはそろって、このウルグアイ人のフォワードは「ロナウドとメッシに次ぐ、地球上で三番目に優れた選手だ」と評した。ガレス・ベイルがレアル・マドリードに移籍した際も、よく同じように評された。こうした話にイニエスタが含まれていないことはおそらく何よりも、彼のスキルが平均的な識者の理解を超えている証拠である。

イニエスタほど、上手に、謙虚に、上品にサッカーをプレーする選手はいない。マンチェスター・シティFCの司令塔で、スペイン代表でイニエスタのチームメイトでもあるダビド・シルバの言葉はまさに、それを適切に言い表している。

「マスコミはよく、メッシとロナウド、どちらが最高の選手かと尋ねるけど、僕にとって答えははっきりしている。アンドレス・イニエスタがナンバーワンだ。彼はピッチ上でさらに難しいことをやってのける。**ボールの魔術師そのもの**と言えるだろう」

サッカーを支える「ファンの忠誠心」

イーリング通りの角からグリフィン・パークの入口まで、30ヤード（約27メートル）ほどの道が伸びている。２０１０年の秋、私はその道を、義理の父のアンディと一緒に闊歩していた。ブレントフォードFC対エバートンFCのEFLカップの試合を見にいくためだ。そのとき、アンディは30年以上も会っていなかった友人のジョンに声をかけられた。

「おい、こんなところで何をしているんだ？」とジョンは言った。私たちが一緒にグリフィン・パークのゲートのなかに入ると、アンディの旧友が一人、また一人と現れた。さながら同窓会だ。

ロンドンのイーリング南部で育ったアンディは、１９５０年代中頃からブレントフォードの熱心なサポーターで、15年以上もの間、ブレントフォードの全試合に通った。ところが、その後の人生、彼はロンドンの南西部から離れなくてはならなくなった。１９７０年代にはウィガンで、１９８０年代にはダービーで教職のポストを得て、家族も持った。

それでも、ブレントフォードとのつながりは弱まらなかった。40年間、彼は毎週土曜の午後、はじめは『グリーン・アン』（『ダービー・イブニング・テレグラフ』のサッカー版で、土曜の夕方6時に発売された）で、次いでシーファクス（BBCの文字放送。２０１２年にサービス終了）で点数を確認した。

そして、ロンドンに行く機会があるたび、私と一緒にエバートン戦の試合を観戦したあの晩のように、彼はチケットを買って、慣れ親しんだ儀式に再び参加するのだった。

２０１４年のボクシングデー（クリスマスの翌日の12月26日。主に英連邦では祝日とされる）も、私はアンディとグリフィン・パークに行った。アンディは孫の近くにいるために２０１２年にロンドンに戻ってきており、それ以来すべてのホームゲームを観戦していた。そこには、１９５０年代や60年代に試合を見に来ていた人もまだいた。

ファンは過去、現在、そして子どもがいる場合は未来の間に連続性をつくり出す人たちだった。多くの点で、これはファン文化の最も奥深い面である。**儀式としての応援が世代を超え、時間を超えたファンとしてのアイデンティティが形成される**のだ。アンディはすでに、孫たち（2歳の女の子と1歳の男の子）のためにブレントフォードのジャージを買っていた。

ブレントフォードはなかなか良いシーズンを過ごしていた。この数十年、ディビジョンを上がったり下がったりしていたが、いまはEFLチャンピオンシップ（プレミアリーグの一つ下のディビジョン）で6位となっている。プレミアリーグに昇格できる可能性もわずかながらある。２０１４年12月26日にイプスウィッチ・タウンFCに4対2で惜敗し、その前日は、ウォルバーハンプトン・ワンダラーズFCに2対1で負けたので、その望みは少し遠のいたけれども。

だが、ブレントフォードが昇格しようと、降格しようと、リーグ戦ですらないところにまで急落しようと、あるいは、チャンピオンズリーグに出場できる強さになるための資金を気前良く援助してくれる人が見つかろうと、アンディや仲間たちは変わらないだろう。祝ったり、憐れんだりはするだろうが、彼らのファンとしての忠実さは変化しないはずだ。

経営陣のオフィスでは、現代のサッカークラブを動かす矛盾する二つの動機が常に存在する。昇格したいという憧れは、それが自分たちの伝統的なファン層にとってどのような意味を持つかという懸念と天秤にかけられる。「それは難しいバランスです。私たちはプレミアリーグに上がりたいと強く思っていますが、ファンに対する責任も自覚しなければなりません」と2011年からCEOを務めるマーク・デブリンは言う。「価格を吊り上げ、是が非でもプレミアリーグの地位をつかみとるのは簡単でしょうが、それでは最も忠実なサポーターの多くが離れていってしまうでしょう。結果が伴わないとすぐに私たちを見捨てるであろう新しい『ファン』のために古くからのファンを締め出してしまえば、共同体という面だけでなく、商業的な面でも、クラブにとってひどい事態になります。私たちは伝統を忘れないようにしなければなりません」

グリフィン・パークから本拠地を移転するという計画はかなり進んでいる。クラブはグリフィン・パークから半マイル（約800メートル）ほど離れたライオネル通りの近く（チズウィック・ハイ通りと高速道路4号線に挟まれた場所）に土地を購入している。

ここに移転すれば、収容人数が1万2000人から2万人にまで一気に増えるが、規模が資金力に見合わなくなるリスクが生じる可能性もある。大半のファンは2017年におこなわれる見込みのこの移転（実際に移ったのは2020年）を喜んでいるが、スタジアムを記念する庭園と公営住宅に変わる予定のグリフィン・パークにノスタルジーを感じてもいる。「ここは1904年から私たちの本拠地でした。最も美しいスタジアムとは言えませんが、大切な思い出がたくさんあります」とデブリンは言う。

グリフィン・パークには歴史が息づいていて、その場の空気を吸い込むだけでもそれが感じられる。壁、ゲート、スタジアムの四隅にあるパブ、力強い壁の模様、右サイドに広がる古風な立見席、ファンがビールを飲んだりミートパイを食べたりしているなかで、入口を入ったところのコンクリート張りの中庭でおこなわれるグリーティングイベント——これらすべては、ロンドンの南西部の一角にて100年以上にわたってサッカーが果たしてきた豊かで複雑な社会的役割を物語っている。

クリスマスの夜、私は義父のアンディにブレントフォードの思い出で特に気に入っているものは何かと尋ねた。すると彼は目をきらきらと輝かせ、1954年のブレントフォード対レスター・シティFCの試合（彼が最初にグリフィン・パークに見に行った試合だ）について、そして1962年のFAカップにおけるレイトン・オリエントFC戦での手に汗握る引き分け試合について滔々と語った。直接体験したわけではない思い出も話にあがった。1930年代に一部リーグでベスト6に入っていたこと、1942年のロンドン・ウォー・カップでの優勝、そしてトミー・ロートンがグリフィン・パークに華を添えた50年代初頭のわくわくする時代についてなどだ。

とりわけアンディが熱く語ったのが、ケン・クートについてだ。クートは1949年から1964年までブレントフォードでプレーしたディフェンダーで、559回の試合に、大半はキャプテンとして出場した。「彼はブレントフォードの歴史で一番優れたプレーヤーではなかったけれども、一番大きな影響力を持っていたんだ」とアンディは言った。「何よりも、クートは忠実だった」

現代のサッカーでは、忠誠心という言葉はあまり使われない。しかし、それこそがファン層の原材料を指す言葉である。全体として、ファンがどれだけ移り気かは、統計でわかっている。クラブの成績が良いと観客の数は増え、成績が落ち込むと減る。

だが、この現象はもっと深く、重要な真理を覆い隠してしまっている。筋金入りのファンは試合を見続け、チームのことを気にかけ続ける。その場にいようと、心配したり腹を立てたり用心しつつも楽観的になったりしながら離れた地で結果の速報を待っていようと、彼らの土曜の午後の気分はスタジアムでの試合の流れによって決まるのだ。

サッカーはスポーツでもあり、儀式でもある。プレミアリーグの華やかな試合やスカイスポーツの紋切り型の解説だけがサッカーではない。その根幹には、ブレントフォードや国内各所のクラブの本拠地で、ＥＦＬチャンピオンシップで、ＥＦＬリーグより下のディビジョンで、観客の雨風を防ぐものが傘か長いコートしかないような、賑わいのない街角にあるフィールドやピッチで起こっていることがある。

サッカーは共同体の制度であり、社会構造の一部である。アイデンティティと帰属意識という名状しがたいスリルが、マルクスが言うところの金銭的要因によって消し去られていない場所でしか、その本質は理解され得ない。

ハーフタイムのとき、私はグリフィン・パークの外に立って、ブリーマー通りを見渡した。そしてプリンセス・ロイヤル・パブ（ブリーマー通りの角にあったパブ）の窓からなかを覗いてから、ゲートに戻って喧騒を観察した。しばらくの間、私はローレンス・スティーヴン・ラウリーの絵画「試合を見にいく」を思い浮かべていた。活発なおしゃべり、背景に見える工場、前かがみ気味に歩く人々を描いたその絵は、サッカーの試合を観戦する興奮と凍てつく寒さの両方をとらえている。そのとき私は突然、この並外れてすばらしいサッカーというスポーツは、（よくあるように）手厳しく批評されるだけでなく、祝福されるべきだと痛感した。価値と意味が認められるべきだ。

アンディはその午後、試合結果に苦しめられてスタジアムを後にした。4対2で負けて喜ぶ人は本物のファンとは言えないだろう。だが、彼の足取りは軽かった。60年前初めてここに来たときと同じように、自分自身、および全国各地の数十万の人々にとって重要な社会的儀式に参加したという感覚とともに、彼はゲートを出たのだ。

彼はラウリーの絵画のように、「試合を見にいった」のだった。

「社会的手抜き」へのアンチテーゼ「魂のチームワーク」

1890年代に、フランスの農業工学者マックス・リンゲルマンは、動力計に取りつけたロープを学生たちに引っ張ってもらった。できるだけ強く引っ張るように指示された学生たちが一人ずつ引っ張ったとき、引っ張る力の平均は85キログラムだった。続いてリンゲルマンは、学生たちに7人のグループでロープを引っ張らせた。するとどうなっただろう? 一人ひとりの引っ張る力は25%減少したのだ。

これは現在においても、重要な実験だと考えられている。その理由は単純だ。**チームは例外なく個人の合計よりも大きな力を発揮するという魅力的な発想に対する反証となった**からである。

多くの場面で、チームのほうが力が出るという状況にはならない。**人は怠ける**のだ。彼らは一生懸命やっているようなふりをするが(ロープの実験でも、みんなうなり声をあげていた)、実際の動きには手を抜いて、ほかの人に負荷を背負ってもらおうとする。これは「**社会的手抜き**」と呼ばれる現象で、社会のなかの多くの組織、チーム、部署などに見られる。

スポーツでもこの現象は見られる。カバーを怠るディフェンダー、ボールを追って戻ろうとしないフォワードといった、顕著な例は最近では稀だ(ないわけではないが)。社会的手抜きはもっと微妙な現れ方をする。ボールを追って戻るがガッツを爆発させることはないフォワード、タックルをするが95％の力しか出さないディフェンダー、ボールを相手チームに取られたときに危険を見抜くが、実際に点を入れられることはないだろうと自らを納得させ、40メートルの全力疾走をせずにチームメイトを助けに行かないウイングといった具合だ。

これらは些細なことかもしれない。だが、時間とともに積もり積もっていく。あなたが子どもの面倒を見ている場合を想像してほしい。料理をつくってあげ、おしゃべりをし、公園に連れていく。すべての関わりに力と意味があり、愛が体中を駆け巡る。

しかし、友人の子どもの面倒を見ているときには、何かが欠落している。周りから見れば、行動は同じだ。それでも、自分でもそれと気づかないうちに、あなたは手を抜いている。時間を使ってはいるが、そこに魂はこもっていない。

2016年2月6日にレスター・シティFCがマンチェスター・シティFCを破って優勝候補になる様子を見ているとき、私はこのことをずっと考えていた。このクラブは11カ月前には順位表の一番下にあり、7年前にはEFLリーグ1（イングランドの3部リーグ）にいた。レスター・シティはスキルと、規律と、戦略的なまとまりを武器に戦ったのだが、彼らのプレーの最もわくわくする側面は、集団的な貢献だった。選手たちは仲間のために走り、お互いを褒め（パスが外れたときでも）、一緒に祝い、お互いを守り、プラトニックに愛し合っているようだった。

それぞれのメンバーの力の合計よりも大きな力を発揮し、これほどわくわくさせてくれるチームを、私はそれまで見たことがなかった。そこでは**社会的手抜きが最小限に抑えられているばかりか、存在すらしなかった**。どの選手もディフェンダーを抜けたボールに向かって突進する心づもりができていた。たとえそれがディフェンダーの走路をほんのちょっと逸らすことで、ジェイミー・ヴァーディにわずか数ミリのスペースを余分に与えるためであったとしてもだ。

危機的状況が実際に起こりそうになくとも、一人ひとりの選手がチームメイトを守るためにエネルギーを費やす覚悟でいた。けがのリスクがあっても、選手の全員が危険なところに飛び出していこうという気を持っていた。言葉ではなく、行動で示されるチームワークだ。それは**魂のチームワーク**だった。

プロゾーン（第1章参照）がこの魔法をデータセットでとらえられたらいいのだがと思う。というのも、まさにこれこそが、集団で偉大さをつかむ要因となる場合が多いからだ。これは**社会的手抜きへのアンチテーゼ**だ。他者の努力にただ乗りするのではなく、そこにプラスするのである。

レスター・シティのどの試合でも常にこれは見られた。開幕初戦のサンダーランドAFC戦から、チェルシーFCに2対1で勝った2015年12月の試合、そしてリヴァプールFCに2対0で勝った2016年2月2日のすばらしい試合に至るまでだ。このときにはファンでなくとも、この手に汗握る成り行きは運ではなく、何かもっと深遠な要素がからんでいるのだろうと、初めて認めざるを得なくなっただろう。

2016年2月6日のマンチェスター・シティ戦は、プレミアリーグの歴史のなかでも最大級に刺激的な試合に数えられるに違いない。そこでレスター・シティはさらなる高みに達した。2億2000万ポンド（約420億円）以上もかけて編成されたホームチームが、2年前にはEFLチャンピオンシップ（イングランドの2部リーグ）でプレーしていた選手が大半で、しかもそのうち二人は自由移籍で加入したというチームに圧倒され、劣勢に立たされたのだ。

何よりもレスター・シティはチームとして際立っていた。リヤド・マフレズは魔術師で、ヴァーディは並外れて勤勉で狡猾なストライカーだが（どちらかは年間最優秀選手に選ばれるに違いない）、**レスター・シティの真の魔法は、集団から生まれている**のだ。

『タイムズ』紙に掲載されたすばらしい特集記事で、私の同僚のジョージ・コーキンは、フィルバート通りの古いグラウンドの跡地から、学生寮を通り過ぎ、数百メートル離れたキング・パワー・スタジアムへと向かう道の景色について書いた。「歩いて近づいていくと、外壁の目に染みるような青色に、『Fearless（恐れ知らず）』という言葉が白く光っているのが見える」と彼は書いている。「『Fearless』はロッカールームにも書かれている［…］過去10カ月間にわたるこのクラブの幸福な上昇と、街中の自信が高まっていく様子を一言で要約するなら、この言葉になるだろう」

共通の努力をつくり出し、社会的手抜きに誘惑される危険を排除する、微妙な要因――その化学反応の仕組みを、社会心理学者たちは現在もなお解明しようとしている。それはスポーツのチームのみならず、企業、軍隊、共同体、さらには国民国家にとっても重要だ。

だが、社会心理学で出される最終的な結論がどのようなものであろうとも、この現象の真理は、今シーズンの並外れた優勝争いのなかで、毎週毎週、呼び起こされている。

レスター・シティはこれを維持できるだろうか？　レスター・シティはいまやブックメーカーの人気を得ており、それがむしろ危険な心理的な力を生み出している。この果敢なアウトサイダーには、負ければ失うものができてしまっている。栄光の入口に近づきながら、あと一歩のところで届かない可能性があるのだ。

クラウディオ・ラニエリ監督はリラックスした雰囲気をつくり、選手たちが献身的に戦うだけでなく、喜びをもってプレーできるようにすることに長けている。プレッシャーが高まり、対戦相手はヴァーディへの補給線を切断するための新しい作戦で確実に攻撃してくるだろうが、このアプローチを維持することが肝要だ。

これまでになく番狂わせの今シーズンがクライマックスに近づくにつれ、全国の、そして世界中の中立的な人々がレスターを応援することは確実だと思われる。信じられないほどの力をチームとして発揮するようになったこのすばらしい選手たちの集団が、スポーツの歴史のなかで最大級に驚くべき偉業を達成するまで、残すところ13試合だ。

アシストの貢献なくして勝利なし

２０１４年7月22日、私はベルンハルト・アイゼルに惚れ込んだ。ツール・ド・フランスの第16ステージ、スペイン国境近くの曲がりくねったコースを走るチーム・スカイの車から、このすばらしいアスリートを観察できたのだ。

窓越しに近づいてくる彼の姿、フレームにもたれかかるようにしてジグザグのカーブを登る様子、スポーツディレクターのセルヴァイス・クナーヴェンと重要な情報を伝え合う様子を見ると、この唯一無二のイベントの驚くべき全貌と、その主人公たちのヒロイズムについて理解することができた。

オーストリア出身の33歳、チーム・スカイに加入して3年になるアイゼルは、アシスト（ドメスティークともいう）だ。アシストは、自己犠牲という任務を背負ってレースに参加する不思議な存在だ。アイゼルの昨日の仕事は、ベラルーシ人のチームメイト、ヴァシル・キリエンカがステージ優勝できるように助けることだった。ラングドック・ルシヨン地域圏の中心部に新石器時代からあった美しい町であるカルカソンヌを出発した主集団から早々と抜け出した21人のなかに、アイゼルとキリエンカもいた。

チームバスのなかでレース直前の緊張が高まっていたとき、アイゼルはユーモアを見せ、仲間を勇気づけて刺激した。レース本番では、彼はまるで神のお告げを届けるかのように、絶えずチームカーから水とエナジードリンクを受け取った。車の窓に近づくとき、彼の額からは汗が滴り落ちていた。今年のツール・ド・フランスはチーム・スカイにとって最高の出来とは言えなかったが、だからといってアイゼルもキリエンカも、ほかのチームメイトも、支援スタッフも、全員が全力を出すことをやめはしなかった。

このつらい237・5キロメートルのステージの道中ではときどき、レース全体がほぼ3週間前に始まったことを忘れてしまいそうになる。ワールドカップの準決勝でブラジルがドイツに打ちのめされていたとき、このサイクリストたちはすでに第4ステージを走っていた。ローリー・マキロイが全英オープンの第一ラウンドでティーから第一打を打ったとき、彼らは約2000マイル（約3200キロメートル）の距離を力強く走り抜けていた。これはレースというよりは、持続的で、にわかには信じられないヒロイズムの実践である。

スタートして数分後、先頭集団の一人が落車した。私たちが現場をすばやく通り過ぎたとき、その選手の脚から血が流れているのが見えた。だが彼は立ち上がり、体についたほこりを払い、自転車に飛び乗るのだった。その後、コル・ド・ポルテ・ダスペでは、オリンピック金メダリストのファビオ・カサルテッリが1995年にクラッシュして亡くなったカーブを通った。この事故は、ロードレーサーたちがどれほどのスピードで下り坂を疾走するかを物語っている。グランツールではスタミナが重要だと言われるが、選手たちは恐れ知らずでもあり、まるで感情が失われているかのような鋭い目をしている。

時折、息を呑むほど美しい景色が見られた。ピレネー山脈の低い斜面に差しかかると、青々とした草地と雪をかぶった峰が見えた。そして片側が急峻な崖になっている道は、渦を巻くようにさらに高く登っていくのだった。選手たちは楽しむことを許されない景色だ。彼らはこのステージ最後の登り坂であるバレ峠の恐ろしい斜面に近づきつつあり、体には乳酸が再びたまりはじめている。サポートスタッフでさえも、急勾配を見て恐れおののいた。「戻ってきて、キリにもう一本ボトルを届けてやってくれないか」とクナーヴェンはアイゼルに頼んだ。かすれた声の「わかった」という答えが聞こえるまで少し間があった。

すぐにアイゼルがどこからともなく現れた。彼はボトルを一本、また一本と受け取った。自転車のホルダーが全部埋まったので、最後のボトルはシャツのなかに入れた。彼はボトルの重さを体で感じていた。彼は笑おうとしていたが、その苦悩は顔に表れていた。深く息を吸い込むと、彼は離れていき、仲間に水分を与えるために坂を上がっていった。

アシストという役割が、この尋常ならぬレースに深遠な美しさを追加する——これを誰が否定できようか？　**競技スポーツにある生存競争というダーウィン的命題とチームワークや利他主義が共存できるという感覚は、ほとんど道徳的次元のもの**だ。

レースの内情をよく知っている人は、私がロマンチックに考えすぎていると言うかもしれない。

なにしろ、多くのアシストは賞金を分け与えてもらえるし、いつかは総合優勝候補になってやろう、働き蜂から女王蜂に転じてやろうという野心を持っている人もいるのだから。だが、そうだからといって、アシストという傑出した人たちの象徴性が損なわれるはずがないと私は思う。

アイゼルが最終的に任を解かれたのは、バレ峠の3分の1を登ったところだった。無線で、彼が後退すると聞き、少し後、私たちは彼の姿を見つけた。彼はまだペダルを力強く漕いでいたが、先ほどと同じ推進力はなく、登り坂が彼の上にそびえていた。

彼に追いついて横に並ぶと、彼は肩をすくめて笑った。その笑顔には、誇りと反抗心があった。このツール・ド・フランスに参加するあらゆるチームにとって正気を保つための大事な要素である、深刻な事態も茶化してしまうユーモアは、まだ彼のなかに健在だった。「ゴールで会おう。君たちがゴールできればの話だけどね」と彼は言った。

あとはキリエンカに託された。バレ峠を下るこのレースの最後は、普通の意味の下山ではまったくなかった。車で追いつくのに苦労するほどのスピードで、急降下するのだ。空気抵抗を最小限にするために体を低くかがめて思い切りコーナーを曲がり、選手たちは最後の、死にものぐるいの全力疾走を始めた。キリエンカの走りは良かったが、少し足りなかった。マイケル・ロジャースがこのステージで優勝し、トマ・ヴォクレールが二着になった。

レースが終わると、チーム・スカイのバスでアイゼルはご褒美のシャワーを浴びた。その後に、ほかの選手とジョークを言い合うだけのエネルギーはあったようだ。「あんな持久戦をやった後にも、どうして笑っていられるの?」と私は尋ねた。「笑顔を絶やさないようにしないといけないんだ。そうじゃなきゃ気が狂ってしまうよ」と彼は答えた。アイゼルと仲間のアシストは、このツールの貴重な要素を大いに象徴している。

彼らは、**栄光は重要ではあるけれども、すべてではないと証明している**のだ。そして、**歩兵になるのは名誉あることで、チームの努力への貢献は貴いことだと証明している。**そこからはおそらく、人生についての教訓も学べるだろう。

IV

The Political Game

第4章　政治のゲーム

古代都市国家では、古代オリンピックのような祭典の後、勝利したアスリートが通りをパレードした。とどのつまり、自分の都市国家の若者たちが、違う都市国家の若者たちを、競走や跳躍や重量上げで打ち負かすのは、自分の都市国家が総じて相手よりも優れているという証明とみなされていたのではないだろうか？　その当時から、スポーツはとても政治性を帯びていたのである。

スポーツが持つ政治性は、現代でも重要なものとして残っている。文化大革命の前の時代の毛沢東は世界に勝った自国の卓球のチャンピオンたちを革命の美徳の象徴として持ち上げ、東ドイツの指導者エーリッヒ・ホーネッカーは冷戦時代のプロパガンダの主要な一翼として組織的なドーピングを認め（プーチンのロシアでこの現象は再び起こっている）、フィデル・カストロは金メダルを獲得したボクサーたちがキューバの体制の優位性を証明していると明言した。

第４章では、単に政治的側面だけでなく、文化的な背景も取り上げる。ファン層や性差、フーリガンやテロの性質を考察する。スポーツと人種差別の複雑な関係にも着目する。

スポーツのこのような性質を深く掘り下げると、勝者（The Greatest）のダイナミクスに対する理解も深まるだろう。なぜなら、世界最高のアスリートたちがスポーツだけでなく、より広い世界にどのような影響を与えてきたのか、知ることになるからだ。

文化大革命が暴いた政治権力と勝者の密な関係

毛沢東が死去した1カ月後の1976年10月、中国の歴史上最も偉大なスポーツマン、荘則棟は武装した警備員によって家から出され、中国の田舎の見知らぬ建物に連行された。そこで、シングルベッドと小さな読書灯しかない狭苦しい部屋に投獄された。その後4年間、外界との接触は共産党の尋問官によって許されたごく限られたものになる。

荘の逮捕はすばやく秘密裏におこなわれたので、今日に至るまで、彼自身も自分がどこに投獄されていたのか、その建物がまだ存在するのかわかっていない。厳しく制限された1時間の体操の時間を除いて部屋に留め置かれ、ほかの「住人」との接触もなかった。その後2年間にわたり厳しい弾圧を受ける彼の妻と二人の幼い子どもたちは荘がもう処刑されてしまったと信じ暮らしていた。

荘の傑出したスポーツ選手としての過去の功績に対して共産党が与えた唯一の報酬は、拘留中に読書を許可したことだけだった。そのため、荘は飢えた人のように本にかじりついた。彼は、アレクサンドル・デュマの『モンテ・クリスト伯』（講談社ほか）を読んだおかげで、正気を失わず、生きながらえたと言っている。「それは美しい本です。監禁と取り調べは心に残酷な作用を及ぼし、多くの人が自殺に追い込まれます。『モンテ・クリスト伯』が、精神的に限界を迎えたときにも希望を持つことを教えてくれました」

どうしてこのような事態になったのだろうか？　そのときからちょうど11年前、荘は世界卓球選手権のシングルスで前代未聞の三連覇を果たし、スポーツの歴史のなかで最も成功した選手という名声を打ち立てた。彼は政治の上層部から称賛され、大衆からは崇められ、毛沢東からは革命の美徳の象徴として持ち上げられた。

拘禁と追放に終わった、次の10年間の急転直下は、文化大革命がいかに残忍で気まぐれだったかを象徴している。しかし、荘はあのややこしい時代の無実な犠牲者の一人にすぎなかったのだろうか？　あるいは、受けるべき罰を受けた政治犯だったのだろうか？　不名誉な過去をめぐって築かれた交錯する噂や遠回しな悪口からわかる中国における荘の評価は、はっきりと二分されている。ここで初めて、事の次第がすべて明かされる。

私は北京の東の郊外にあるポリー・プラザ・ホテルのカフェで荘に会ったが、まず彼の若さに驚いた。彼の少年のような顔と筋肉質な上半身は66歳には見えず、彼が耐えてきた計り知れないトラウマは見た目には現れていなかった。彼の生き生きとした身振りと、はきはきした口調は印象的だったが、もし囁き声だったとしても、聞く人を魅了しただろう。

「1966年（荘が三度目の世界タイトルを獲得した翌年）の春に衝撃的なニュースを聞いてから、すべてが変わってしまったんだ」と彼は語った。「ある日、私たちは外のことを気にせず、中国代表チームの本拠地でトレーニングしていた。すると役所から手紙が届いた。スポーツの組織は毛沢東思想に反する反革命の牙城だから、解体されると書かれていた。それから5年間、中国は卓球の世界選手権に参加しなかった」。狂気が始まっていたのだ。

文化大革命の公式の大義名分は、古い資本主義の悪癖になだれ込んでいく社会を再び先鋭化するというものだった。しかし現実には、毛沢東の、とどまるところを知らない権力の邪魔になるものをすべて排除する露骨な企てだった。それは大衆にパラノイアを引き起こすためのプロパガンダで始まった。そして生徒たちは教師を糾弾するように、公務員は上司を批判するように駆り立てられた。それは相互不信の流行を爆発させ、やがて国全体が言語に絶する暴力の乱痴気騒ぎに陥った。

卓球の世界でも、恐怖の時代が始まろうとしていた。ライバル同士が張り合うなかで、荘のコーチだった傅其芳と、代表チームのメンバーだった姜永宁が、急進的な学生のグループである紅衛兵によって自宅軟禁状態に置かれた。すぐに、1959年の世界卓球選手権の優勝者で、スポーツ全体としても初めて中国人で世界一になった人物であり、中国で最大級に称えられていた容国団が後に続いた。

彼らはみんな、でっちあげのスパイ容疑で避難され、拷問や公共の場で侮辱を受けた。独房に監禁されると、彼らはやってもいない犯罪を自白させられ、無謬とされていた毛沢東の教えを勉強することによる自らの再教育を強制された。傅は1968年4月16日に首吊り自殺をした。姜もその1カ月後に同じ道をたどった。これは**文化大革命における最大のスポーツの悲劇**とされる。

傑出した選手としてのキャリアに続き、チームリーダーやコーチとしても力を発揮してきた容も最後には屈した。チームメイトからも役人からも敬愛されていた、優しく深い信念を持った容は、6月20日に首を吊った。その最後の手紙には、「私はスパイではありません。私を疑わないでください。みなさんに申し訳なく思っています。私は自分の命よりも、名誉を大事にします」と書かれていた。荘がチームメイトに対する暴力に関与したことを示す証拠はないが、彼の態度からは、毛沢東の**プロパガンダによるマインドコントロール**がどんなものか鮮明にわかる。

「拷問された挙げ句に亡くなった人たちとは仲の良い友達だったので、当時私は惨めな思いでした」と荘は言う。「しかし他方で、私は完全に毛主席を信じていました。そのキャンペーンを始めたのは彼でしたし、自分の毛主席への信頼は、友達に対する思いよりも大きいと感じました。いまでも私は、毛主席は中国のために良かれと思ってそれをやったと信じています」

荘は何か深い意味のあることを言うとき、相手の上腕に手を置く癖がある。毛沢東の知恵に対する彼の変わらぬ信頼は絶対的なものだ。それは彼の言葉だけでなく、子どものような目をして訴えかける様子からも伝わってくる。毛沢東のおこなった残虐行為を挙げて私が反論すると、彼は即座にこう答えた。「完璧な人はいませんよ。でも、偉大な人はいるんです」。その元国家主席自身も、こんな台詞は書けなかっただろう。

1971年の「ピンポン外交」でとても重要な役割を果たした後、荘は華々しく出世し、愛する指導者にさらに近くなった。スポーツ大臣に任命され、共産党の最も奥深くの神聖な地位にして中国の政治権力の源泉である中央委員にまでのし上がると、彼は卓球を引退した。しかしその先には、スポーツの歴史における最も悲劇的な凋落といえる出来事が待ち構えていた。

「中央委員になるのは大きな名誉でしたが、大きなリスクもありました」と荘は語る。「まるで、山の頂上に連れて行かれたのはいいが、眼の前には険しい崖しかなかったという状況でした（のちに筆者は、荘の妻が役職に就任しないよう彼に懇願していたと知った）。生き残るためには、国家主席を喜ばせ、守ってもらえるような同盟関係を築かなければなりませんでした」

毛沢東に対する荘の完璧な信頼を考えると、荘が四人組に接近するのは避けられないことだった。四人組とは、江青（毛の三人目の妻）によって率いられた狂信的グループで、毛主席のために文革を指揮していた。四人組に対する政治的支持を公に表明していたので、荘はその時代特有の異常な出来事に巻き込まれることとなる。

たとえば、江青との関係の近さゆえに、やがて荘と江青が不倫しているという噂が立ち始めた。荘はこの毛の妻と何十回も私的に面会したと認めているが、政治的な関係を超えたことはなかったと否定している。「彼女は母親のような存在でした。彼女は清く上品な生活をしていたのに、文化大革命において果たした役割のせいで、不当にスケープゴートにされたのです」と荘は言う。

しかし、荘は、政治的な主君をただ支持していただけではない。やがて彼自身も大衆による糾弾集会を組織しだすようになり、そこでは政治的な敵対者とみなされた人が頭を殴打されたり、自己批判を強要されたり、丸刈りにさせられたりした。荘はまた、卓球界の内部の敵対者を冷酷に始末した。ダブルスで荘と組んで1965年の世界選手権で優勝した徐寅生も、公衆の面前で侮辱され、北京から追放された。

荘は、自身が犯した罪の詳細について語ることをたびたび拒んだ。彼の最初のはっきりとした物言いは長い沈黙に変わり、その視線は中空を泳いでいた。あの数年間の出来事が、彼の大きな肩に初めてのしかかっているようだった。最後に彼は、狂信者が自分の過ちに直面したときのみに見られる困惑の表情を浮かべながら、「私は間違った側にいました」と言った。「私はひどいことをたくさんやりました。いまでは後悔しています」。しかし、荘の恐怖支配も長くは続かなかった。

１９７６年の毛沢東の死去に続いた権力闘争のなかで四人組は逮捕され、荘も自身に捜査の恐ろしい手が伸びていると感じるようになった。拘禁されていた4年間については、彼は簡単にこう言うのみだった。「彼らが私を尋問しようとした理由はよくわかります。私は政治的な重要人物でしたから、政府にとっては都合の良い情報源だったのです」。彼の沈着ぶりは衝撃的だが、その態度に偽りはなかった。彼は党から迫害を受けても、党の利益のことを考えていたのだ。

釈放されてからの27年間、荘は現代で最大級に不名誉な暴虐の一つに関わったとして、恥辱に耐えなければならなかった。彼の名前と評判は、実質的にすべての中華人民共和国の人民に知られている。釈放されてから数年間は山西省という異郷で暮らしたが、この20年、彼は北京におり、目立たずに卓球を指導している。２００６年の「ピンポン外交」35周年の式典など、スポーツのイベントに彼が公式に招待されるようになったのはここ数年のことだ。

生きている間に荘の名誉が完全に回復されることはなさそうだが、歴史は彼をどのように評価するだろうか？　文化大革命における道徳的な混乱を実際に体験した人ほど、絶対的な判断を下そうとはしないだろう。悪党か、犠牲者か？　その答えは、奇妙だがシンプルで、毛沢東という怪物を信じている人々の多くに当てはまる。つまり、荘は両方だったのだ。

亡命を余儀なくされた「栄誉あるアマチュア」選手たち

フロリダ湾を渡ろうという命懸けの試みを始めてから3日目、エウクリデス・ロハスは、国を捨てて逃げるという自分の決断が家族の命を奪うかもしれないという現実を突きつけられた。キューバの歴史上で最大級に手強い野球のピッチャーだったロハスは、妻と2歳の息子、およびハバナの下町から来た友達とともに、間に合わせの物でつくった長さ15フィート（約4・5メートル）のいかだに乗っていた。彼らが持っているものといえば、ハム、チーズ、パン、レモン、水、そして自由な人生への消えることのない希望だけだった。

ロハスや、彼と同じ境遇になった何十人もの人々が選択した、キューバからの脱出という非常に大きなリスクは、**アスリートは革命の理想の生きる具現化である**というフィデル・カストロが広めたプロパガンダに冷や水を浴びせた。外国の資本主義者が何百万ドルもの金を積んでも自国のスポーツマンたちはそれを進んで断るのだと、「最高指導者」はたびたび自慢していた。だが、カストロが死の床にあり、彼の残したものをどう評価するかの議論が進むなかで、キューバの「スポーツの楽園」の神話の残酷さをあらわにするときがきたようだ。

「私たちは星と、太陽が昇る場所、沈む場所を頼りに進みました」とロハスは『タイムズ』紙に語っている。「ところが三日目、別のいかだに乗っている人たちが一生懸命に逆方向に漕いでいるのを目撃し、私たちは計算を誤ったのかと疑いはじめました。小さないかだに13人が乗っていました。男性が5人、女性が4人、子どもが4人です。私たちは疑いを口には出しませんでしたが、だんだん怖くなってきました。子どもたちは泣き、女性たちは子どもをあやそうとし、男性たちは2時間交代で漕ぎ続けていたために疲れ切っていました。水が底をついたので、ほかのボートの人たちに食べ物と水を交換してもらいました」

「5日目にやっと、私たちはアメリカの沿岸警備隊に拾われ、アメリカへの入国に当たっての身元検査のためにグァンタナモ米軍基地に送られました。その日の夜の海は、激しい嵐でした。翌朝、キューバ人同胞の遺体が何人も海に浮いていました。5日目の昼下がりに拾われなければ、私たちは死んでいたでしょう」

その翌年の1995年、感受性豊かで思慮深く、変化球の名人だったロハスは、フロリダ・マーリンズ（現マイアミ・マーリンズ）との契約を結ぶことができた。

ロハスは自分が逃れてきた制度の非難すべき特徴を説明している。それは現地の政権によっては「**栄誉あるアマチュアリズム**」と表現されていた。「私たちは奴隷同然でした。キューバの野球リーグでは、何シーズンもひどすぎる条件でプレーしました。最後の数カ月間、私の1カ月の稼ぎは231ペソ（およそ4・50ポンド（約860円））しかありませんでした。野球のキューバ代表の成功は（キューバはバルセロナ、アトランタ、アテネのオリンピックで金メダルを獲得している）、キューバ流の制度のおかげではありません。むしろ、キューバ流の制度があったにもかかわらず成功できたと言うべきでしょう」

「野球はキューバでとても人気で、野球選手の条件が悪いといっても、多くの普通の市民よりはましでした。チームが国内トップレベルのスポーツの才能を持つ人々を集められたのはそのためです」

キューバでは、野球は単なるスポーツではなく、国民のアイデンティティの一側面である。1860年代にアメリカの水兵によって輸入された野球は、当初はスペインの植民地支配に対する抵抗のパフォーマンスとしてプレーされたが、やがて現地人は野球そのものへの愛に気づいたのだった。20世紀初頭には、アメリカ人が所有する砂糖工場の周辺地域でいくつかのチームが結成され、1950年代までには、絶大な人気を誇るプロリーグが設立されていた。

ところが、1959年にゲリラとともにハバナに乗り込んでから3年のうちに、カストロは古い制度を廃止し、「**革命的野球**」と名づけた新しい制度をつくった。現代史におけるあらゆる独裁者と同じように、カストロは**スポーツが持つプロパガンダの可能性**を理解しており、即座にスポーツの組織を、建設中のジョージ・オーウェル的国家の部門の一つに変えたのだ。

だが、カストロがキューバの野球を彼自身の理想の姿に変えた背景には、もう一つの、もっと個人的な理由もある。この指導者は生涯にわたり野球を熱狂的に愛し、夜間に選手たちを自分と一緒にプレーさせて楽しんだのである。カストロが1949年に5000ドル（約77万円）でニューヨーク・ヤンキースへの入団を打診されたという逸話は本当かどうか疑わしいが、彼の野球への情熱が通常の政治的な方便の域を超えていたことは間違いない。

「カストロがやってくると、チームが二つつくられ、試合が始まった」と、何度か試合の審判をしたことがあるパンチート・フェルナンデスは証言している。「カストロは3イニングを投手として登板することもあれば、7イニング投げ続けることもあったし、打席に入ることもあったし、一塁を守ることもあった。しかし彼は疲れを知らなかった。一度、午前3時までプレーした試合もあった。9回を迎えたとき、点数は2対1だった。だがあの最高司令官は、自分が負けているので時間を無制限にすると言い出した。11回で同点になり、試合は16回まで続いた。自分のチームがリードすると、彼は『もう終わりでいいよ』と言った。彼は負けを忌み嫌っていた」

昨年病に倒れ、一時的に権力を弟に譲るまで、カストロは定期的にテレビ放送される試合で儀式としてファーストピッチをおこなっていた。そして共産主義のキューバにおける野球のイデオロギー的な清廉さと、「アスリートが単なる商業の駒として売り買いされるプロフェッショナリズムの搾取」の終焉を称え続けた。

ところが、大いに称賛されたプロフェッショナリズムの廃止は欺瞞だった。選手たちは「スポーツライセンス」として知られる特権を享受しており、野球をするために公的な仕事を休んでもいいと保証されていた。権力を持つ一握りの人々の気まぐれで特別報奨金が出され、それがじわじわと汚職を生み出した。野球の試合を対象としたギャンブルは日常茶飯事で、八百長疑惑が蔓延し、代表チームの選考はますます政治的な関係に基づいておこなわれるようになった。

キューバの野球の歴史について本を書いたロベルト・ゴンサレス・エチェバリアは以下のように述べている。「政権は自らの矛盾に踊らされていた。キューバ人選手は、絶対に自分が居住する地区のチームでプレーしなければならなかった。選手組合もなければ、エージェントもいなかった。そして、一般のキューバ人と同様、野球選手は外国の報道機関の前で政府について批判的な発言をすることが許されず、予防拘禁の対象にもなった。何百万ドルという金のためよりもカストロのためにプレーするほうがいい――キューバの選手が本気でそう言っていると考えるのはナイーブだ。選手の亡命前と亡命後の発言を比べてみれば、そのような迷信は解けるだろうが」

亡命を厳重に取り締まろうとする政権の必死の試みは大失敗している。1980年のマリエル難民事件（1980年4月から10月の間に12万5000人ものキューバ人がアメリカに難民として渡った出来事）の期間に本格化した出国の波は今日まで続いており、スポーツマンは体制に忠実であるというカストロの主張を笑いものにしている。

権力者の偽善は、アメリカで開かれたワールド・ベースボール・クラシックにキューバが代表を派遣したときに、再び明白になった。政府のプロパガンダ装置は選手たちを革命の英雄として賛美する一方で、彼らはホテルの部屋に閉じ込められ、電話やテレビを没収された。このときばかりは、選手が賞金を受け取ることは許可されたけれども（政権に取られるのが常だった）。

だが、恐怖と賄賂というノウハウがセットになっているのは、自滅的だ。「カストロが選手に対する締めつけを強くすればするほど、より多くの選手が彼の手のなかから逃げていくでしょう」と、現在はピッツバーグ・パイレーツでアシスタントコーチを務めるロハスは述べている。

「キューバを離れようとするのは、巨大なリスクを背負うことだと、私たちはみんなわかっています。反逆罪に該当する罪だし、友達や家族を置いていくことになります。しかし、私たちの多くが、**カストロの恐怖のもとで生きるよりも死の危険を冒すほうを選ぶ**でしょう」

これまでにたくさんの亡命があったが（第一に浮かぶのが、1997年に小さな漁船に乗って逃げ、すぐにニューヨーク・ヤンキースと600万ドル（約9億1800万円）の契約を結び、ピッチャーとしてワールドシリーズ三連覇に貢献したオーランド・ヘルナンデスだ）、ロハスのように、カストロ体制下でスポーツ選手として生きる残酷な皮肉を切実に訴えた人は少ない。

「グァンタナモでの大変な半年間、私はキューバから逃げるという決断を一度も後悔しませんでした。そこが自由な人間として生きるための待合室だとわかっていたからです」とロハスは語った。気持ちがこもったその声は震えていた。「最終的に、私たちはマイアミに送られ、私はアメリカンリーグで生計を立てる機会を得られたのです」

カストロ体制の独裁性は、何百人もの才能あるスポーツ選手から自己決定権を奪った。キューバのスポーツはサクセスストーリーではない。ほかのあらゆる領域におけるキューバ人の生活のように、**死にゆく独裁者の見せかけの甘い物語でコーティングされた生き地獄**なのである。

東ドイツ政府の大規模ドーピング計画

1979年7月、ハイディ・クリーガーは待ち望んでいた手紙を受け取った。東ベルリンにある有名なディナモ・スポーツ・クラブと寄宿制学校への招待だ。地元のクラブで最近、砲丸投げの楽しさに目覚めた13歳の少女の夢がかなった瞬間だった。

4カ月後、彼女は希望に胸を膨らませて新しい学校に到着し、1日に2時限の学校の授業と、2時限のトレーニングというスケジュールを過ごすことになった。2年目の終わり頃、コーチたちはクリーガーに青い錠剤を服用させることにしたと告げた。それはビタミン剤で、彼女の健康を保ち、トレーニングのときの寒さから体調を守ってくれるのだと、コーチたちは言っていた。

クリーガーはコーチたちの配慮に感謝した。そしてそれを、自分の成長にコーチたちが喜んでいる確たる証拠だと受け止めた。薬を飲みはじめてからすぐに、彼女の体に変化が現れた。筋肉は膨張し、顔や鼻や手が大きくなりはじめた。心にも変調をきたした。あるときは抑うつ状態に悩まされたと思うと、すぐさま攻撃性に圧倒される。彼女の同性の友達の心と体にも奇妙な変化が起こっていた。腹や顔には毛が生えてきて、声は低くなり、性的衝動が乱高下した。

だがコーチや医者は、奇妙な変化はトレーニングを増やしたからで、すぐに見られなくなると言って、少女や両親たちの心配を落ち着かせた。疑いや懸念を表明した人は、コーチの知識に疑問を挟み続けるのなら罰を受けると脅された。老いも若きも、市民はとにかく言われた通りにしなければならない――これが共産主義の絶頂期の東ドイツだった。

次第に青い錠剤の数は増えていき、数年後には、クリーガーは1日に5、6錠を飲まされたのに加え、グルコースだと説明されていた注射を定期的に受けていた。10代の少女は、自分自身から見ても、まるで別人になっていた。攻撃性と抑うつ状態が続き、体と顔の特徴は、あのとき大きな希望をもってディナモにやってきた華奢な少女とは似ても似つかなかった。

だが、クリーガーの人生が壊れていく間にも、その砲丸投げの成績はうなぎのぼりだった。1986年にシュトゥットガルトでおこなわれたヨーロッパ選手権では21・10メートルの記録で金メダルを獲得し、彼女のキャリアは頂点に達した。それは彼女の長年の努力が報われた、祝福される瞬間であったはずだ。

ところが、クリーガー自身はとてもそんな気分ではなかった。彼女は絶望し、自分自身や自分の体を肯定できず、深刻な精神状態の乱高下と長期的な痛みを抱えきれなかった。彼女は1990年に引退し、失意の無職の女性の仲間入りを果たした。

ある美しい真夏の日の、ドイツ東部の町マクデブルク。目抜き通りにある軍の放出物資を扱う店で、レジの後ろに一人の中年男性が立っている。客は少なく、その男性はかすかだが紛れもない孤独の空気を漂わせている。彼は背が高く、大きな丸顔をしていて、前腕は太く、手はとても大きい。額から後ろに流された黒髪は少し薄くなっており、ヤギのような無精髭を生やしている。

私が店のなかに入ると、彼の表情は輝いた。握手するためにカウンターに乗り出すと、彼は満面の笑みになった。フレンドリーでボディータッチが多い彼の声は低くて力強く、少年のような人懐っこさにあふれていた。店の奥には小さなキッチンがあり、彼は一緒にコーヒーを飲もうと言って私を手招きした。

部屋は在庫であふれていたが、彼はそれを私に売ろうとしているのではない。その代わりに彼はシンクの下の戸棚から、赤い箱を持ち上げて取り出した。そこにはメダル、写真、そのほかのスポーツの思い出の品が詰まっていた。

彼はそこから大きな写真の山を出した。写真には1986年のヨーロッパ選手権の金メダルを掲げるハイディ・クリーガーが写っており、彼はそれをまじまじと見ながらにやりと笑ってみせた。その男性の顔から、写真のなかの女性の顔へと視線を移すと、奇妙だが紛れもない真実がわかった。この男性と写真の女性は同じ人物なのだ。

アンドレアス・クリーガー（1997年に性転換手術を受けたハイディ・クリーガーが選んだ名前だ）

がディナモ・クラブでどんな悪事がおこなわれていたのかを知るまでには、何年もかかった。東ドイツにおけるスポーツ界の体制に関係する最高機密文書が公開されたのは1989年にベルリンの壁が崩壊してからで、その衝撃的な話の全貌が明らかにされるまでには10年近くかかったのだ。

その話の核心が、例のどぎつい青色の錠剤だった。クリーガーは、それがビタミン剤ではなく、経口トゥリナボールと呼ばれるタンパク同化男性化ステロイド（筋肉増強剤）だと知った。それは筋肉を増強し男性的な特徴を誘発する、強力な処方薬だ。

「ドイツ民主共和国時代は、コーチを信頼するように言われていたので、錠剤について疑問を持ちませんでした」とクリーガーは振り返る。「『これは危険なものなのでは？』とは誰も思わなかったのです。コーチたちは、錠剤は私たちの健康を保つために重要なんだと言っていました。それが害になるなんて、かけらも疑ったことはありませんでした。私たちは信じられないほどきつい筋力トレーニングをしていたので、そのおかげで筋肉がつき、強くなっているのだと思っていました」

青い錠剤を与えられたのはクリーガーだけではない。機密文書によると、20年間で1万人を超えるアスリートが経口トゥリナボールを与えられた。**東ドイツの医者たちによる大規模な実験**によって、ステロイドはもともとアンドロゲン（男性ホルモン）を欠く女性のスポーツの成績を大いに改善するとわかったのだ。

1968年から1976年の間に、東ドイツはオリンピックの金メダルを9個から40個に激増させたが、それは女性アスリートの前代未聞の成功によるところが大きかった。「限界を知らずにトレーニングできたのです。何時間も、疲れを感じたり長い休憩をとったりせずに、重いウエイトリフティングを続けられました。1週間で合計1トン以上は持ち上げたと思います」とクリーガーは言う。

政治権力はコーチやスポーツドクターらに機密保持契約を強要し、広範囲にわたるドーピングのことが外部に漏れないようにしていた。さらに、反対者を秘密警察シュタージに報告する3000人以上のスパイの積極的な活動もあった。

しかし、アスリートに与えたダメージを隠すのは簡単ではなかった。シュタージのマネージャーに対する定期報告において、スポーツドクターの主任のマンフレート・ヘップナーは、極端な陰核の肥大、ひどいにきび、体毛の成長などの症状を記録している。トップレベルの女性アスリートの声はとても低かったので、ヘップナーは選手にテレビやラジオのインタビューを受けてはならないと命令した。彼はまた、ステロイド使用が肝臓に引き起こす致命的なダメージの可能性についても記録している。

肝臓の合併症を患っているクリーガーは言う。「彼らは危険性やダメージについてはまったく考えていませんでした。私たちは、**政治の支配層の威信と共産主義体制を築くためにおこなわれた大規模な実験のモルモットだった**のです。彼らが、あんなにたくさんの若くて弱い人たちを自分たちのために犠牲にしてもいいと考えていたなんて、想像を絶する話です」

クリーガーがディナモ・クラブに入る頃には、アスリートの成功に毒された公認のドーピングにおけるステロイドの投与量はほとんど信じられないレベルにまで引き上げられていた。平均的な10代の少女の体は、1日あたりおよそ0・5ミリグラムのテストステロンをつくり出す。対して、キャリアの中頃のクリーガーは、筋肉増強剤を毎日30ミリグラムも投与されていた。これはカナダの短距離選手のベン・ジョンソンが最もドーピングをおこなっていたときの量をはるかに超えている。

東ドイツの科学者たちはSTS646という、女性に男性的な特徴を経口トゥリナボールの16倍も多く引き起こさせる筋肉増強剤も開発した。臨床試験の第一段階すらもクリアしておらず、人間への投与が許可されていなかったが、コーチに配布された。ヘップナーでさえこれには疑念を抱き、シュタージに自分は責任を取りたくないと告げている。しかし、当時のスポーツ連盟の会長マンフレート・エヴァルトはそれが必要だと主張し、追加で6万3000錠を発注した。おそらく、クリーガーもそれを投与された人の一人だった。

ドーピングを受ける前から自分の性自認に違和感を感じていたものの、男性ホルモンの乱用のせいで自分は性転換手術を受けることを余儀なくされたとクリーガーは言う。「私は自分の体が好きになれませんでした。見る影もなく変わってしまいましたから。**彼らがハイディを殺した**ようなものです。アンドレアスになるというのは、残された当然の成り行きでした」

クリーガーは1997年に性転換手術を受けた。そして、自分の人生を台無しにした人たちに正義の審判が下るように祈った。

2000年5月2日、ドーピング計画の首謀者であったヘップナーとエヴァルトが、身体的傷害の罪に問われて法廷に引き出された。裁判文書からは、元アスリートたちが、がん、精神的トラウマ、肝機能障害、妊娠合併症といった幅広い医学的症状を発症していることが明らかになった。140人を超える東ドイツ時代のアスリートが証人として裁判に参加し、スポーツ界で最大級に卑劣な事件の全容が明らかになるように望んでいた。

ところが、クリーガーにとっては、この裁判が彼の激動の人生のもう一つの章の始まりとなる。傍聴席の反対側には、才能ある女性水泳選手、ウーテ・クラウゼが座っていた。彼女もまた、東ドイツのスポーツの体制によって受けた苦しみについて証言するためにそこにいたのだ。満員の法廷で二人の目が合ったとき、世界は動いた。

「アンドレアスを法廷で見たとき、わあすごい、と思いました」。クリーガーと私と3人で夕食をともにしたとき、クラウゼは語った。「裁判期間中、一日の終わりにアスリートたちは少人数のグループで集まって、裁判について話し合っていました。私はすぐにアンドレアスと意気投合しました。似たような経験をしており、互いに共感できたので、私たちは話し込みました。彼こそが一生をともに過ごしたい男性だと、私は気づきました」

背が高く、視線は鋭いが温かい笑顔を持つクラウゼも、経口トゥリナボールの恐ろしい効果に苦しめられた。「学校でとても水泳が強かったので、1973年にマクデブルクのスポーツクラブに招待されたんです」と彼女は説明する。「コーチは私の上達にとても満足し、1977年にあの青い錠剤を飲ませはじめました。数週間で、15キロも体重が増えました。過食症になって食べすぎてしまったからだと思っていました。誰か別の人の体で生きているような感覚でした」

1983年に自殺を試み、オーバードーズをして吐瀉物にまみれて意識を取り戻してから、クラウゼはなんとか水泳から離れることができ、看護師見習いという新しい職を見つけた。彼女はそこで驚くべき真実を知る。

「ある患者を診察していたとき、同じ青い錠剤を見たんです。目を疑いました。それはビタミン剤だと言われていたのに、実際には回復期の化学療法の患者が使う強力な処方薬だとわかったのです。信じられませんでした。ドーピング体制の指導者たちについて証言するように呼びかけられたとき、行って自分に何が起こったかを語りたいと思いました」

ヘップナーとエヴァルトに下った判決に対して、クリーガーとクラウゼは複雑な思いだ。エヴァルトには22カ月の執行猶予つき判決が、ヘップナーには18カ月間の保護観察処分が言い渡された。「アスリートたちが望んでいたほど重い刑ではありませんでしたが、有罪とされただけで充分でした」とクラウゼは言う。「彼らが自分たちのおこないに対する責任をすべて逃れたわけではないことは、少なくともある程度の慰めにはなります」

裁判の後、クリーガーはベルリンに移り、クラウゼと彼女の連れ子と一緒に暮らしはじめた。「マクデブルク近くのフンディスブルク城で、70人のゲストを招いて結婚式をしたんです」と、温かい笑顔をクリーガーに向けながらクラウゼは言った。いまも抑うつ状態に苦しむことはあるのか、私は彼女に尋ねた。「アンドレアスに会ってから、どんどん楽になっています。彼のおかげで、克服できるでしょう」

クリーガーは必ずクラウゼを「私の妻」と呼ぶ。以前からこの言葉を使いたいと願っていたが、まだ目新しさが薄れていないようだ。クリーガーは、たくさんのメダルを指さして言う。「これらのメダルには、意味なんてありません。**スポーツではなく、ドーピングで取ったメダル**です」。そして、結婚指輪をなでながら、「この指輪の金のほうが、このメダル全部を合わせたよりも大きな価値があります」と言った。

クリーガーは、無精髭やその他の男性的特徴を保つために、定期的に男性ホルモンを注射しなければならない。その注射を管理する彼の妻は、以前はだまされて投与されていたのに、いまは自らの意思で男性ホルモンを打っているなんてね、と皮肉っぽく言う。腹を抱えて大笑いしたクリーガーも、その皮肉をよくわかっている。

これはおそらく、スポーツ界で最大級に衝撃的なストーリーが迎えた究極の意外な展開だろう。

紛争の時代に敵味方を超え盛り上がるサッカー

長距離ミサイルが、ガザ地区にある基地からイスラエルに向かって飛んでいた。アメリカの国務長官ヒラリー・クリントンは、起こりうる地上侵攻を止めるために現地に向かった。その間、中東カルテット（パレスチナ問題の和平プロセスを仲介するアメリカ、ロシア、欧州連合、国際連合の四者）の特使のトニー・ブレアは、すでにテロにさらされている地域社会が砲撃に苦しんでいると、ガザの厳しい状況を指摘していた。

そして、これまでハマスやヒズボラやイスラーム聖戦のミサイルの射程外だったイスラエルの首都テルアビブでは、カーディフFCからの期限つき移籍によってマッカビ・テルアビブFCでプレーしていたウェールズ人のストライカー、ロバート・アーンショウが週末のリーグ戦に向けて自分のペースでトレーニングしている。

「日曜日（2012年11月18日）の朝、ちょうどロッカールームから出てきたとき、またそれが起こった」と彼は2012年11月20日のインタビューで語った。「サイレンと、隠れる場所を探せという叫び声だ。僕たちは二発のミサイルが発射された音を聞いた。それが空のとても高いところまで打ち上がり、ほとんど見えなくなるまで、僕たちは様子を見ていた。ロケット弾が発射されたときは、大きなブーンという音が聞こえるだけだ。それは自分には決して起こらないだろうと思うような出来事だ。自分が戦争の真っただ中に来るなんて予想していなかった」

スポーツと戦争。その二つを並べると、常にどこか相反し、哲学的な混乱を引き起こす。アーンショウのインタビューは何より、**生存が脅かされているなかでも試合の準備をする**というシュールな状況を物語っている。「イスラエル人は、自分たちを守ってくれる迎撃システムを確かなものだと思っている」とアーンショウはチームメイトについて語る。「彼らはアイアンドーム（イスラエルのミサイル防衛システム）と軍隊を信じ切っている〔…〕でも、その状況に慣れていない人にとっては話は別だ。とても居心地の悪い状況だと感じているし、多少は動揺せずにいられない」

もしアーンショウがテルアビブを去ると決断しても、強く同情されるだろう。爆弾が頭上を飛び交っているときには、サッカーはどうでもいいことだと思われるに違いない。だが、軍事史におけるきわめて奇妙な事実として、**激しい紛争の時代にこそサッカーが盛んになった**ことがよくあるのだ。自発的にせよ仕方ないにせよ、戦地にとどまる人々にとって、サッカー（およびもっと広くはスポーツ一般）は特別な重要性を帯びるようだ。その理由を掘り下げる価値はある。

紛争中のサッカーに関する最も有名なエピソードは、第一次世界大戦のときのものだろう。1914年のクリスマスの休戦期間に、『タイムズ』紙は王立陸軍医療軍団と第133サクソニアン歩兵師団がサッカーの試合をおこなったと報じた。

デヴィッド・ゴールドブラットの本『The Ball is Round』によると、ドイツ軍は「イギリス国歌を歌って王の健康を祈って乾杯した後、イギリス軍を3対2で打ち負かした」という。この試合は、想像を絶する恐ろしい環境のなかでおこなわれた。ドイツの表現主義の芸術家オットー・ディックスは、塹壕の様子を以下のように表している。「シラミ、ネズミ、有刺鉄線、ノミ、砲弾、爆弾、地下の洞穴、死体、血、酒、ネズミ、ネコ、大砲、汚物、銃弾、モルタル、火、鉄：これが戦争だ。それは悪魔の作品である」

それでも、クリスマスの小さな平和の折に、最初の2年間で200万人以上の死者を出すことになる紛争の殺戮のなかであるにもかかわらず、一人のスコットランド人が要塞化した塹壕の間のスペースにボールを持ってきた。そしてそれが「帽子をさり気なく並べてゴールに見立てた、通常のサッカーの試合に発展した」のだ。

それから27年後、第二次世界大戦が始まって2年になる頃、わずかに異なる文脈であったが、サッカーは主役となった。このときは、**この世の終わりが始まりつつあるなか、市民がサッカーの希望に惹かれた**のだ。

サッカーについての本の著者、サイモン・クーパーは『アヤックスの戦争—第二次世界大戦と欧州サッカー』（白水社）でこのように書いている。「1941年6月22日、ドイツがソヴィエト侵攻をはじめた、大戦のもっとも決定的な日に、ベルリンではドイツ・リーグの最終節に9万人の観客が集まっていた［…］彼らは何を考えていたのだろう？」おそらく、第一次世界大戦のフランドル地方の戦闘員たちのように、彼らは戦争の恐怖からの逃げ道を、すなわち、一つのボールと22人の選手が織りなす試合によってもたらされる心理的な息継ぎの場を求めていたのだ。

このような現象はまた、二つの世界大戦が終わった直後にサッカーの驚くべき流行が起こった理由の説明にもなるだろう。1945年の夏におこなわれたノルウェー・カップの決勝戦には、3万5000席に対して15万8000人もの応募が殺到した。ゴールドブラットによると、第一次世界大戦後には、ヨーロッパ中のサッカーの試合の観客が「**指数関数的と言えるほど増加した**」という。

現実逃避の必要性は、イスラエルを見ると本当にあるようだ。ジャーナリストのジェームズ・モンタギューが中東の戦争がおこなわれている地域を取材して書いた『When Friday Comes』では、サッカーが共通の言語と意味をもたらしたエピソードが紹介されている。

モンタギューはアレンビー橋の国境を渡ろうとしていた。そこはヨルダン川西岸からパレスチナ人が出入りしようと思ったときに利用できる二つしかない通路のうちの一つだ。そこでモンタギューはかなり厳しいイスラエルの女性兵士に止められた。現地は厳戒態勢にあり、空気は張り詰めていた。モンタギューはパスポートに最近イランのスタンプを押されていたので、取り調べを受ける恐れがあった。

しかし、サッカーの話題を出したときだけ、その女性兵士は笑顔になり、考えられないはずの冗談まで飛ばした。「私はマッカビ・ハイファFCとマッカビ・ネタニヤFCのシーズン初戦を見にいくんですよ、場所は――」とモンタギューは説明したが、最後まで言うことができなかった。「マッカビ・ハイファですか、私の地元のチームです！」と兵士が口を挟んだからだ。彼女の心はうきうきしているのがはっきりとわかった。「好きな選手は誰ですか？」「ヤニフ・カタンが好きですが、一番好きなのはヨッシ・ベナユンですね」とモンタギューは答えた。

こうして、戦火のさなかで、二人の見知らぬ人同士が、ウェストハム・ユナイテッドFCへのベナユンの期限つき移籍のメリットについてまじめに議論することになったのだった。この貴重な瞬間、砲撃は忘れ去られていた。

サッカーと戦争を並べたとき、強力なコントラストが見られるのはこれが理由だと私は考える。通常は、戦争はサッカーをあざ笑うと主張される。爆弾が落ちているときに、豚の膀胱を膨らませたものを蹴るというくだらない活動を楽しみたいと思う人などいるはずがないではないか、と。だが、真実はそれとは正反対で、**サッカーこそが戦争をあざ笑う**のだ。正当で、倫理的に必要な戦争もある。だが、サッカーを見る行為、プレーする行為は、人生におけるそのほかの恵みを享受することと並んで、戦争の荒廃を非難する。

だからこそ、サッカーはきわめて絶望的な状況でも、しばしば圧倒的に不利な逆境に逆らって繁栄するのだ。**生存そのものが不安定なとき、人々は人生に意味を与えてくれる小さな事柄に手を伸ばす**。

第一次世界大戦の軍事教練場から、第三帝国の収容所、フランドル地方の殺戮の部隊、ガザ地区の通り（そこではイスラエルの国境付近でサッカーをしていた13歳の少年が殺されてしまった）に至るまで、この真理は何度も何度も再確認されている。

サッカーは、単に同胞への忠誠を表明したり、楽しい午後を過ごしたりするための手段にとどまらない場合がある。ほかの事柄と同様に、それはなぜ人生が貴いかを思い出させてもくれる。

60年前からのイスラエルとパレスチナの戦争が何千人もの死傷者を出しながら続き、戦闘員たちが次第に惨禍に慣れてしまっている今日、ここで述べたサッカーの大切さは覚えておく価値があるのだ。

「保留条項」からの解放が自由と巨額の年俸をもたらした

当時、それは特に重要な出来事ではないように思われた。新聞の一面には載らなかったし、それについてコメントする人もほとんどいなかった。しかし、ある49歳の白髪のニューヨーカーが１９６６年に進歩の遅れた野球界の運営の仕事に就いたことは、20世紀のスポーツ界における最も重要な分岐点と考えられて然るべきだった。

彼の名はマービン・ミラー。２０１２年11月27日、肝臓がんで死去した労働経済学者だ。彼の仕事はメジャーリーグベースボール選手会の会長で、就任したときには、錆びついた書類棚と５４０ドル（約83万円）の積立金くらいしかなかった。だが、１９８２年に彼が職を辞するまでにスポーツは大きな変化を遂げ、アメリカとイギリスで出た追悼記事では、ベーブ・ルースやモハメド・アリと並んでスポーツのなかで最大級に影響力を発揮した人物と称賛された。

メジャーリーグベースボール選手会の会長としてのミラーの影響力は、サッカーのジョン・テリーやウェイン・ルーニーの驚異的な年俸や、プレミアリーグの国際色の豊かさ、男子プロテニス協会内部に残る緊張関係、そして最近ナショナルホッケーリーグで起こったロックアウトに至る、さまざまな出来事において今日でもなお感じられる。これらの出来事は、ミラーが道をつくった改革なしには起こらなかったばかりか、考えられすらしなかったのだ。

彼の墓碑に刻む功績を一つ決めるとすれば、それは悪名高い保留条項の撤廃になるだろう。20世紀中頃にはあらゆるチームスポーツでおなじみだった**保留条項**は、必ず存在した原則で、**契約が切れた後も選手をクラブに結びつけるもの**だった。選手がライバルのクラブと交渉できないのをいいことに、選手の契約が終了するときにクラブは単に新しい契約期間を示せばよかったのだ。

鉄鋼業界で初期の経験を積んだ労働組合主義者であるミラーにとって、これは露骨な取引制限でしかなかった。だが、アメリカとイギリスの両方におけるスポーツの特殊な立ち位置を考えると、保留条項の撤廃は簡単ではないことも、ミラーは理解していた。

政治や司法の体制の内部にいる多くの人々にとっては、スポーツは通常の経済的な競争のルールの例外だった。1922年のアメリカ最高裁の判決では、野球は「娯楽」であるため、反トラスト法の対象には当たらないと定められた。その判決は1970年代になっても、基本的な方針とされていた。

ミラーは選手会のポストに就くとすぐに、保留条項を廃止するためのキャンペーンを始めた。野球界で最初の団体交渉における合意に向けて尽力し、選手が紛争を調停者に訴える権利を獲得した。そして1974年、大きなチャンスが訪れた。保留条項に関する訴えが新しい調停者に持ち込まれたのだ。

その調停者が選手に有利な裁定を下したとき、野球界で支配的だった経済原理に、ようやく終わりの可能性が見えてきた。この決定が連邦裁判所で支持されると、保留条項は削除された。やがて、アメリカのほかのチームスポーツもこの流れに従った。ある評者はこう言っている。「**ミラーは野球界のイスラエルの民を奴隷の地から導き出したモーセだ**」。選手たちが新たに得た自由を行使しはじめると、年俸が急激に上がった。

ミラーが選手会会長に就任した頃の野球選手の年俸の平均は1万9000ドル（約290万円）で、多くの選手は生活のために副業をしなければならなかった。ミラーが1982年に会長を辞めたとき、年俸は平均24万1000ドル（約3700万円）にまで跳ね上がっていた。いまでは、340万ドル（約5億2000万円）だ。保留条項の廃止はスポーツ全体にも経済的利益をもたらした。メジャーリーグの収益は1967年の5000万ドル（約77億円）から、2012年には75億ドル（約1兆1500億円）にまで上がっている。

それ以前のおとなしさとは対照的に、ミラーのもとで協力して力を行使しようという選手たちの気概は、交渉のためにストライキをして労働力の提供を停止しようという動きでも見られた。『ニューヨーク・タイムズ』紙の記事によると、「1972年に選手たちは13日間のストライキをおこなった。1976年には逆に、ほぼ1カ月の間、春のトレーニングからロックアウトされた。1980年のエキシビションシーズンの最後の8日間、選手たちはまたストライキをおこなった。そして、1981年のレギュラーシーズンの折り返しの時期に50日間のストライキを計画した」という。

力のあるオーナーや運営に野球が支配されていた状況は変わり、いまや選手たちは支持を求めて熱心に活動している。そして自然な流れとして、ミラーの先駆的な働きを遠くから見ていたほかの競技の選手たちも、改革を訴えはじめた。ついに、魔神が瓶の外に出たのである。「現代のプロスポーツでプレーしたことのある人は誰でも、マービン・ミラーに感謝しなければならない」と、ロサンゼルス・ドジャースのクリス・カプアーノは述べた。「**ミラーは私たち全員に力を与えたのだ**」

サッカーにおいて保留条項と同じ規制がようやく撤廃されたのは1995年のボスマン判決だが、今日のプレミアリーグやセリエAなどにおける権力関係は、ミラーがつくった枠組みに沿っているところが大きい。ファンは、現代のスポーツにおける巨額の年俸や選手の身軽さを好まないかもしれないが、過去のカルテルのような状態が進歩の重い足かせになっていたとは認めるだろう。確かなのは、**経済的自由と選手の交渉力がすっかり定着した**ということだ。

そのため、報道されているとおりルーニーが来シーズンに1週間に25万ポンド（約4800万円）を稼ぐことになれば、彼は空を仰ぎ見て、それを可能にしてくれた華奢な労働組合主義者に感謝するだろう。ミラー自身は高いレベルのスポーツをプレーしたわけでもなく、ましてや野球をまともにプレーしたことすらなかったが、あらゆるスポーツの経済的な基礎を変革したのだ。

称号「ナイト」に値するスポーツ選手の功績とは?

トニー・ブレアは、伝統的な首相退任時の叙勲をおこなわないかもしれないという。友人たちが「爵位売買」疑惑で叩かれているなか、間違ったメッセージになることを恐れてのことだ。本来ならば、女王の誕生日の叙勲では選ばれなかった話題の人物に、現代で最も洞察力のある政治家ブレアが別れの印としてナイトの称号を与えていただけに、残念な話だ。その人物とは、ポッシュ・スパイス(ヴィクトリア・ベッカムの愛称)の夫、デヴィッド・ベッカムである。

このイングランド代表の元キャプテンが、先ごろ亡くなったボビー・ムーアでさえもらえなかった栄誉を受けられるかもしれないと数週間前にリークされると、憤りに近い反応があった。スポーツ選手として国際的に大成功したわけでもない人がイギリスで最高レベルの栄誉をどうして受けられるのか。あるいは、2006年ワールドカップの準々決勝で勝てなかったのに、1966年に優勝した選手たちのうち大多数が受けられなかった栄典を受けられる資格などあるだろうか、という声があがっている。

このような議論(とはいえ、デヴィッド・ベッカムはプレミアリーグで6回の優勝、FAカップで2回の優勝、チャンピオンズリーグで1回の優勝、スペインのリーグで1回の優勝、イングランド代表として96回の出場、うち58回はキャプテンという成績を残している)で問題なのは、スポーツ選手の活躍をメダルのみで測るという前提である。オリンピックで金メダルを取れば10点、プレミアリーグで優勝すれば3点というように、ポイント制の基本ルールをつくり、機械的に賞を与えればいいのではないかという発想がそこにはある。

しかし、ベッカムに関して重要なのは、そのような方法では測れない領域において影響力を発揮したからこそ、ナイトの称号が彼にふさわしいということだ。**彼はスポーツという分野を超えて、定式化できない方法でさまざまな人の人生に感動を与えた。**彼は、ある意味ではとても些細だが、同時にとても強力な方法で国民の意識に影響を与えた。そのため、彼の偉業の大きさが完全に理解されるのは、彼が公の場に姿を見せなくなってからだろう。

先週、私はジョン・アマエチと話したとき、ベッカムの影響力の全貌がよくわかった。バスケットボールの元スターであるアマエチは今年、ＮＢＡの選手として初めて同性愛者であるとカミングアウトした。彼は、ベッカムのおかげで同性愛者のカミングアウトが楽になったという、驚くべき評価をしたのだ。「ベッカムは、真の男であることとゲイであることの両立を可能にしたのです」とアマエチは言う。「同性愛者はみんななよなよしている」というステレオタイプのせいで汚名を着せられ、人生を台無しにされてしまうこと、そしてカウンターカルチャーのアイコンが状況を一変させるのに貢献できることを理解している、身長２０８センチのスポーツマンから、このような評価が出てきたのだ。

ベッカムはメトロセクシャル（外見やファッションに時間とお金をかける都会の男性）の革命的な流行の唯一無二のきっかけであり、現代の男らしさという概念を変え、それをよりソフトに、なめらかに、幅広く、多様にした。彼は真の男と同性愛者に寄り添う姿勢の両立を可能にしただけではない。真の男と繊細さの両立も可能にした。外見に気を使う真の男、人前で涙を流す真の男、ドレスやハイヒールを着用する真の男だ。

彼はただ単に、サロンを巻いて登場したり同性愛者のコミュニティーでアイドルとして受け入れられただけではない。イヤリングをしたり、妻のショーツをはいたりしているだけではない。繊細だと一目でわかり、自分のフェミニンな面を大切にしているだけではない。もっと重要なのは、彼が示す新しい男らしさに出会った人々の心や精神に起こった変化だ。それのささやかな変化は、私たちが寛容の新しいビジョンを受け入れるための力となったのである。

ベッカムは個人的な改革や「イメチェン」をたくさん繰り返しており、コスモポリタン気質の生き証人となっている。彼はソーホー（ロンドンの一角にある歓楽街）にいてもソリハル（イングランド中部の町）にいても同じように快適に過ごせるだろうし、筋トレをしていてもファッション街の店を闊歩していても同じように楽しめるだろうし、異性愛者からも同性愛者からも同じように尊敬される。ベッカムは男らしさの姿を変えたのだ。そしてそれは、彼が保湿クリームを使っているからだけではない。

この50年間で、イギリス人の意識にベッカムほど良い影響を強く与えたイギリス人スポーツ選手はいない。ブレアが法令を通じて（市民パートナーシップ制度の導入、学校で同性愛の促進を禁止する「セクション28」の廃止、性交同意年齢の男女統一、大麻の位置づけの見直し、東ヨーロッパからの移民に対する門戸開放）多数派の態度を軟化させたように、ベッカムは彼のイメージの潜在力をもってして、同じ人々の態度を軟化させた。

ポリティカル・コレクトネスという概念をまったくほのめかさなくとも、ベッカムが直観的にニューエイジの哲学を受容しているのは事実で、それが彼の影響力をさらに強くしている。イギリス国民は、自分たちに向かって説教を垂れる人には決して好意的ではないからだ。

ベッカムが皮相的なセレブカルチャーを目立って体現するようになってきたと、笑いものにする人は多いだろう。だが、それは批判的になりすぎだと思う。雑誌や新聞の編集者および読者は彼に異常に執着するが、それを彼のせいにはできない。皮相的であるという批判は、彼自身よりも、彼の私生活についてのくだらないゴシップを貪る人たちに向けられるべきだ。それどころか、ベッカムが深い人間であるとあえて主張してもいい。彼は間違いなく、**類い稀なる勇気と気品で名声と悪名に向き合ってきた**人物である。

そのため、退任する首相によるナイトの授与は正当なプレゼントだったはずだ。ベッカムはこの10年間に起こった現代の大きな進歩を象徴しており、かつてないほど国民に安らぎを与えてくれたのだから。

いろいろな意味で、ベッカムはブレアのソウルメイトだった。彼はブレアの政治的な寛容さを、文化の面で体現した人物だった。ワールドカップで優勝していないと批判するのはお門違いだ。ナイトの称号がこれほど際立ってふさわしいものに見えることはめったにないだろう。

同性愛差別が引き起こした歴史的悪夢

2007年9月、私はジャーナリストとしてのキャリアのなかで最もわくわくする1週間を過ごした。マンハッタンに滞在した、焼けるように暑かった7日間、私は映画『レイジング・ブル』でマーティン・スコセッシの手で不滅の存在になったジェイク・ラモッタ、テニス界のフェミニストの象徴であるビリー・ジーン・キング、そして2012年12月に亡くなった、卓球の伝説的強者でロウアー・イースト・サイドの地下の賭博シーンで人気を独占していたマーティ・リーズマンにインタビューするという幸運な機会を得た。しかし、最もすばらしく、最も胸に響いたインタビューは、これまで書かれたり出版されたりしたことがないものだった。

そのインタビューの相手は、エミール・グリフィスだ。ウェルター級の元チャンピオンで、ベニー・〝キッド〟・パレットと彼の三度の試合はボクシングの歴史のなかで最も不名誉な出来事である。私たちがニューヨークの東部で会ったとき、彼はすでにボクサー認知症に苦しんでいたが、その壮絶な人生のたくさんのエピソードを回想してくれた。ただし、あるエピソードを除いては。彼には墓まで持っていくことを望んだ一つの秘密があった。

アメリカ領ヴァージン諸島に生まれて10代のときにニューヨークに移ったグリフィスは、ボクシングという最も暴力的な競技にこの表現が許されるなら、美しいボクサーだったと言える。彼はなめらかな肌をしており、その体は完璧に均整が取れていて、その拳はある種の魔法で動いているかのように、とても速かった。

グリフィスがボクシングを始めた1957年、トレーナーのギル・クランシーは、唯一無二のアスリートが入門してきたことを即座に見抜いた。「グリフィスは優雅さとパワーを完璧な割合で結合させていた」とクランシーは述べている。

私がグリフィスに会ったとき、彼の見た目は往年のままだった。69歳だったが若く見え、1960年代の絶頂期に彼をABCの番組「フライデー・ナイト・ファイト」の主役にしたいろいろな試合について話すとき、彼の目と顔は輝いていた。「ボクシングは好きだが、私は暴力的な男ではないよ」。単語と単語の間で頻繁に小休止しながら、彼はゆっくりと私に語った。「どちらかというと仕事のつもりでやっていた」

インタビューの際にはグリフィスと一緒に、彼の養子のルイス・ロドリゴもいた。彼らは1979年、ロドリゴが10代後半で、グリフィスがニュージャージー州の少年鑑別所の矯正官として働いていたときに出会い、固い友情で結ばれた。グリフィスは最終的にルイスを養子にし、面倒を見た。グリフィスが認知症に苦しみはじめると、この役割は交代した。ロドリゴがグリフィスの面倒を見て、話し相手となったのだ。

グリフィスの追悼記事の多くは、1962年3月24日の、パレットと最後に戦った試合について触れている。それはいまでも、ボクシング界で最大級に物議を醸す試合の一つである。グリフィスは、野次馬が群がる格闘技でよく見られる典型的なマチズモとは異なるタイプだったため、前宣伝の際にパレットに嘲笑された。グリフィスは優しく、言葉もていねいだった。グローブをはめる前は帽子職人として働いており、花や芸術を愛していた。

小説家でボクシングマニアのノーマン・メイラーによると、パレットはそれに我慢がならなかったという。パレットはこう言った。「俺はああいう奴が大嫌いだ。ファイターは男らしい見た目で、男らしくしゃべり、男らしく振る舞わなきゃならないんだよ」

試合前の計量のとき、キューバ人だったパレットはグリフィスに向かって、同性愛者を罵るスペイン語「maricón」と言い、背中を叩いた。グリフィスはプライドを傷つけられて怒った。「そのときに堪忍袋の緒が切れて、ますますいらいらが募ったよ」とグリフィスは回想した。

グリフィスの怒りは悲劇的な結末になった。第12ラウンド、グリフィスがポイントをリードしていたとき、彼はパレットをロープ際に追い詰め、脳震盪を起こすようなフックを見舞った。パレットの脚は萎えて、気を失っていたことを示していたが、パレットの右腕はロープを保持していたのでパレットはまだ直立していた。そこにグリフィスは猛烈なパンチを連続で放ち、そのほとんどが充血し紅潮していた顎に命中した。

その後の展開をあらかじめ知ったうえでこの試合の録画を見ると、吐き気がしてしまう。マディソン・スクエア・ガーデンの会場の前から二列目に座っていたメイラーはこう書いている。「グリフィスは立て続けに右手で18発もパンチを打った［…］その右手は、クランクケースから壊れて出てきたピストン棒のように、あるいはかぼちゃを割る野球のバットのようにパレットを打っていた」

レフェリーのルビー・ゴールドスタインが遅れて試合を止めさせたとき（彼はその後二度とレフェリーをやらなかった）、パレットの脳にはすでに血栓ができていた。パレットは病院に運ばれ、妊娠中の妻ルーシーと小さな息子のベニー・ジュニアがニューヨーク市北部のブロンクスから駆けつけたが、パレットの意識は二度と戻らず、10日後に死が宣告された。それはテレビで放送されたチャンピオン戦で初めて死人が出た例であり、多くの人が嫌な思いをした。その後10年間、ボクシングはテレビ番組から姿を消した。

パレットの若い妻と子どもは、この喪失に決して折り合いをつけられなかった。そしておそらく、自然なことかもしれないが、パレットと戦ってタイトルを奪還したグリフィスも、自分の勝利に折り合いをつけられなかっただろう。45年後、私たちがその試合について話したとき、グリフィスはこう述べた。「彼を殺すつもりはなかった。あんなことになってしまって申し訳なく思う。あの試合の悪夢を見て、夜中に起きるときもある」。２００５年にグリフィスがベニー・ジュニアに面会したとき、二人は抱き合い、グリフィスは涙を流した。「誰かを傷つけるためにボクシングの世界に入ったわけではなかった」と彼は言った。

だが、私がグリフィスに会いに行った主な理由は、この繊細な男性を生涯にわたり呪い続けたこの悲劇について聞くためではない。グリフィスにとってボクサーとしても男性としても試練となっていたもっと深い話は、2005年に初めて明らかになった。グリフィスはバイセクシャルだったのだ。『スポーツ・イラストレイテッド』誌のインタビューで、彼は「私は男性と女性の両方が好きだ」と語った。私とのインタビューでは、「男性を好きになるのは悪いことではない。善悪の区別くらいはついているよ」と言った。

グリフィスは何年もこの秘密を抱えて本当のことを言い出せず、自分の評判やキャリアに影響するかもしれないとひどく怯えていた。彼のマネージャー陣は、金髪の北欧美女たちに囲まれた写真を撮らせて、彼が女性のアイドルだとほのめかすような偽物のキャラクターイメージをつくり出した。**同性愛が病気だと考えられていた時代、カミングアウトをしてプロのボクサーを続けるのは不可能だった。**

歴史家のニール・ゲイブラーは当時の状況をこう述べている。「その時代の考え方は、まさに良心に欠けていたと言える。同性愛者のアスリートなんているわけないだろう、矛盾しているじゃないか、というわけだ」

グリフィスは1971年に結婚したが、結婚生活は長くは続かなかった。1992年、彼はニューヨークのゲイバーを出たところを襲撃され、4カ月の間、病院で懸命な手当てを受けてなんとか生きながらえた。「信じられないほど大変な状況でした」とロドリゴが目に涙をためながら言う。

「命が助かるかどうかもわかりませんでした。襲撃は容赦なく、殺すつもりでやられたのです」

インタビューが進み、ロドリゴとグリフィスのやり取りを見ていると、最も重要な秘密はまだ明かされていないのではないかという予感が、私のなかでうっすらと浮かんできた。この二人は、公に言われているような父と子の関係ではない。ロマンチックな関係だったのだ。養子縁組は、親子としての友情に法的な地位を与えるためにおこなわれたのではなかった。二人の大人がニューヨークの小さなアパートで一緒に暮らす、その本当の理由を隠すためにおこなわれたのだ。彼らは恋人同士だった。

私がロドリゴにそれについて尋ねると、彼は二人の本当の関係を認めた。だが、それを秘密にしておくように私に頼んだ。グリフィスと、同席していた彼の古くからの友人で伝記作家のロン・ロスも、同じことを私に頼んだ。養子にとった息子と恋愛関係にあったと明らかになったら、彼の評判はどうなるのか、心配していた。このインタビューが記事にならなかったのはそれが理由だ。


しかし、グリフィスが亡くなったいま、彼が非難されることはないだろうから、その関係を正しく記述するべきである。彼がそれを隠していたのは、当時は反同性愛の雰囲気がはびこっていたからにすぎない。彼らは自分たちの愛について、少なくともメディアにおいては認められる状況ではないと感じていたのだ。二人の生活を正当化するために偽りの関係性をつくるほうが簡単だった。

「もう書いてもいいですよ。いまこそ書くべきです」とロスは2013年7月25日、電話で私に告げた。

グリフィスの健康は70代になると急速に悪化し、最後の2年間は介護施設で寝たきり状態で過ごした。ロスによると、ロドリゴは最後までグリフィスに付き添ったという。「ロドリゴは午後に仕事を終えると、介護施設に毎日通っていました」とロスは言った。「ロドリゴは夜中までグリフィスの介護をしていました。最期までずっと。**二人の絆は決して壊れません**」

グリフィスは、20世紀で最大級に人々を感動させたスポーツ選手であり続ける。彼の人生は、1960年代のアメリカの不安と失われた純真さを大いに象徴していた。彼は秘密を抱えたスターであり、マンハッタンのアングラのリベラリズムと表通りの偏狭さを自分のなかで決して和解させられなかった異邦人だった。**最も有名な対戦相手の死に心の折り合いをつけられなかったことは、彼がいかに思いやりのある人間だったかを示している。**そして、**彼が直面した差別がいかに苦しいものだったかは、その愛を公にできなかったという事実によって測ることができる。**

独裁者でさえも統制できないスポーツへの愛と渇望

この数週間、私は独裁者たちについて考えることが多かった。その理由の一つは、すばらしいドキュメンタリー作品『秘録・第二次世界大戦』を見たからだ。それはいま、BBC2で再放送されている。ローレンス・オリヴィエの完璧なナレーションで、アドルフ・ヒトラーの支配の奥底にあった動機が徹底解説されている。

ヒトラーの動機とは何だったのか？　それは、歴史のなかのほかのあらゆる独裁者と同じだ。そしてそれは、今日の世界にはびこるさまざまな全体主義イデオロギーにも反映されている。金正恩、タリバン、アルカイダ、イスラミックステート、アヤトラ・ホメイニ、さらにはウラジーミル・プーチンの偽民主主義のファシズム体制に至るまでだ。

それは、**操りたいという欲望**である。独裁者や専制的なイデオロギーは、人間を操作しようとする。操れる人間は多ければ多いほどいい——そう考えるから、権力を獲得しようとするのだ。法的な禁止、脅し、恣意的な処罰、そしてしばしばテロ行為によって、それらの体制は人を操作しようとする。**独裁者にとっての理想の社会とは、独裁者の望むとおりに全員が動くというものだ。**

ところが、独裁者が操作できないものが一つある。そしてそれがあるために、彼らは半狂乱になる。どれだけ大きな権力を獲得しても、どれだけ恐怖に訴えかけても、どれだけ厳しく行動を制限しても、**思想は操作できない**のだ。

人々の頭蓋骨の空洞のなかで起こっていることは、その人にしか操作できない。国民は自分を称賛しているが部下の多くは自分を見下しているのではないかと心配するあまり、金正恩は夜も眠れないだろうと考えるのは愉快だ。声援を送っても、心中では彼を嘲笑している人は多いだろう。そして、リビアのトリポリやシリアのラッカやイラクのモスルの街頭にいるイスラム教ファシストたちは、人を傷つけたり殺したりしながらも、彼らの残忍なイスラム教解釈を恐怖でもって人々に信じさせることは不可能だと知っているため、必死になっている。

これはスポーツにも当てはまる。専制体制の支配者は一般に、スポーツに熱心ではない(ファシスト的な権力を誇示するために利用する場合は別だが)。たとえばタリバンは、スポーツをアフガニスタンで禁止した。一番偉いイスラム法学者を賛美するなど、もっと大切なことがたくさんあるからというわけだ。タリバンが1996年に権力を握ってから長年もの間、サッカー、クリケット、カバディなど、多くの人に生きる意味を与えてくれる他愛もないスポーツは違法とされていた。

しかし、どれだけ取り締まっても、タリバンはスポーツをしたいという人々の本能を消せなかった。競技団体を禁止したり、スタジアムを閉鎖したりはできたが、**プレーしたいという欲求を根絶することはできなかった**のだ。

人間は愛し愛されたいと願うように、ボールを投げて受け止めたいと願うものだ。考古学者のニール・フォークナーによると、現存しているどの時代の文書においても、スポーツの競技についての記述がないケースはほとんどないそうだ。スポーツをしたいという人間の願望は、宗教の教令によっても検閲できない。

それゆえ、アフガニスタンは、全体主義支配の限界に関する興味深い実験場となっていることがわかっている。タリバンによる支配の最初の数年間、スポーツは存在しなかった。カブールのガジ・スタジアムはスポーツイベントではなく、タリバンによる死刑や鞭打ちや四肢切断の刑を執行する会場として使用された。ある証言によると、「グラウンドは芝生が育たないほど血に浸っていた」という。

ところが、禁止にもかかわらず、試合はまた現れ続けた。子どもたちは家でスポーツをした。私の小さな子どもたちが毎日やっているように、アフガニスタンの子どもたちもボールを投げてキャッチして遊んだ。間に合わせのものを使って街頭で試合をすることもあった。

どれだけ一生懸命にスポーツをやめさせようとしても、新しく、ときにはカジュアルな方法でスポーツはまた登場する——そのことに宗教警察は次第に気づきはじめた。

そのため、2001年にアメリカが侵攻する前から、非公式ではあるがタリバンの暗黙の了解のもとで、12チームからなるサッカーリーグがカブールで開催されるようになった。男性限定で、選手は長ズボンと靴下を着用しなければならなかったが、ちゃんと試合をしており、かなり立派なものだったと、関係者は証言している。音楽やテレビや映画はまだ禁止されていたが、スポーツは違ったのだ。

その間、隣国パキスタンのペシャワール郊外のカチャ・ガレー難民キャンプでは、アフガニスタン人難民がクリケットをプレーしていた。貧困状態にあっても、スポーツの火は消えなかったのだ。2000年までにタリバンはクリケットの禁止を公式に取りやめ、クリケットは唯一の公的に認められたスポーツとなった。

これは、クリケットの成功というより、人間の精神の勝利だった。それは全体主義支配の内在的な限界が暗に（そして多くのタリバンの人々にとっては、心から憎むべきことに）認められたということだった。アメリカが率いた侵攻中も、新たに始まった内戦の恥ずべき行為のなかでも、クリケットは生きながらえた。アフガニスタン代表チームは母国では試合ができないが（危険すぎるので）、世界中で立派に戦っている。

子どもたちは、ひび割れたテニスボールをテープで直したものを使って街頭で技術を学び、正規のチームに上がったときにもその情熱と心を忘れなかった。最上位レベルのクリケットにおいて、最初のイニングと二回目のイニングで6点ずつ取った唯一の選手はアフガニスタン人のモハマッド・ナビだ。2015年2月18日の早朝、ナビ率いるアフガニスタンは、ワールドカップでパキスタンと対戦した。

アフガニスタン代表のプレーは、世界ランキングの11位に急浮上するほど良い。アフガニスタンは国際クリケット評議会の準会員の筆頭であり、ICCワールド・トゥエンティ20（現ICC T20ワールドカップ）にこれまで三度の出場資格を得ている。

アフガニスタンは今回のグループステージでスリランカ、スコットランド、オーストラリア、イングランドと対戦する予定だ。

とても多くの障壁がありながら、アフガニスタン代表がここまでの成果をあげられたのはどうしてだろうか？『ウィズデン・クリケッターズ・アルマナック』（クリケット年鑑）の元編集者によると、それは「熱狂的なハングリー精神」の結果だという。まさに的を射た言葉だ。

部族やイデオロギーで分断された国にとって、クリケットは人々を一体化させる現象であった。ワールドカップ出場をかけてケニアを破った2014年の10月には、アフガニスタン全土で自然発生的に祝祭がおこなわれた。タリバンの戦闘員の一部もクリケットを愛するようになり、試合に賞金を出すこともある。宗教警察は、クリケットをプレーする際の伝統の控えめな白い衣服には比較的安心している。

だが、良いニュースばかりではない。女性のスポーツはまだ事実上存在しない。2014年4月、女子代表チームを設立したダイアナ・バラクザイは、タリバンに脅されて辞任してしまった。アフガニスタンのクリケット委員会の議長ナシムッラー・ダニッシュも、脅迫を受けてきた。電話で彼はこう脅されたという。「女性にクリケットをやらせるな。イスラム教やアフガニスタンの文化に、女性のスポーツはない。もし強行すれば、選手たちの身に何があっても知らないぞ」

だが、ダニッシュは楽観的だ。彼は2025年までに国際クリケット評議会の正会員になることを目指すと公言した。そのための条件は、女子の代表チームがあることだ。現在は激しい抵抗があるけれども、彼の正しさは証明されるだろう。女性もスポーツをしたいと強く望んでいるのだ。

世界中で原理主義が台頭していることに、多くの人が恐れを抱いている。それは無理もない。だが私は、こうしたファシストたちは負けるだろうと信じている。他人を操作しようという奇妙な願望は、いつか立ち行かなくなる。彼らの将来の敗北は部分的には現実の政治によるものだろうが

（西側は卓越した軍事力を持っているので）、もっと深遠な理由によっても敗北するだろう。苦い経験を通じてファシストは、いくらがんばっても、人々の思想を操作するのは不可能だと気づくはずだ。人々の願望や本能を取り締まることは決してできない。

アフガニスタンのクリケットのワールドカップ出場は、**勇敢な若者たちのヒロイズムの証**である。しかし、そこからファシストに向けて発せられている最も深いメッセージは、以下のようなものだ。あなたたちは、結局は勝ち目のない戦いを、歪んだ憎悪のために続けている。

スポーツ界に根強くはびこる人種差別

ドナルド・スターリングは偏狭な人間である。これにはみな同意するだろう。バスケットボールチーム、ロサンゼルス・クリッパーズのオーナーだったスターリングは、ガールフレンドがマジック・ジョンソンと一緒に撮った写真をインスタグラムに投稿したことを叱りつけだが、その音声が密かに録音されていた。

「君が黒人と付き合う様子を公開したがるのは、ひどく不愉快だ」と彼は言った。「［黒人と］寝るのも、彼らを連れ込むのも君の自由だが、私のささやかな頼みは、［…］私のチームの試合に黒人を連れてくるのはやめてほしいということだ」

大西洋の対岸アメリカのメディアはこの騒動一色になっている。だが私は、それを冷ややかな目で見ていると認めざるを得ない。それはこの情報が騙し討ち的に公開されたからというだけではない。一人の80代の人間に対して滑稽なほど大げさな集中攻撃をおこなうことで、人種差別の実態が覆い隠されてしまうという懸念があるからだ。テレビ司会者ジェレミー・クラークソンが黒人をけなすNワード（Nigger、Negroなど、黒人を侮蔑的に指すNから始まる単語）を発したという疑惑が、イギリスで大げさに取り上げられているのに近い。それは、問題の全体像から目をそらさせる、ほとんど犯罪的とも言える典型例だ。

というのも、アメリカやイギリスの大部分において人種差別の問題を抱えているのは、スターリングや、さらにはクラークソンのような人々ではない。スターリングは、アメリカの人々のなかのごく一部となった、ジム・クロウ法（人種隔離政策）にノスタルジーを抱く世代の生き残りだ。彼らが不適切な言動をしたら非難されて然るべきだが（スターリングはNBAを永久追放された）、私たちはバランス感覚を持たなければならない。**人種差別に関して本当に重要なのはスターリングのような人ではなく、私のような人だ。**

もし私がサッカークラブのチェアマンだったとしたら、才能ある黒人監督の立派な実績を見過ごすタイプの人間だっただろう。もし私がクラブのオーナーだったとしたら、私はいとも簡単に黒人のCEO候補を除外してしまうだろう。自分で認めるのは苦しいが、そういうものだ。

どうしてそのように言えるのか？　この問題に関する初心者のために、ある実験を紹介しよう。そこでは学生のグループが、立派な業績、それほどでもない業績、わずかな業績を持つ白人や黒人の求職者のなかから、採用に推薦したい人を選ぶように求められた。

被験者たちは立派な大学の学生で、Nワードを使うようなタイプではない。『タイムズ』紙を読んだり、寄稿さえしたりする人たちだ。黒人の求職者が立派な業績を持っていた場合、推薦したい候補として選ばれた。当然だ。被験者の学生たちは決してレイシストではないのだから。立派な業績を持つ白人の求職者も、同じように推薦された。だが、求職者たちがみんな最低限の業績しか持っていなかった場合、つまり選択の余地があった場合、どうなっただろうか？　ご想像のとおり、白人の求職者のほうが黒人の求職者より、はるかに推薦される率が高かったのだ。

これと同じような実験は多数ある。そこからわかるのは、**まじめで進歩的な考えを持った人たち（人種を問わず）が、無意識にステレオタイプに影響されている**ということだ。あなたが薄暗い小道を歩いていて、誰かが向こうからやってきたときにも、まさにこのステレオタイプに影響された現象が起こる。向こうから来たのが黒人だった場合は、同じ体格の白人の場合よりもあなたの心拍数と血圧は上昇するのだ。これは意識して起こっているわけではない。ステレオタイプが潜在意識に作用しているのだ。

このような証拠があるため、「サッカー界における人種差別」なるものが議論されるたびに、躍起になって意見を開陳したがる利口ぶった人たちが馬鹿らしく見える。彼らは、なぜジョン・バーンズがセルティックの監督を解雇されるべきだったのか、なぜクリス・ヒュートンがノリッジ・シティの監督として期待どおりの成果を出せなかったのか、なぜクリス・パウエルがチャールトン・アスレティックを去らなければならなかったのか、ポール・インスがブラックバーン・ローヴァーズをクビになったのはいかに正当だったかについて、長々と議論を繰り返す（ここに挙がっている監督たちはみんな黒人である）。

そんな議論はもうたくさんだ。監督をどうするかという決断の基準は曖昧だ。賛否両論ある。誰かが決着をつけなければならない。それはわかっている。

ここでは、一歩下がって全体像を見てみようではないか。イングランドのサッカーリーグには92チームある（プレミアリーグに20、EFLに72）。そのなかで黒人の監督は？　0人だ。黒人のCEOは？　0人だ。ぽつりぽつりとエスニック・マイノリティはいるが、黒人はいない。これが単なる偶然だと思う人は、愚か者か、フットボール・アソシエーションの上層部の老人だけだろう。

しかし、人は頑固なものだ。まったく同じ履歴書の白人と黒人の求職者が応募してきたときに黒人のほうが落とされるというケースがなければ人種差別を証明したことにはならないと言われる。

それなら、二人のアメリカの経済学者がおこなった実験を考えてみよう。彼らは5000通の履歴書をつくり、その半分にはタイローンやラトヤといった典型的な黒人の名前を、もう半分にはブレンダンやアリソンといった典型的な白人の名前を書いて、求人に応募した。数週間後、会社側からオファーが来はじめたが、なんと黒人の求職者は白人に比べて、面接に進む確率が50％も低かった。

この雇用者はレイシストではないし、スターリングのような人間でもない。だが、限られた時間のなかで、彼らは「黒人は平均的には白人よりも学歴が低い」というステレオタイプを使い、黒人を全体的に無視する傾向に至ったのだ。

そしてこのようなステレオタイプは、悪循環をもたらす。どこにも指導できるチームがないのに、黒人のサッカー選手がわざわざ指導者のプロライセンスを取得する理由があるだろうか？　アンディ・コールはこう言っている。「私は3年前からUEFAのBライセンスの取得を目指していたけど、去年、その意味がないのではないかと思った。なぜか？　率直に言って、ライセンスを取ってもどこにも行く場所がないと思うからだ」

コールが怠惰なだけだと責めることもできるだろう。チームメイトはコールがとても仕事熱心だと証言しているけれども。彼の問題は怠惰なことではなく、自分たちが壁をつくっていると気づかない人々によって、道がブロックされていることにある。

スポーツ界内部の、およびその外の不完全な制度によって確立されてしまっているこの潜在的なバイアスのなかでトップに立つのは至難の業だ。スタミナと感受性が求められる。チームのマネジメントに関わる職を選考する際、マイノリティの候補者を最低一人は含まなければならないという規則で、ＮＦＬでの成功例がある**「ルーニー・ルール」**の導入は、問題解決のための一つの選択肢となるだろう。

それは、クオータ制（格差是正のためにマイノリティに一定の比率で枠を割り当てること）でも、名ばかりの取り組みでもない。ただ、クラブにマイノリティの候補者を選考に入れるように求めているだけだ。そしてこれは一時的には状況を変えることができる。弁護士のブライアン・コリンズはこう述べている。「**無意識のバイアスを抱いている意思決定者は、自分が予想もしなかったような候補者に面と向かって向き合うことで、自分の偏見と対峙するのである**」

スポーツがずっと黒人のオアシスであったのは、大きな皮肉だ。黒人があらゆる点で敵より勝っていれば、その人がサッカーチームの選手に選ばれないはずがない。黒人が白人の選手たちを打ち負かせば、その人のバドミントンチームでのポジションを誰も否定できない。この客観性は、スポーツがマイノリティに人気のキャリアとなった一つの理由である。

そして、職場でひどい差別に苦しんだパキスタンからの移民である私の父が、私をスポーツの世界に入れたがった理由でもある。「勝ち続ければ、誰もお前を邪魔しない」と父は言った。

今日私たちが戦うべきは、スポーツの競技そのものの外の、曖昧な世界だ。これは80歳の偏屈な老人やテレビ司会者がつぶやいた言葉に対して憤激のお祭り騒ぎをするよりも、ずっと難しい。

要するに、サッカークラブの祝賀会で飛び出たきわどいジョークが、サッカーの上級職に慢性的に黒人がいない状況よりも大きく取り上げられるような、人種差別の議論がエンターテインメントと化した状況から、私たちは脱却しなければならないのだ。

もちろん、オバマ大統領も指摘したように、ある少数の人たちの行動様式が社会全体を蝕むという、潜在的なバイアスの範疇を超えた問題もある。だが、わずかな時間でいいから、スターリングやクラークソンの話題から離れてほしい。それは危険な目眩ましになっているのだ。

テロリスト襲撃のリスクを背負うアスリート

2010年1月8日、アンゴラで起こったスポーツとテロリズムの悲劇的な結合（アンゴラでサッカーのアフリカ選手権出場のためにバスで移動中だったトーゴ代表チームが武装集団の襲撃を受け、2人の死者が出た）を目の当たりにして、さまざまなことを考え、さまざまな思いに駆られている。トーゴ代表が経験したであろう試練の恐ろしさ。命を落とした人たちの家族に対する同情。そして、無実の人を殺害すれば精神的な支持を集められ、何らかの目的を達成したり領土的な利権を獲得したりできると思い込んでいる人が存在することに対する驚きだ。

しかし、最も痛切に感じられたのは、スポーツはそれ自体とても楽しいものであるが、命を失うだけの価値はないという思いだ。バット、ボール、シャトル、パックなどを使う、つくられた世界は、私たちをとても活気づかせてくれるが、結局のところは取るに足らないものなのだから。

2部リーグで低迷していたリヴァプールFCを1959年の監督就任から5年で1部リーグ優勝にまで押し上げたビル・シャンクリーの「**サッカーは生死よりも重要だ**」という名言に、私たちは内心で戦慄さえ覚えるかもしれない。だが、彼は確かに冗談でそれを言ったのだと考え、私たちは安心する。なぜなら、サッカーのピッチ上で起こる出来事で、生存に関わるほど重要なことはありえないからだ。

しかし、以下の点を強調したい。いま述べたような考え方は自然で、ある意味では立派なものだが、同時に見当違いだとも思うのだ。

スポーツは重要なことだ。選手にとってもファンにとっても、本当に命の危険があるときにもおこなう価値があるほど、重要なのだ。これは奇妙で、ほとんど不愉快にも聞こえるかもしれない主張だが、唯一の価値ある視点であることは間違いない。

そもそも、私たちが生きたいと思うのはなぜか？　その答えは、生きることに価値を与えてくれるものがあるからだ。そして、スポーツがその一つであると言っても過言ではない。スポーツマンとして、テレビの視聴者として、現地の観客として、私はスポーツをとても大切に思っていると自信を持って言える。愛、芸術、友情、陽気な笑いと並んで、スポーツは古代ローマの哲学者ルクレティウスが「praemia vitae」、すなわち「生涯の報い」と呼んだものを構成する不可欠な要素だ。

これはもちろん、特にニヒリスティックな考え方を持ったテロリストがしきりにスポーツをターゲットにしたがる理由の一つだ。テロリストは、スポーツの無邪気さをきわめて不快な軽薄さと考えている。**壮大なスポーツの祭典をターゲットにすることで、テロリストは自分たちが支持するマ**

ニアックな大義名分のための世界的な基盤を確保しようとしているだけでなく、「praemia vitae」に打撃を与えようとしている。人生に価値を与えてくれ、意味を与えてくれるものの効果を削り取っているというわけだ。

だからこそ、仮にテロによってロンドンオリンピックで観客が命を落とす可能性があると言われても、多くの人はスタジアムに向かうだろう。そして、2012年のロンドンオリンピックの前に選手たちの誰かが自爆テロで死ぬかもしれないと言われたとしても、参加を辞退するアスリートはほとんどいないだろう。私たちは、リスクがさらに高まれば考えを変えるかもしれないが、四方を壁に守られて縮こまって人生を過ごしたいとは絶対に思わない。生きていないも同然だからだ。

私たちはみんな、選択をする。玄関のドアから外に出るときは毎回、死なないという命題よりも、生きることのほうが優先されると断定している。人生という旅路をその切符の価格に見合うものにしてくれる何かを追い求めるとき、私たちはリスクを背負っている。そのリスクがどんなに小さくてもだ。

その選択は、個人的なもので、そこが重要だ。だからこそ、政治的な圧力によってスポーツの催しに参加させられるアスリート（やファン）がいてはならない。しかし同じ理由で、多くの人が現代世界のリスクを平然と受け入れている。

これは、セキュリティ対策の重要さや、運営者が選手や観客の安全を保証する責任を持つことを否定するものではない。また、トーゴ代表の選手たちに降りかかった恐怖を矮小化するものでもないし、そもそもアフリカ選手権をアンゴラで開催した理由やセキリュティが適切だったかを評価する必要性を軽減するものでもない。

しかし、これは言える。完全に安全だと保証できない世界でも、スポーツを開催し、プレーし、観戦し、大いに楽しもうと思うことには、切なる理由があるのだ。

トーゴ代表がアンゴラに戻りたがったのも、そのためかもしれない。彼らは自分たちが愛することを、亡くなった仲間が愛したことを、残忍な意図に邪魔されようとも続けたかったのだ。この姿勢の裏には、狂信者に屈してはならないという挑戦的な思いもあっただろうし、亡くなった仲間のためという立派な義務感と、その仲間との思い出を称えたいという願いもあっただろう。だが、そのような政治的・友情的な表層を取り除いたとしても、スポーツをプレーし観戦したいという願望は、人生を肯定する力強い命題を表している。

2012年のロンドンオリンピックのセキュリティがどれだけ徹底していても、テロで死者が出てしまうリスクがあることは、誰もがわかっている。それなら、道具をまとめて工事を中止するべきだろうか？　白旗をあげるべきだろうか？

答えは言う必要がないだろう。**私たちは残虐行為が起こるリスクを最小化し、大量虐殺の悪夢を防ごうとする一方で、死や痛ましい出来事の可能性があったとしてもスポーツには追求する価値があるのだと、心の奥底で受け入れている**のだから。

最近の新聞記事で、アーティストのデヴィッド・ホックニーはこう書いている。「自由な人間として50年間生きるか、奴隷として70年間生きるか、どちらかを選べと言われたら、私は自由を選ぶ。多くの人も私と同じように考えるのではないか。なぜなら、ほとんどの人は人生の量ではなく質を重視していると思うからだ。大いなる謎である時間には伸縮性がある。お湯が沸くまでやかんを眺めていると、『長い時間』に感じる。刑務所の牢屋で過ごす10時間は、10カ月にも思えるだろう」

もしかすると、テロリズムの第一の目的とは人生を長く無益なものにすることにあるのかもしれないと、私はときどき考える。大いなる謎である時間があっという間に経ってしまうと思うような事柄に背を向けさせ、恐怖の人生を強制することが、テロリズムの目的なのではないかと――。いまも、これからも、そのようなことを許してはならない。それは、テロリズムがさらに多くのテロリズムを生むからというだけでなく、「praemia vitae」を奪い取られた人生は、人生とは呼べなくなるからである。

国民の注意をそらす戦略としての金メダル獲得数

政治の指導者が、自分の権力の正統性の危機が浮上するのを予見したまさにそのときに、いかにして高価で空虚なプロジェクトに手を出すのか、それを表す方程式がどこかにあるのではないだろうか。ローマ人たちは（いささか単純化した言い方であるが）パンとサーカスを導入し、ほかの独裁者は豪華な建造物や聖堂を建てた。20世紀初頭から、その手段は競技スポーツであった。

ベルリンの壁崩壊前に卓球の大会に出るために東ドイツを訪れた私は、現地の経済的な停滞具合にショックを受けた。至るところに行列ができていた。工場はぼろぼろに崩れていた。道行く人々の目を見ると、みんな怖がっているのがわかった。私のチームの面倒を見てくれた通訳の人（たぶんシュタージのメンバーだったと思う）も怖がっている様子だった。壁の向こうでは、兄弟姉妹たちが経済成長、生活水準の向上、政治的自由を享受していたというのに。

しかし、東ドイツがその能力以上に力を入れている分野が一つあった。国が認めたドーピング体制と膨大な補助金の組み合わせが、この比較的小さな国のオリンピックのメダル獲得数をトップ近くまで押し上げたのだ。首脳陣が何を目論んでいるか、解読するのは難しくなかった。**広がりつつある社会や経済の惨状から国民の目をそらす方法の一つは、青い錠剤を与えられたアスリートがやり投げや200メートル走や砲丸投げで勝利する様子を見せることだった**のだ。

そんな粗雑な作戦が機能したのだろうか？　それは本当にプロパガンダ装置に勢いを与えたのか？　一時的には、機能したのではないかと思う。私は、東ドイツの卓球選手と会話し、政治の話題を持ち出したときのことを覚えている。「東ドイツは遅れているって言うんですか。それなら、私たちがイギリスよりもメダルの獲得数ではるかに上にいるのは、どう説明するんです？　それは、東ドイツとイギリスの社会体制の差を表しているはずですよ」と、びっくりするほど上手な英語で彼女は言った。

中国の毛沢東国家主席は、もっと周縁的な、卓球という種目で正統性の獲得に努めた。大躍進政策が何百万人もの命を奪っているまさにそのときに、この「偉大なる舵取り」は卓球で中国が卓越した地位に登りつめるようにお膳立てをしていた。しかし卓球は、イギリス人貴族の映画監督で共産主義の知識人、アイヴァー・モンタギューがプロパガンダの有効な手段になりうると毛沢東を説得するまで、中国には存在しなかったのだ。

1958年から1961年の間、中国の地方部の経済は崩壊していた。その苦難の全貌はまだわかっていないが、偽科学的な手段による生産力拡大の試みの間に3000万人もの人が命を落としていると有識者は見積もっている。そしてちょうど同じ時期、プロパガンダの手段は高らかに勝利を宣言していた。容国団が1959年にドルトムントで開かれた世界卓球選手権で優勝したのだ。

「中国は世界の頂点へ」と新聞は吹聴した。

ここでも、そんな不自然な作戦がうまくいったのかと不思議に思う。人々が大量に死んでいるときに、バットやボールを使う、作りものの試合は、本当に政治的・精神的強さの証として機能するのか？　私は2007年に中国に行き、何人かの歴史家や、容国団のすぐ後の1960年代に世界卓球選手権で三連覇を果たした荘則棟と面会した。「私たちは毛沢東を信じていました」と彼は語った。そして「私はいまでも毛沢東を信じています。共産主義体制は完璧ではないかもしれませんが、大きな強さがあります。強い体制なしには、スポーツで世界を圧倒することはできません」とも言った。

スポーツがソフトパワーの誇示ですらない、注意をそらすための戦略として使用された例はほかにもたくさんある。フィデル・カストロはキューバの経済が崩壊しつつあるときに（ただ一つの理由ではないが、理由の一部は西側の制裁だ）自国の勝ち誇ったアマチュアのボクサーたちを通じて体制の正統性を主張しようとした。レオニード・ブレジネフは共産主義の支配体制の正統性を、ロシアでおこなわれた意気揚々たるオリンピックによって下支えしようとした。どの例でも、その政策はグロテスクなペテンだったにもかかわらず、成功したとわかる。

そのため、20世紀の核心的な教訓の一つは、ジョージ・オーウェルも気づいていたように、大衆洗脳ができるかどうかは国家が情報を独占しているかどうかによって決まるということだ。**スポーツは明らかに不都合なものを覆い隠す、露骨な政治的たくらみだった。**アスリートたちの成功は、彼らが代表している国の経済的・道徳的・科学的活力については何も明らかにしない。

だがそれでも**独裁者は、自らの正統性を補強するために、アスリートたちをうまく利用する。**「もし我々がライバルを競走、跳躍、さらには卓球で打ち負かすことができれば、それは我々の体制が強く、我々の指導者が賢い証明にほかならない」とほのめかすのだ。

しかし、現代の通信技術やソーシャルメディアがあるなかでは、このテクニックには限界があると主張したい。このことは、国家が仕組んだ成功にまつわる最近のエピソードから得られる教訓の一つと言える。ウラジーミル・プーチンの統治下のロシアの経済は大変な状況だ。2015年に実質所得は4%以上も下落した。実質賃金は10%も減少した。貧困ラインより下の水準で生活しているロシア人の数は310万人も増えた。

ところが、プーチンの政策が失敗すればするほど、彼は（とりわけ）隠れ蓑としてのスポーツに手を出す。ソチオリンピックの開催は古くからある筋書きをそのままなぞったもので、同地でのF1グランプリの開催や、2018年ワールドカップへの応募も同様だ。パンとサーカスである。だがそれでも、政治の世界のどこかでは、このようなイベントを演出し、選手に囲まれたプーチンの写真を撮るだけでは不十分だという認識もあった。

衝撃的な世界アンチ・ドーピング機構の報告書で分析された国家公認のドーピング体制は、この運動の必然的な最終段階だ。プーチンの国はすでに欺瞞に加担していた。2018年ワールドカップの応募に関わった役人は、汚職疑惑が出てきた瞬間にコンピューターのディスクを破壊したし、ソチオリンピックのためのインフラ整備では膨大なキックバックが関係者の懐に入った（批判者によると、250億ドルから300億ドル［約3兆8300億～4兆6000億円］がオリガルヒやプーチンに近い企業に抜き取られたという）。尿サンプルの改ざんはその次の段階にすぎない。結局のところ、政治権力の行使においては、目的は手段を正当化するのだ。

しかし、道徳的に厚かましいことを棚に上げても、プーチンの誤算は明らかだ。プーチンが最大限努力しても、大半のロシア人はソチを取り巻く欺瞞にいまや気づいている。情報の民主化によって、プーチンが国外の口座に何百万ドルもの資産を持つという信頼できる主張が大衆の耳に入るようになった。そして、内部告発者のおかげで、ロシア人は国が組織的な不正に関与していることも知っている。繊細に編まれたプロパガンダのタペストリーが、私たちの目の前でほつれている。

プーチンはこれを西側の陰謀に仕立て上げようとし、国の管理機関は偽情報を流すという常套手段に出るだろう。それはしばらくの間、少なくとも一部の層に対しては効くかもしれない。しかし、プーチンがスポーツに大胆に手を出すことで政治的にも個人的にも利益を得られるという発想は、持続しない。国際オリンピック委員会がリオデジャネイロオリンピックからロシアを除外する度胸があれば（当然そうするべきなのだが）、プーチンはさらに愚かで腐敗した人物に見えることだろう。

それが実現すれば、おそらくこの卑劣な話から最終的に生まれる唯一の救いになるかもしれない。

フーリガン行為から予測されるスポーツの腐敗

「暴力がこれほど喜ばしいものとは予期していなかった［…］それは賞金百ドルの質問への回答と言ってもいい。なぜ若い男性は毎土曜に暴動を起こすのか？　彼らはそれを、ほかの世代なら飲み過ぎるのと、あるいは麻薬を吸うのと、あるいは幻覚剤を打つのと、あるいは非行をしたり反抗的態度を取るのと同じ理由のためにする。暴力は彼らの反社会的興奮剤、彼らの心を変える体験なのだ」」（ビル・ビュフォード著、北代美和子訳『フーリガン戦記』白水社、1994年、p252）

ここに引用した文章はマルセイユで起こったグロテスクな光景（UEFA EURO 2016の開催地マルセイユにおいて、2016年6月9日から10日にかけ、イングランドとロシアのファンの間に乱闘騒ぎが起こった）の後に書かれたものではなく、何年も前に『ニューヨーカー』誌のジャーナリストのビル・ビュフォードによって書かれたものだ。彼は1982年にカーディフから帰る列車のなかで集団暴力を目撃して以降、8年かけてフーリガンという現象を分析した。

イングランドのファンがボトルを投げ、罵り言葉を唱和し、半狂乱になって腕を振り上げて挑発する様子を見ると、ビュフォードの考えを認めざるを得ないのではないだろうか。この暴力は政治的なものではない。誰かが想像で主張するように、ブレクジット派の指導者たちの反移民のレトリックによって引き起こされたものではない。フーリガンは、逃げ切れると思うならば自国の同胞に狼藉を働くことを厭わないので、排外主義的でもない。**純粋で無秩序な暴力に酔っている**のだ。

マルセイユの通りをぶらつくフランスのならず者や、さらには、2016年6月11日の土曜日の夜に組織的な勢力として現れたロシアの過激な人たちを振り返ってみよう。

「**正式な戦争が起こっていないときは、何らかの紛争が必要**だ」と、FCスパルタク・モスクワのヴァディムというファンは、ロシアのフーリガンについて取材していたジャーナリストに語った。

リガン行為だ」

「ロシアではこれを『voinushka』（小さな戦争）と呼ぶ。血を騒がせるもの、それがサッカーのフー

フーリガン行為とは、機会を求めるスリルである。1980年代、長きにわたって、サッカーは試合だけでなく、暴力に快い刺激を感じる人たちへシグナルを送るものだった。凶徒たちはスタジアムが「小さな戦争」の機会、つまり「血を騒がせるもの」を提供してくれると知っていた。『ケイトー・ジャーナル』誌（アメリカのリバタリアン系のシンクタンク、ケイトー研究所が発行する学術誌）に掲載された重要な論文にはこう記されている。

「**特定の種類の著名なイベントは、市民の動乱の伝統的な「開始の狼煙《のろし》」となってしまっている**［…］試合の日に会場の近くにいる人は、かなり暴力的な場合もある害悪行為が起こりやすいことを知っている。彼らは酔っ払い、喧嘩し、無秩序を一服して楽しむのだ［…］フーリガンはトラブルが起こりそうな場所に努めて居合わせようとする」

なぜいつもイングランドが問題になるのか？　その理由は単純だ。この国のファンも狼煙を上げているからだ。ヨーロッパ中のフーリガンは、私たちの国の評判を知っている。一部のイングランドのファンは「暴れる気満々」だと。だから彼らはそれに対抗するためにやってきて、ビュフォードが書いたようなことを期待するのだ。「アドレナリンに誘発される陶酔」を。「それはさらにずっと強力になるかもしれない。なぜならば、それは肉体そのものによって生成されるからであり、し

かもぼくの確信では、その多くが合成されたドラッグに顕著な常習性を持つ」

暴力が興奮するものであるほどスリルも大きいが、逃亡できる可能性も高くなる。周りに何もないところで他人に暴力を振るう人は逮捕される可能性が高い。だが、何百人もの人々のなかで同じことをする人はめったに特定されないし、ましてや訴追もされない。暴力が集団でおこなわれるとき、フーリガンたちは事実上の免責特権のようなものを享受している。

しかしここから、より深い問いにつながる。なぜいつもサッカーなのか？　なぜこの美しい競技には、ほかのスポーツにはないような、根強く全国各地で起こる問題があるのか？　いまこそ、ただ取り締まりがしっかりしていないという批判で盛り上がるのではなく、厳しい現実に向き合う必要があると私は思う。なぜなら、これは普通のファンにも関係するからだ。自らも問題の一部だと気づかずに、フーリガン行為を「少数派」のおこないとして非難しているファンにも――。


1980年代、ニューヨークで犯罪の大流行が起きた。強盗、レイプ、激しい暴力など、すべてが記録的に増加した。ニューヨーク市はほかの問題にも苦しめられていた。落書き、ゴミの散乱、低価格住宅の割れた窓などだ。重罪の波に加えて、このような軽犯罪の波もあった。

1982年に発表された社会科学者のジェームズ・Q・ウィルソンとジョージ・L・ケリングによる論文が、点と点を結ぶきっかけとなった。彼らは、「都市部の無秩序と汚損が持つ、規範を定めてサインを与えるという効果」は「深刻な犯罪の直接の要因となる」と気づいた。

歩道を例に考えよう。ちょっとゴミが溜まると、さらに増える。そしてごみ袋ごと捨てていく人も出てくる。最終的に、車を荒らす人が出てくる。**軽度の無秩序を許容してしまい、良い価値観や尊敬の念がじりじりと失われていくと、深刻な犯罪が生まれる**のだ。

サッカーでも同様に、軽度の無秩序が許容されてしまっている。ミュンヘンの滑走路の歌（ミュンヘンの悲劇（第3章参照）を嘲笑する歌）を歌う人やヒルズボロの悲劇（1989年にイングランド・シェフィールドのヒルズボロ・スタジアムで起こった群集事故。97人［最後の一人は2021年に認定されたため、この時点では96人］が死去し、700人以上が負傷した）を馬鹿にする人、エヴァ・カルネイロ（チェルシーのチームドクターを務めた女性）に対して性差別的な侮辱を叫ぶ人、審判を非難するのに同性愛嫌悪的な悪口を言う人は、「ごく一部の少数派」ではなく、充分にたくさんいる。そしてそういう人たちは毎日現れる。それは運営当局だけでなく、はっきり言うと、多くの「普通の」ファンにも許容されている。

それはちょっとした混乱の一部だと人々は言う。何も悪いことをしていないのに恐ろしい苦しみのなかで亡くなった96人の人たちのことを確かに笑ったが、まあまあ、サッカー中の出来事じゃないか、と。このような暗黙の容認はイングランドに限った話ではない。ヨーロッパや南アメリカのファンについての分析を読むと、同じような言い方で、ほかの場所では忌み嫌われるような罵詈雑言が正当化されているとわかる。

だからこそ、フーリガン行為はフランス沿岸部で起きた大きな衝突に限った話ではない。ある週末にサリーのユースの試合で起こった暴力でもある。そこでは「ある親が審判を刃物で刺してやると脅し、別の親は線審に頭突きし、若い選手たちは更衣室を叩き壊すと脅した」という。ネット上の多くのファン向け掲示板の堕落した有り様でもある。ヨーロッパ中のスタジアムで見られる人種差別や、会場外での殴り合いでもある。これらは一部の例にすぎない。サッカーによって引き起こされた恥ずべき行為を列挙するだけで、私は記事十数本分を埋められるだろう。

従来のフーリガン行為はイングランドでは減少しているが、この国のサッカーの試合は、ほかの国と同じように、いまだ幅広い問題に直面している。**麻薬のような暴力と、何気ない侮辱を許容することによって与えられる社会的な刺激が合わさると、あとは着火するだけの火炎瓶を持っている状態になる。**スタジアムを無菌化したいわけではないが、軽度の無秩序を取り締まらなければ、マルセイユで見られたような行為を真似する人は現れ続けるだろう。

ニューヨーク市長ルディ・ジュリアーニの有名な「割れ窓ゼロ」政策の全体的な意義について専門家たちの意見が一致しているわけではないが、些細な犯罪に対する「ゼロ・トレランス（不寛容）」のアプローチによって、1990年代のニューヨークの深刻な犯罪件数が、前例のない規模で減少したことは、多くの人が認めている。

レフェリーを「ホモ」と呼んだり、女性の副審の外見を中傷したりする人がいたとき、笑って肩をすくめるファンたちは、次はここで述べたことをよく考えてほしい。サッカーの運営組織によるさらなる対策は必要だ。だが、それだけが問題だというふりをするのはやめようではないか。

古代オリンピックが物語ること

クロノスの丘の斜面に立つと、スポーツのみならず、人生において決定的に重要なものを見渡せる。上には神話でゼウスが世界の支配者の座をかけて父親と格闘したと言われる頂上があり、下にはアルフィオス川で区切られた青々とした聖域がある。ここで、**歴史上最も偉大な祭典**がおこなわれたのだ。人間の偉業を示す楕円形のメタファーである競走のトラックはまだそこに残っている。

２０２１年５月８日、私たちはギリシャ全土から駆けつけた３万人の観客が古代のスポーツのヒーローたちを称える喧騒を想像しながら、そのトラックを実際に走ることを許可された。アリストファネス、ソフォクレス、プラトンといった人物はみんな古代オリンピックを観戦しに行ったという。それは部分的にはゼウスへの巡礼だったが、**究極的にはスポーツを楽しみたいという普遍的な欲求を満たすため**であった。

歴史家のルキアノスはこう書いている。「ああ、この場面は言葉だけでは表現できない。君も実際に生で体験するべきだ。歓声をあげる群衆に混ざって、選手の勇気、優れた容姿、驚くべき肉体の調和、不屈の決意、飽くなき勝利への情熱を称賛する、すばらしい喜びを」

太陽光線を利用して点火されたオリンピックの聖火はウェスタの処女によってヘラ神殿の崩れた

跡地から運ばれ、ロンドン東部へ旅をした。この象徴的儀式は強力だが、中途半端でもある。古代オリンピアの遺跡での聖火リレーはおこなわれなかったのだ。それは、古代の競技の力をプロパガンダに利用したいヒトラーの強い要望によってつくられた催しだという。

ある意味で、ヒトラーを責めることなどできるだろうか？　古代オリンピックの規模は驚異的だった。歴史家によると、それは紀元前776年に始まり、中断なく1200年近く続いた。それは飢饉も、疫病も、知識や道徳の大変動も、そしてほとんど止むことがなかった戦争も乗り越えた。オリンピックは実質的に、古代と前近代を結びつける一貫した主導的概念であった。

言うまでもなく、それに比べたら近代オリンピックは未発達だ。仮に近代オリンピックが1896年のピエール・ド・クーベルタン男爵の働きかけによってではなく、1066年のウィリアム征服王のノルマン・コンクエストのときに始まっていたとしても、古代の先祖の壮大な規模と肩を並べられるようになるには何十年も足りない。

古代オリンピックは、なぜ一度の中止もなく続いたのだろうか（近代オリンピックはすでに戦争で中止になったことがある）。歴史家たちはその答えを見つけられずにいる。答えの一つは、異教信仰の統率力かもしれない。競技はゼウスを称え、その怒りを鎮めるために必要だとみなされていた。古代世界の七不思議の一つであるオリンピアのゼウス像は、競技場からわずか数ヤード（数メートル）のところに立っていて、その目は威圧感をたたえてかすかに輝いていたという。

もう一つの理由は、単純な政治的強制力かもしれない。アテネの民主主義は、金で雇われた軍隊ではなく投票権のある民衆が戦い出資するという形をとり、戦争における軍事的基盤を変えた。さまざまな体育場で運動能力と肉体的な強さが育てられたのは、部分的には肉体の美しさの追求と、当時主流だった同性にエロティシズムを感じる文化のためだったが、夷狄《いてき》を追い払える戦闘力を築くためでもあった。

しかし何よりも、**古代オリンピックが長く続いたのは、競走、ヒロイズム、ドラマといった、今日でも残るスポーツの諸要素に対する信仰があったからだ**。

世界で最大級に立派なアスリートたちが偉大な賞をかけてスポーツで競う様子を見るときの感情の高まりを称えたのは詩人だけではない。哲学者や歴史家、政治家も心を奪われた。聖者であったテュアナのアポロニオスはこう述べたという。「天に誓って言おう！　神々にとってこれほど快く、愛おしいものは人の世にないと」

このような視点で見ると、現代のスポーツも現代特有の現象とは言えなくなるだろう。商業主義的な道具やテレビのカメラを取り払えば、それは古代までさかのぼる儀式の、最新の形態にすぎない。何の競技であれ、それは人間であることの条件に等しいだろう。

ほかの何よりもまさにこの理由で、**スポーツは一貫して神話化されてきた**。ヴィクトリア朝時代の人々はスポーツが人格を涵養すると論じた。今日の政治家は、スポーツはあらゆる社会的病理の万能薬だと主張する。だが、ギリシャ人ほどスポーツを熱心に布教した人たちはいない。ソクラテスは、スポーツの修練が徳をつくると論じた。プラトンは、スポーツは誘惑に対する抵抗力を強めると論じた。これらの主張にエビデンスがあるか否かは、今日と同じように重要ではない。スポーツの道徳的、社会的、政治的重要性は、昔もいまも、必要な神話であった。

古代オリンピックを完全に終わらせたのはキリスト教だ。ローマ皇帝テオドシウス1世が異教の偶像崇拝を批判し、祭典は禁止された。スポーツ界の中心地はオリンピアからローマへと移り、競われるのは陸上競技から、コロッセオ（剣闘士試合）やチルコ・マッシモ（戦車競技）で知られる、より命に関わる競技になった。スポーツは血に飢えた回り道をしたのだ。

だが、オリンピアの神域を歩いて古代の遺跡を観察すると、古代と現代の間のへその緒のような結びつきを発見できる。競技場の入口には、多くの偉大なアスリートたちが像で記念されている。競技に勝つことはその人自身の栄誉のみならず、その人の故郷の町の栄誉でもあった。今日もそうであるように、勝利は政治的な宣伝の重要な道具であった。そうならないように、多くの都市がエリートの訓練場に公金を投じていた。

その結果、プロフェッショナリズムが出てくるのは避けられなかった。近代オリンピックの優勝者に賞金がないように、古代の勝者にもオリーブの冠しか与えられなかった。だが、勝利が持つ商業的な影響力はとても大きかった。勝者は故郷の町からの賞金を期待できたし、大会の運営者にとっては、もっと低級の祭典に参加してもらう金銭的動機にもなった。そのため、勝者へのへつらいは類を見ないほど激しかった。アクラガスのエクサイネトスが紀元前412年に短距離走で二度目の優勝を果たしたとき、彼は300台の戦車に護送されてシチリア島に帰り、彼の入場のために都市の外壁の一部が壊されたという。

ところが、大きな報酬は大きな誘惑にもなる。当時は違法薬物は存在しなかったが、古代オリンピックでもさまざまな方法で不正が見られた。なかでも目立ってはびこっていたのが八百長だ。最初に記録された事例は紀元前388年で、テッサリアのエウポルスが3人のボクサーに賄賂を渡して負けるように頼んだという。それ以降、不正には巨額の罰金が科され、その収入で警告を発するための像がつくられた。その多くは、競技場跡に入る通路に今日も残っている。ある像のもとには「オリンピアで勝利するのは金ではなく足の速さと体の強さだ」という警告が記されている。

他方で、古代オリンピックと近代オリンピックには違いもある。その最も顕著な例は、オリンピアの男子選手たちは裸で競技しなければならなかったことだ（女性は競技への参加も観戦も許されていなかった）。これは部分的には、走者が服につまずかないようにという現実的な理由からだったが、究極的には、同性にエロティシズムを感じる文化の表れでもあった。ギリシャの社会は男色を推奨しており、年上の男性が性的な獲物を求めて体育場をうろついていることもあったのだ。

裸であることは、ギリシャの歴史を通じて保守主義と戦い続けた民主主義的な感覚への連帯の印でもあった。衣服や、その他の階級を示すものを取り去り、貴族と下層階級が平等に競い合うのだ。

審判の前では、万人が平等だった。

だが、近代のオリンピックと同様、能力主義の考え方は簡単に誇張された。フルタイムで訓練できる財力がある人だけが成功のチャンスをつかめた。勝利すれば多額の報酬がもらえることでこの基本原則は曲げられたが、仕事を休んで一定期間集中してトレーニングをするのは貧しい人にとっては大きなリスクだった。実際、身分による特権は見えない壁となっていた。**勝利の冠は社会の裕福な層に集中していた**のだ。ほぼすべての競技で裕福な国がメダルをたくさん取っている今日と同じ構図である。

聖火の点火の儀式の最高潮は、聖火が人力でアテネのパナシナイコスタジアムに運ばれる場面だろう。そこではロンドンへの引き渡しのセレモニーがおこなわれる。聖火がイギリスに到着すると、人口の9割が一時間以内に到着できる（と宣伝されている）ルートを回る。何千人もの人が見物に繰り出すとされている。

ギリシャ人はもちろん、オリンピックという運動の震源地にいることを誇りに思っている。何百人もの人がリハーサルを見ていたし、さらに多くの人が本番を見るだろう。だが、ギリシャ人は明白で苦しい皮肉に見舞われている。国際オリンピック委員会は、近代オリンピックをその生みの親である偉大な文明と結びつけるために、オリンピアが持つ象徴性を大いに必要としている。古代ギリシャは世界のなかで類を見ない重要性を持っている。それとのつながりをアピールすることは、近代オリンピックに正統性と強力な意味を与える。

しかし、今日のギリシャとの関係を進んで強調したいと誰が思うだろうか？　ユーロ圏全体を危険な状態にしかねないデフォルトの危機にひんする経済の機能不全や総選挙の試みなどは、集団的な神経衰弱のように見える。オリンピアを案内してくれたガイドはこう言っていた。「私の仕事はギリシャの過去の栄光について語ることです。しかし未来は暗いので、涙が出てきそうです。100世代にわたって続く栄光が古代ギリシャ以外にあるかどうかわかりません」

だが、ギリシャが国を挙げての自己反省に取り組んでいる間にも、人類の偉大な発明の一つであるオリンピックは守られるだろう。現在のオリンピックの守護者たちは、信頼を損なうこともたくさんしてきたにもかかわらず、世界的な広がりと名声を高め続けてきた。そして、汚職への対応が不十分などの理由で、仮に国際オリンピック委員会のもとでの大会が衰退しても、大会の根底にある儀式としての意義が損なわれないことは確かだろう。

オリンピアが証明するもの、それは、人間が生きている限りスポーツが存在するということにほかならない。

V
Icons

第5章　スポーツのアイコンたち

この章で紹介する伝説的な人物たちは、全員が「真の勝者（The Greatest）」とは言えない。たとえば、ランス・アームストロングは、インチキによって栄光への道をつかみ、最後の最後まで告発者を中傷した人物として記憶されるのが正当だろう。

だが、ここで取り上げるすべての象徴的人物は、何らかの方法で、本書で触れたテーマを照らし出している。ロジャー・バニスター、ミハエル・シューマッハ、ビリー・ジーン・キング、マルチナ・ナブラチロワたちの物語や功績のなかに、偉大さの基礎をなす性質を見出せる。それは勇気、回復力、決意、そしてもちろん、プレッシャーのなかで戦う能力だ。

暗い側面を持つ人物もいる。たとえばジェイク・ラモッタは、ミドル級チャンピオンになる前に女性をレイプしたソシオパスのミソジニストだ。だがそのことは何よりも、スポーツで頂点に立つ人は必ずしもロールモデルではないと示している。競技の場で見せる資質は、そのまま私生活に当てはまるわけではない。

この章の最後では、最も有名なアスリートについて考察する。その人物、モハメド・アリの並外れた人生には、本書のテーマがすべて一体となって存在している。アリは偉大なスポーツマンだったし、アメリカと広い世界の歴史と意識をわずかに変えた文化的なアイコンでもあった。彼はリング上の敢闘だけでなく、良心を貫いた勇気や多くの欠点、そして人種隔離という傷を抱えた小さな町に生まれたが勇気を出して「世界を揺るがす」ために立ち上がった生い立ちによって、私たちの心を動かす。

間違いなく、彼こそが、最も偉大な人物だった。

カミングアウトで社会に一石を投じた

ビリー・ジーン・キング

ビリー・ジーン・キングは自伝『Billie Jean』でこう振り返っている。「私は人生を通して、自分がいるべき場所をつくるために物事を変えようと挑戦してきたと思う」。彼女はとても長い間戦ってきたので、戦いから身を引こうと思っても、拳を下ろすのは難しかっただろう。1970年代と1980年代に彼女が性差別と同性愛嫌悪に対して挑んだ聖戦は、1960年代と1970年代にモハメド・アリが人種差別とベトナム戦争に対して挑んだ戦いと同じくらい革命的だった。**キングとアリはともに世界を揺るがした**のだ。

かつてキングを中傷したスポーツ界や政界が、単にキングを認めるだけでなく積極的に受け入れているということは、事態がどれほど進歩したかを示している。「ビリー・ジーン・キング・ナショナル・テニス・センターですって。なかなか良い響きじゃない？」と彼女は愛らしい笑みを浮かべながら言った。私たちは2006年の夏に彼女を称えて改称されたフラッシング・メドウズ・パークのテニス施設にある、彼女の部屋で面会した。

63歳のキングと対面するのは、まるで**人間の竜巻に遭遇する**みたいだった。「なぜジャーナリズムの世界に入ったの？」と彼女は私に尋ねた。「なぜ大学に行ったの？　この先の人生は何をするつもり?」。彼女は矢継ぎ早に質問してくるので、私が質問する番がないかもしれないと心配になった。少し間が空いたとき私はこちらから質問する糸口をつかんだが、彼女はあまりに活発に答えるものだから、メモの手が追いつかなかった。「どれ、手伝ってあげましょう」と彼女は言って、自分の言葉を書き留めはじめた。

90分後にふらふらになりながら暇乞いをしたとき、彼女は私にビリー・ジーン・キングの知恵の宝庫から取り出した言葉が書き連ねてあるA4の紙をくれた。「何事にも私情を挟んではだめ」「常に人を許しましょう」「何においても正直さが大事」「メディアの90%は男性に支配されていることを忘れないで」

1981年春、ロナルド・レーガンが新しい大統領になり、トム・ワトソンが全英オープンで優勝したとき、キングはフロリダのトーナメントの第一試合でスー・ロリンソンに敗北した。故障しがちな膝を抱えた37歳という年齢だった元世界一位は、四大大会のシングルスで12回の優勝を果たしたときのフォームを取り戻そうともがいていた。

キングはホテルに戻ると、ピンク色のメッセージカードに気づいた。それは『ロサンゼルス・タイムズ』紙の記者から、「訴訟」について尋ねる電話があったと知らせるものだった。キングはすぐに、元アシスタントのマリリン・バーネットが彼女との5年間の不倫関係を公表し、慰謝料を請求すると脅していると分かった。

2日後、キングは記者会見を開いて、バーネットと性的な関係にあったことを認めた。それは間違いなくスポーツ史のなかで最も論争を呼んだ性的なカミングアウトだろう。

「当時は悪夢だった」とキングは語った。「テニスのツアーに出場する選手のなかにも、間違いなくほかの競技の選手にも、レズビアンの人はいたけれど、それを公表する人は誰もいなかった。何週間も、みんなが私の恋愛生活について話しているような気がした。私はまだラリー・キングと結婚していたから、割と同情的な人たちでも、私がラリーの信頼を裏切ったと思ってた——実際そうだったんだけどね。アメリカ人の多くはこの不倫騒動にショックを受けたわ」

当時は、同性愛嫌悪が見て見ぬふりをされたばかりか、支配層によって積極的に支持された時代だった。その数年前、アメリカの連邦最高裁は性的指向が理由で解雇された教師の訴えを審理するのを拒否した。1978年には、ノースカロライナのゲイの男性が同意に基づく交際だったのに刑務所に入れられたという事件があったが、最高裁は各州がソドミー法（同性間性行為を犯罪とする法律）を施行する権利を妨げないという判決を出した。

しかし、キングの記者会見は、多くの人が望んだようなリベラルな声をあげるものではなかった。彼女は同性愛の不倫関係を認めたが、渋々だったので、同性愛者の権利活動家たちを仰天させた。「私は同性愛者と呼ばれることを好みません。自分は同性愛者ではないと思います」と彼女は言ったのだ。彼女はその後の活動でそれを補って余りある成果をあげたが、現在に至るまでその発言をとても後悔している。

「当時、私はほかの多数の人たちと同じくらい同性愛嫌悪だった。それは言っておかなければならないわ」と彼女は振り返る。「私は同性愛がめったに話題にならない家庭で育ったけれども、話題になるとき、私の父は否定的な考えをはっきり述べた。そのせいで私は混乱していたから、裁判の1年後にラリーのもとに戻って、偽りの人生を生き続けたんだ」

「マリリンと一緒にいたとき、私は罪の意識に苛まれていた。神様が見てるのに間違ったことをしている——そう信じるように育てられてきたから。それに、ラリーを裏切るのは悪いことだと思っていたから。さらに、事態が明るみになれば、まだ黎明期だった女子テニスを台無しにしてしまうかもしれないと思ったから。たとえるなら、私はただクローゼットに閉じこもっていただけじゃなくて、クローゼットの奥深くの角に隠れていた。ドアが乱暴に開けられてしまったときのために、自分とクローゼットのドアの間にレンガの壁をつくろうと必死だった」

いままでは、自分のセクシュアリティを気楽に認められますか？　と私は尋ねた。「そうね、でもそれは**生涯をかけた努力**だった」。元テニス選手のイラナ・クロスと長年のパートナー関係にあるキングは言う。「自分を完全に受け入れられたのは、51歳になってからだった。頭では、自分のセクシュアリティに何も違和感を覚えていなかったけど、頭でどう考えるかではなく、心がどう感じるかが問題だった。いまの境地に至るまで13年間のセラピーが必要だったけど、うまくいってうれしいわ。決して手遅れということはないってわけね」

キングのカミングアウトの影響はとても大きかった。カミングアウトから1年以内に、エイボンが女性のテニス大会のスポンサーを降り、キングはその次の3シーズンにわたり、エンドースメント契約で得られるはずだった150万ドル（約2億3000万円）以上を失ったと見積もられている。彼女のカミングアウトは同性愛に関する国民の論調が変わる分岐点となったが、偏見は今日でも広く残っている。そのことは、『タイムズ』紙に連載されたグレアム・ル・ソー（チェルシーFCやサウサンプトンFCなどで活躍したサッカー選手。異性愛者だったが、同性愛の疑いをかけられてバッシングされた）の自伝でも、痛いほど示されている。

「まだまだ完璧とは言いがたい状況だわね」とキングは言う。「**人々の心や考えを変えるためには何世代もかかる**。私たちは300年前に奴隷制をやっていて、その影響は今日でもまだ残っているでしょ。差別に対する多くの戦いに勝利してきたけど、戦いはまだまだ続くんだ」

モハメド・アリの不朽のライバル

ジョー・フレージャー

ジョー・フレージャーが試合を続行しようと決意していたのは痛ましくもあり、道徳的な意味で重要なことでもあった。プロボクシングの試合の歴史上最も興奮で沸き立つ展開を14ラウンドにわたって繰り広げた後、その厳つい顔は腫れ上がって原型をとどめていなかったが、フレージャーは最後のラウンド開始のカウントダウンを聞き、立ち上がろうとした。

これまでに二度戦ったことのあるチャンピオン、モハメド・アリが疲れ切っていたにもかかわらず、フレージャーには勝ち目はなかった。2011年11月8日、がんとの戦いに敗れて67歳で力尽きてしまったフレージャーはそのとき、もはやアリのパンチを見切れず、それを防ぐことも絶望的なほど不可能だった。前のラウンドでは、アリが紙吹雪のようにフックを浴びせるなか、フレージャーは粘り強く、しかし惨めな様子で、リングの中心に立ち尽くした。しかし、**プライドとそれまでにじっくりと育ってきた敵意**ゆえに、彼は第15ラウンド開始のゴングに応えようとした。「まだ戦いたい」。トレーナーのエディ・フッチの手が肩に優しく触れ、フレージャーを椅子に押し戻したときに、彼はこう言ったという。「**戦わなきゃならないんだ**」

「ジョー、もう無理だよ」。フッチは悲しそうに、だが決然とした口調で答えた。「お前は強い打撃を受けすぎた。これ以上やられるのを見たくない」

その言葉で、フレージャーはコーチというよりも父親に近いフッチに従い、頭を垂れた。ボクシング史上最も偉大な試合が幕を閉じたのである。

この「スリラー・イン・マニラ」はフレージャーのキャリアで最後の試合でもなかったし、最も収益をあげた試合でもなかったが、彼の人生の軸となった。みんながこの試合について話すし、すべてのドキュメンタリー制作者がこの試合の分析をしたがる。そしてこの試合は、フレージャー自身の心にも何度も何度もよみがえるものとなった。それはアリから受けた打撃だけが理由ではない。

もっと重大で、限りなくフレージャーの心をすり減らしたのは、この未曾有の試合の準備期間に向けられ続けた嘲笑だった。

もちろん、アリが出る試合においてはどれも、試合前の舌戦はおなじみの出来事だった。1971年3月のアリとフレージャーの初戦の準備期間には、アリはフレージャーを「アンクル・トム」と呼んだ。これは、当時のアメリカがベトナム戦争や公民権運動で騒がしい時期を迎えるなかで、フレージャーを白人の支配層の手先だと印象づけるための中傷だった。二人の黒人男性の試合を人種の平等のための代理戦争として売り出すことのおかしさは、気にされなかったようだ。

フレージャーのほうは、アリに貼られたレッテルに腹を立て、記者会見やテレビのインタビューで自分は進歩的な人物だとアピールしようとした。だが、しゃべりではフレージャーはアリにまったく及ばなかった。アリの明晰な言葉に一矢報いることができる可能性は、リングの上にしかなかったのだ。

試合そのものは、4年後のマニラの試合のような始終続く激しさはなかったけれども、すばらしかった。チケットはとても人気だったため、フランク・シナトラでさえも『ライフ』誌のカメラマンの替え玉という形でしかリング脇の席を取れなかったほどだ。ベトナム戦争への徴兵を拒否して3年間の休業から復帰したアリはリングの端で戦ったのに対し、フレージャー（アリの休業中にタイトルを獲得していた）は果敢に前に出た。第15ラウンドでフレージャーが猛烈な左フックでアリをリングの床に倒したとき、判定の結果はほぼ確実となった。

最後にフレージャーは、まるで勝利の瞬間に悪魔祓いをしたかのように微笑んだ。「彼（アリ）が倒れたとき、俺たちはどっちもくたくただった」と彼は言った。「彼が起き上がったときに俺が考えてたことは、俺があの晩ずっと考えてたことさ。パンチを打て。ただパンチを打つんだ。クレイ（1964年にアリが改名する前の名前）のやつにはしゃべらせておけ、とね。俺がやらねばならんのはパンチを打つことだけだったよ」

しかし、1975年のマニラでの試合の準備期間（その前に彼らはもう一戦しており、アリが勝っていた）、試合の宣伝のための口上は個人攻撃になった。アリのポエムに記者団は熱狂した。「マニラに行って　ゴリラを倒す　ぞくっとスリラー　ゴリラ　キラー」。アリは、ポケットサイズの猿のぬいぐるみを毎日トレーニング拠点に持っていき、それを相手に見立てて馬鹿にするということまで始め、フレージャーを「まぬけ」で「低能」と嘲笑した。

「ジョー・フレージャーみたいな醜い顔の奴は、顔を野生生物局に寄贈したほうがいいんじゃないか」と、試合まで1週間を切ったときにアリはジョークを言った。これを世界中が笑っている間、フレージャーはさらに殻に閉じこもるようになった。フレージャーを近くで見ていた人たちによると、試合は個人的なものになり、フレージャーのアリに対する憎悪はほとんど強迫観念と言えるほど高まっていた。

「ゴングが鳴ったらアリは答えを受け取るだろうよ」。フレージャーは笑いながら、平静を装って言った。「何が起こるかあいつもわかってるだろう」

仮にフレージャーがマニラで勝っていたら、アリを許す心の余裕が生まれたかもしれない。だが負けたことで、フレージャーの恨みはより大きくなったようだ。1990年代にアリの伝記のためにインタビューを受けたとき、フレージャーの辛辣な態度は著者のトマス・ハウザーを驚かせた。「20年間、俺はアリと戦ってきたが、いまだって彼をずたずたにして、イエスのもとに送り返してやりたいんだ」とフレージャーは語った。「彼はマニラでは俺をぐらつかせ、そして勝った。だが、俺は彼を来たときよりも痛めつけて帰してやったよ。いまの彼を見るがいい。いいとこがなくなってるじゃないか［…］彼はもうおしまいだが、俺はまだここにこうしているんだからな」

私が、マニラの戦いから30年経った2005年にフレージャーにインタビューをしたとき、彼は**許すことの重要性**について語った。しかし心の奥底で思っていることについて尋ねてみると、彼は言葉に詰まり、いまにも泣き出しそうだった。

「アリに投げつけられた言葉で、俺の心にはあざができた」とフレージャーはゆっくり語った。「何年もあいつのことを夢に見て、痛めつけてやりたいと思っていたよ。でも、そんなネチネチした思いは窓から投げ捨てるべきなんだろうな」

フレージャーは誇り高く礼儀正しい人で、いつも快くインタビューに応じた。彼はまた、ヘビー級で最高レベルの選手であり、1964年にオリンピックで金メダルを取ったし、1970年にはジミー・エリスに勝ってヘビー級の統一王座を手にした。だが、アリとのライバル関係、リング上でアリと分かち合った痛み、そしてリングの外で二人が味わったそれぞれの苦しみが、フレージャーを定義するものとして常に記憶されるだろう。

アリはというと、謝罪している。「ジョーがまだ怒っているとしたら謝りたい。傷つけてすまなかった」とアリは言った。「彼なしでは私の業績はなかったし、私なしでは彼の業績はなかった。もし神が私を聖戦に呼ぶなら、ジョー・フレージャーにも一緒に戦ってほしいと思う」

だが、最も痛ましい悲劇は、スポーツ界で最も偉大で不朽のライバル関係にあったこの二人の人物が、決して完全には和解できなかったということだ。

勝負のスリルをひたすらに求めた
ジミー・コナーズ

「僕はいつもコートに爪痕を残した。サンノゼでの一回戦であろうと、ウィンブルドンの決勝であろうと、全力を出していた。どんな試合でも、『やってやろうじゃないか。相手のほうが才能が上だろうと、良いショットを打とうと、関係ない。一つ一つの結果を出すだけだ』という心構えだったよ。それはなんともすばらしい気持ちだった」

スポーツ界で最も偉大な闘士に数えられるこの人の燃え盛る魂に関して、一つだけはっきりしていることがある。ジミー・コナーズは**競技テニスのスリルを恋しく思っている**のだ。

まるでバリトンがコントラルトの真似をしているかのようなかすれた高い声で話す、この二度のウィンブルドン優勝者は、スポーツにおける勇気の限界を塗り替えた数々の試合について話が及ぶと、発煙筒のように燃え上がった。

「コートにいるときが一番幸せだったとは言わないけど、完全に自由だった」と彼は振り返る。「家族のしがらみからも、自分自身の悩みからも自由だった。本当の意味で、自分が別人だった。コートは、自分が負けるという発想が許せない場所だった。僕は自分を奮い立たせて、対戦相手に憎悪に近いものを抱き、誰かがジミー・コナーズを踏み台にして有名になることを嫌悪したんだ」

チャンピオンの世界は紋切り型だが、コナーズの考え方にははっとさせられる。彼のテニスに対する態度は単なる情熱ではなく、形而上学的な領域に及ぶものだ。「誰かと勝負をして自分の力量を測る、コートこそ自分のいるべき場所だった」と彼は言う。「僕は人に見てもらうために戦っていたわけじゃない。**戦う理由は心の奥底から湧き上がってくるものだった**」

それがどれほど深いものだったかは、インタビューを進め、最近亡くなった父親との難しい関係について彼が明かした際に明らかになった。

コナーズのキャリアは血の気の多い苦労人の伝説のようなものだ。敬服すべき母親の指導と手引きを受けてイリノイ州イーストセントルイスから彗星のごとく現れた彼は、1972年にプロとして初めてのタイトルを獲得した。その後、彼は5年連続で世界ランキング1位になり、四大大会で8度優勝した。1991年には39歳という年齢で驚異的な連勝を重ねて全米オープンの準決勝まで登り、国民を笑顔にした。

テニスの男子シングルスにおいて、彼の通算タイトル獲得数の109に並ぶ者はいない。

しかし、コナーズが倒せなかった敵が一つあった。「僕は三世代にわたる選手たちと戦った。レーバーやローズウォールの世代に始まり、ボルグやマッケンローの世代、最後にサンプラスやアガシの世代だ。**僕は誰も恐れなかった。けれども、太刀打ちできなかった相手が一人だけいる。それは、年齢だ**」

「年齢は何よりも腹立たしかった。自分ではまだタイトルを争う能力があると思っているのに、身体がばらばらになるんだ。いま、新入りたちと戦ったら、彼らが勝つだろう。でも、彼らは本当のジミー・コナーズには勝てっこないよ」

光が消えていくことに対するコナーズの思いは、「憤怒」という言葉では正当に表現できない。1999年、自分の崩れつつある体のせいでシニアツアーでうまく戦えなくなっていると気づいたとき、彼は幻影のように姿を消した。5年にわたり、彼は試合への出場を拒否しており、ウィンブルドンがテレビでやっているときは家を出るのだった。「そのようなイベントが開催されているのに、僕はそこに参加できていない。そのことに耐えられなかった」と彼は言った。「僕は年齢に追い詰められ、折り合いをつけるのに苦労した。僕だってあそこで戦いたかったんだ」。このような発言から、興味深い問いが出てくる。それは「なぜ？」という問いだ。何が彼をこれほどまでに駆り立てるのか？　彼が逃げ出すしかないと感じた「苦痛」とは何だったのか？

多くの人は、コナーズのコーチ兼メンターだった母親、グロリア・トンプソンとの関係が深くて暗い影を落としているのではないかと噂する。だがコナーズ自身は、彼を幼児から気難しいチャンピオンにまで育てあげた女性について同情的なコメントをしている。

「いろいろ噂はあるけど、母は過度にでしゃばりというわけではなかったよ」と彼は説明する。「彼女は僕を理解してくれて、勝ったときも負けたときもそばにいてくれた」。二人はいまも仲が良い。コナーズは母親(82歳になり、まだイリノイ州に住んでいる)のもとを10日ごとに訪ねている。

しかし、コナーズと父親の関係は、もっときわどいものだった。

「父は試合に来たことがない」。父親について話すようになだめすかしてやっと、コナーズは口ごもりながら言った。「彼は僕がテニスで残した功績に貢献していない。彼はとても高慢な人だった」

父親に愛していると言われたことはあるか? と私は尋ねた。「いや、ないね。それが、子育ての大きな反面教師になった。息子[26歳の大学院生でロサンゼルスに住んでいる」に愛していると1週間も言わないと、何かがとてもおかしいという気持ちになる」

コナーズの成功への超自然的な意欲はひとえに愛情がない父親に認めてもらうためだった、とまとめてしまうのは表面的だろう。だが、間違いなくそのような側面もあったのだ。父親と和解できたのか、私はコナーズに尋ねた。

「手遅れになってから、父の死に際に、僕たちはいろいろと話したよ」と彼は言った。

「それで心が軽くなったらいいと思っていたわけではなかったし、彼も僕を安心させようなんて思っていなかったけれども、ああして言葉を交わせたことはうれしい」

いまでは53歳になったコナーズは、ロサンゼルスから飛行機で1時間のところにある西海岸の町、モンテシトに住んでおり、30年近く前にアメリカでのパーティで出会った『プレイボーイ』誌のプレイメイトのパティと結婚している。テニス引退後の生活を気楽に送っていると彼は言うが（犬の散歩をしたり、「日々のやることをやったり」すると語った）、その言葉には、かすかに、しかし独特な空虚さの響きが感じられる。これはおそらく、とても多くを捧げてきたものを失った場合に避けられない結果なのだろう。

コナーズのテニスとの激動の関係は恋愛に似ている。今年の夏には二度目のウィンブルドンの解説をBBCでする予定になっているが、コメントするときの彼は、まるで若い男のもとへ行ってしまった元恋人に思いをめぐらせているようだ。彼の分析は粗く、ときには物悲しいが、説得力がある。もし、マイクをほったらかして手にラケットを握って、喧騒が直に聞こえるコートに戻れるなら、彼は何でもするだろうということが伝わってくる。

「競技テニスのスリルに代わるものは何もない」と彼は言う。「でも、それなしで生きることを学ばなくてはならない。二度と戻ってはこないからね」

栄光の時代に多くの人に喜びを与えたことは慰めにはならないのだろうかと私は尋ねた。彼は肯定したが、確信が持てない様子だった。おそらく、競技をあまりに深く愛する人には、永続的な慰めは訪れないのだろう。

ジャック・ニクラスとジャッキー・スチュワート

1時間に及んだジャック・ニクラスとジャッキー・スチュワートへのインタビューのうち、この偉大な二人が生き生きしだしたのは最後の数分になってからだった。ニクラスが泊まっているセント・アンドリュースのオールド・コース・ホテルのスイートルームの奥にいたニクラスのエージェントが、立ち上がって何の騒ぎかと見に来たほどだ。

最初の45分間、私たちは勝利、逆境、愛、結婚生活、名声、死すべき運命について話した。ニクラスもスチュワートも、思慮深さと高い自己認識で定評のある60代の人に期待されるような、賢く温かいコメントをした。ニクラスは静かだがはきはきと話し、人情味があって、次々に話題が移る。まるで髭のないガンダルフだ。スチュワートはもっと気まぐれで、闘志が感じられる。その筋張った体格からは強い茶目っ気が感じられた。

二人とも、家族の大切さと妻への感謝（いずれも40年以上連れ添っている）について語った。名声というものの幻のような性質と、自己実現の場はスポーツの戦場の外にあるという信念についても語った。感じの良い謙遜とともに、自分たちの引退後のキャリアはスターになったからこそ築けたのだということも語った。「もし選手としてあれほど成功していなかったら、今頃ゴルフコースを設計していたかもしれないなんて、冗談でも思いません」とニクラスは言った。「偶然の機会なんてものはこの世にはなくて、いろいろな扉は私のために開かれていたんです」

だが、比較的つまらないと思われた「クラッチパット」（ここぞというときのパット）についての質問（「ミスをしたらどうなるかと、自分の心が心配しないようにするのは難しいですか？」）に答えるとき、ニクラスはガスバーナーのように輝きだした。まるで1000ボルトの電流が流れたようだった。やがてスチュワートも熱い会話に参入した。**幅広い関心のなかで、この二人はほかの何よりもある一つのことを熱狂的に追い求めていた。それは勝つための技術だ。**

「ネガティブなことは考えちゃいけないんですよ」とニクラスは、不道徳の危険性を警告する伝道者のように主張した。「私は考えませんでした。勝負のパットは常にチャンスだと思っていて、脅威だと思ったことはありません。多くの選手は、この心理的なトリックを使えないのですけど」

「トーナメントに勝利するために6フィートのパットを決めなければならないとき、幸せな気持ちでした。そのために自分は努力してきたのですから。心が高ぶり、なんと楽しかったことか。パットを打たせてほしい！　ってね」彼は立ち上がらんばかりの勢いで力説した。スチュワートはうなずいていた。「**心をどう操作するかにすべてがかかっているんです**」とスチュワートは言った。

「あらゆるネガティブな感情を排除しなければなりません。なぜなら、それは成功か失敗かを決める瞬間に、自分にとって邪魔になるからです。勝利するための鍵は、熱くなっているときでも自分をコントロールできていることです。モータースポーツでは、危険についても考えなければなりません。1968年には、4カ月連続でドライバーが命を落としたこともありました」

ワールドチャンピオンの座を三度獲得したことのあるスコットランド人のスチュワートに私は、わかりきったリスクがあるなかで彼を成功の追求に駆り立てたのは何だったのかと尋ねた。すると、ここでも私は激しい返答を受け取った。「私の野望の98％は、自分の力を証明したいという思いが元になっていました。私は学校で落ちこぼれだったから。学校時代は私の人生のなかで、辛く屈辱的な時期だったんです。私がディスレクシアと診断されたのは42歳になってからです。息子が検査を受けて、私も受けるべきだと言われて発覚しました。自分は馬鹿なのではないかといつも気に病んでいたから、診断されたときは肩の荷が下りた思いでしたよ」

「授業中にみんなの前で教科書を音読するように言われたとき、できませんでした。ページには単語が散乱しているようにしか見えなかったからです。私は顔を真っ赤にし、ほかの子どもたちはニヤニヤ笑い始めました。とても屈辱的でした」

「学校時代の不安を乗り越えたいという思いで、今日までやってきました。私はいまもアルファベットがわからない。読み書きもちゃんとできない。国歌の歌詞もよくわからない。主の祈りの文を朗唱することもできない。ディスレクシアであることで、自分の力を証明しなければと余計に思うようになったんです」

では、野望を刷り込むことは可能なのか？　グリッドについたときや6フィートのパットを打とうとするときに平静を保つスキルは、誰かに教えられるものなのだろうか？　スコットランド王立銀行のグローバル・アンバサダーである二人は天を仰いだ。「心理学者が言うことですね！　私は心理学者をもれなく嘲笑していますよ」とニクラスは言った。「心理学者は何を知っているというんですか？　すべては机上の空論でしょう。彼らが教えるのは一度もやられたことのないルーティーンです」

「タイガー（・ウッズ）やフィル（・ミケルソン）やレティーフ（・グーセン）にプレーの仕方を教えられますか？　**そういうことは、自分で見つけなきゃならないんです**」

最も偉大なゴルファーとしての自らの地位に正当な形で対抗しうる唯一の人物であるタイガー・ウッズに対して、ニクラスはどのような感情を抱いているのだろうか？　すでにメジャー大会で12回の優勝を果たしたウッズがニクラスの18回という記録に届かないように、自分がその記録を保持し続けられるようにと、密かに願っているのだろうか？　ニクラスは以前、記録は破られるためにあると言ったが、自分の王座を狙う人たちに対して対抗意識を持っていることも認めている。

「もちろん、私の記録が続くほうがいいですよ」とニクラスは言った。突然、彼の雰囲気は愛称の「ゴールデンベア」よりもグリズリーに近くなった。「タイガーがまた優勝しても、祝福はしないでしょうね」。スチュワートも含む多くの偉大なスポーツマンと同じように、ニクラスは恐るべき競争心と同じくらいの率直さを併せ持っていたのである。

マルチナ・ナブラチロワ
自分を追い込み人間性を高め続けた

マルチナ・ナブラチロワの人生は、**一つの永続する革命**である——多くの試練や苦しみ、多くの不正な仕打ちや抑圧、多くの劇的な生活の変化や個人的な改革があったので、そうみなされるのは自然なことだろう。彼女の人生には、毎年新たな哲学が、毎月新たな試練が、毎日潜在的な分岐点が訪れていた。

たとえば、1975年の夏。18歳のナブラチロワは故郷の村ジェヴニツェのベロウンカ川の土手を、継父と話しながら歩いていた。彼女は目に涙を浮かべ、心のなかでは恐怖と希望が戦っていた。彼女の花開きつつあったテニスのキャリアは、共産主義体制下のチェコスロバキアのテニス連盟によって危機にひんしており、彼女は今度の全米オープンの際にアメリカに亡命するかどうか悩み、苦しんでいたのだ。

運命のサイコロには残酷な細工がされていた。亡命は、彼女が二度と故郷に戻れないこと、家族が弾圧を受けるかもしれないこと、一人ぼっちの異国で自分で自分の身を守らなければならないことを意味した。継父は、最後の機会だろうから亡命するといいと言ったが、秘密警察に噂を聞きつけられないために、このことを誰にも一言も言ってはならないと釘を刺した。

数日後、彼女はロウアーマンハッタンにある出入国管理及び移民局本部の最上階の部屋に閉じこもり、書類にサインした。その書類は冷戦下で最大級に注目されたスポーツ選手の亡命を保証するものとなった。

たとえば、1975年の秋。ナブラチロワはついに自分の性的指向を理解した。女性と一晩を過ごした後、こう思った。「そう、たぶん私は同性愛者だ。私の人生はさらにややこしくなるだろう。多くのスポンサーを失うかもしれない。離れていくファンもいるかもしれない。でも、自分自身を、自分の本質を否定するつもりはない」。6年後、彼女はニューヨークの『デイリーニューズ』紙に同性愛であることをすっぱ抜かれた。それは生まれて間もない女子テニスの大会の開催を脅かすものであり、保守的なアメリカを怒らせるものだった。

たとえば、1981年のある日、当時24歳のナブラチロワがリタ・メイ・ブラウンとの関係を終わらせようと決意したとき。ブラウンはナブラチロワの3人目の本気のガールフレンドで、ヴァージニア州シャーロッツビル出身の作家だった。二人は暴力的な口論になり、ナブラチロワがBMWで走り去ろうとしたとき、ブラウンは銃を手にして引き金を引いた。報道によると、銃弾は助手席のヘッドレストを貫通してフロントガラスを粉々にしたという。それは、愛はうきうきするものであると同時に危険なものでもあると、ナブラチロワが学んだ瞬間だった。

たとえば、1981年にナブラチロワがナンシー・リーバーマンと恋に落ちたとき。リーバーマンは元バスケットボール選手で、ナブラチロワの襟首をつかまえて、トレーニング方法を変えなければならないと説得したのだった。「ナンシーは、私が自分で可能だと思っていた以上に私を押し上げてくれました」とナブラチロワは言う。「彼女に会ったことで、すべてが変わったんです。それまでは、私は目的もなく型通りにトレーニングをこなしていただけでした」

25歳になるまで、ナブラチロワは四大大会で二度しか優勝していなかった。だが次の9年間、彼女は四大大会のシングルスで16度の優勝を果たし（そのうち9回はウィンブルドンだ）、スポーツのプロフェッショナリズムの姿を塗り替えた。

その後も、ラケットを振り回せる回数よりも多くの分かれ道が彼女の人生にはあった。そのすべてのおかげで、ウィンブルドンの放送センターで私の向かいに座っている、魅力的で、複雑で、温かく、愛情に満ち、急進的で、明るく、情熱的で、チャーミングな50歳の女性ができたのだった。

彼女は美しかった。テレビで見るのと生で見るのとで、ここまで印象が違う人はなかなかいない。彼女の緑色の瞳は生命力に満ちあふれ、笑顔は人情味をたたえ、その額からは、あらゆる偏見に直面してきた人特有の機知が伝わってくる。１９８０年代のテニス界を冷酷に席巻した気性が荒く近づきがたい女性という、歪曲されたイメージには驚かされる。**どうして私たちは、彼女に対する間違ったイメージを長年持っていたのだろうか？**

ナブラチロワはくすくす笑った。「報道機関は、その人がどう受け止められるかを決める大きな力を持っていますからね」と彼女は言う。

「ネガティブなイメージを振り払うのは難しいです。彼らが選ぶ、私の現役時代の写真からもそれがわかります。私はけっこう写真写りがいいほうなんですが、『スポーツ・イラストレイテッド』誌の表紙には最悪な写真が選ばれました。微笑みながらコートに近づいているクリス（・エバート）と、一度だけ悪い判定があったときに叫んでいる私が並んでいるんです。でも彼らはそれを見せたかったんですよ。クリスはアメリカの普通の女の子で、私はたくましいレズビアン、というふうにね。それに関してはどうにもできません」

それは嫌だったのか？

「もちろん。だって私はそんな人間じゃないですから。あるときクリスに聞いたんです。『どうしてあなたのイメージはそんなに良くて、私のイメージはとても悪くて厳しいのかしら？　どうしてあなたはファンにそんなに好かれているの？　ファンからの手紙になんて返しているの？』って。クリスはただにやりと笑って、手紙はゴミ箱に放り込んでいると言いました。私はというと、ある人に多額のお金を払ってファンレターの返事を書いてもらっていたんですよ。『どこで間違えたの？　どうしてみんな、クリスを愛するように私を愛してくれないの？』という気持ちでしたよ」。しかし、現在のナブラチロワは人々に愛されている。「時間はかかったけど、その域にたどり着いたのね」と彼女は言う。「いまでは、私は言いたいことをほとんど何でも言えて、それでもやっていける。すばらしいことだと思います。がんばってきたのだから当然だと思うけど、長い時間がかかりました。私も人間的に成長して、30年前よりは断然近づきやすくなりました。でも、私はみんながつくり上げたイメージみたいな鬼ではなかったんですよ」

インタビューの前、私は放送席にいて、ＢＢＣの中継で試合の実況をするナブラチロワの隣に座っていた。実況ブースはセンターコートの北西の角、客席の3列目と同じ高さにあり、長方形の窓がコートに面している。まるで郵便受けの穴から円形劇場を覗き見ているようだ。ナブラチロワの隣には、デビスカップでイギリス代表を務めたアンドリュー・キャッスルがおり、ナブラチロワはずっと楽しそうにしていた。私たちのインタビューの30分後には、彼女はＢＢＣのハイライト番組でその日の試合の分析をする予定になっていた。

私は、話を盛り上げるためにわざと反対意見を述べるという失態を犯し、ボールを打ってネットを越えさせるという些細な活動に人生を捧げるのは賢明なのだろうか、とナブラチロワに尋ねた。すると彼女は嘲るように笑った。「なんて質問でしょう」。そしてこう答えた。

「**私には、最高の自分になる義務があった**んです。自分がどこまで行けるかを知るために。自分を追い込まなければ、いつも後悔しますよ。それこそが努力の美しい点なんです。努力しなければ、限界がどこにあるかもわかりません。私は自分がどれだけ高いレベルに上がれるかに気づいた後は、『タイトルをいくつ獲得できるだろうか？』と考えていました」

その哲学とは違う考え方をする人を見ると腹が立つかどうか、私は尋ねた。

「フェリシアーノ・ロペス（2007年6月28日にティム・ヘンマンを破った）のように、とても才能があるのにとても怠惰な選手がいます。彼は偽物です。もっと上まで行けるのに。彼には素質と才能があるのに、充分な仕事をしていません」

セリーナ・ウィリアムズはどうか？

「セリーナは厳密には怠惰だとは思いません。そのような人ではありませんから。でも、彼女はほかのことに気を取られすぎて、テニスを優先していないですね。お姉さんが亡くなったことがどれほど影響しているか、過小評価はできませんが、自分の限界を探らないことは罪であると、私は言っておきます」

しかし、ナブラチロワ自身も、その罪に加担したことはないのか？

「ありますよ、ナンシーに出会う前まではそうでした」。テニス以上に、愛がナブラチロワの存在を決定づけているのだ。彼女の足跡には常に恋人の姿があるが、その理由を理解するのも難しくない。彼女は愛されることと同じく愛することを切望する、情熱的で、美しく、か弱い女性なのだ。「私はいつもパートナーを求めていました」と彼女は語る。「孤独になりたくなかったんです。いつだって、一人の人と永遠に人生を過ごしたいと思っていました。何かすてきなことがあったとき、それを分かち合いたくなる性分なんです。悪いことなら、一人で対処できます。おいしいマンゴーがあったら、それを半分に切って分け合いたい。『あなたにも食べてもらいたいの』という思いですね。美しい夕日が見られたら、それも分かち合いたい。一人だけで夕日を見るのは、この世で一番寂しい気持ちになる行為でしょう」

彼女のこれまでの関係は、愛とスポーツ、どちらにも大きな影響を与えた強烈な経験にほかならない。年上の女性との最初の恋愛は、ナブラチロワに自分の性的指向を自覚させた。その後のブラウンは、周囲の世界をもっと深く考えることを彼女に教えた。そしてリーバーマンは、彼女のテニスに対する態度を変え、彼女がスポーツにおいて偉大な人物となる道を整備した。

さらに、ジュディ・ネルソンとの関係がある。ネルソンは美人コンテストの元優勝者で、ナブラチロワと出会ったときには結婚していて、子どもが二人いた。ナブラチロワとネルソンは9年の親密な時期を過ごしたが、ナブラチロワが立ち去ると、ネルソンは1500万ドル（およそ750ポンド）（約23億円）の慰謝料を求めてナブラチロワを訴えた。ナブラチロワが裁判で争う姿勢を見せたことは、同性同士の関係にも異性との関係と同じ義務を課されるべきだと考える同性愛者の権利活動家を怒らせた。しかし、ナブラチロワは自分が間違っていたとは思っていない。

「ゲイかストレートかはこの話に関係ありません。すべては、私が世界1位の選手であったという事実とはまったく関係のない人に、私が稼いだ額の半分を与えるべきではないという思いによるものです」と彼女は主張する。

「私は彼女に会う前からトップ選手でしたし、別れてからもそうでした。それがすべてです。異性愛のカップルに対しても同じように考えます。子どもがいれば、その世話をする保証をしなければなりません。けれども、自分が財を成したことが相手には何も関係なかった場合、それを半分に分けようとはなりませんよね」。結局、二人は和解で解決した。

ナブラチロワは現在のパートナーとは7年間一緒にいて、愛も生活もとても満たされていると公言している。子どもはほしいと思うか、私は尋ねた。「自分の生物学的な子どもを持つには歳を取りすぎています。もう更年期ですから。でもいつか、一人か二人、養子をとりたいと思います」と彼女は答えた。

時間が経っても、性的指向を理由に彼女を嫌った（そして現在も嫌っている）人々に対する憤りは、完全にはなくならないという。

「私は同性愛者を牢屋に入れる、共産主義の国で育ちました。私にはそれが理解できませんでした。自分が同性愛者だと気づく前からです。人を愛することは何も間違っていないと私は思います。だから謝罪したりはしません。そしていまでも、**なぜ自分には他人を裁く筋合いがあると思っている人がいるのか、本当に理解に苦しみます**」

レッテルをばねに歴史を変えた
マイケル・フェルプス

それは歴史を変えた奇妙な瞬間だった。1997年、アメリカのメリーランド州ボルティモアの労働者階級出身の、内気で「問題のある」生徒が、「人生で何事も成し遂げられないだろう」と告げられた。それは、少ない給料のなか過労でストレスが溜まっている学校の教師の多くが言う、問題児に対してさじを投げたという表明だ。だが、そのときその場所で若く不安定な人生を送っていたマイケル・フェルプスにとっては、すべてを変える言葉だった。

「そのときどう感じたか、いまでも覚えています」と、フェルプスはマンチェスターで受けた2009年末のインタビューで語った。「ちょうどまじめに水泳を始めた頃で、教師の言葉は心の奥深くに焼きついたようでした。**僕は注意欠如・多動症（ADHD）で、周りになじめず、学校では居場所がないような気によくなっていました。**でも僕は思ったんです。『**どう思おうと勝手だけど、僕は先生が間違っていることを証明してやる**』と。どうしてそんなに火がついたのかわかりませんが、とにかくそうなったんです」

その日から今日まで、フェルプスの人生は不可能なことを追い求める一つの長い犠牲であった。彼の日々のルーティーンは神経症的と言えるほど苛酷で、それをやるのはマゾヒズムにも近い域に達するほどだ。彼はただ単に勝ちたいだけでなく、懐疑心を持って信じない人たちを改心させるような目標を立てたいと思っているのだ。それはまるで、みんなが間違っているのだと永遠に証明し続けることを楽しんでいるかのようだ。

フェルプスが北京オリンピックの前に8枚目の金メダルを目指すと宣言したとき、オーストラリアの水泳の偉人イアン・ソープは、それは達成不可能だろうと述べた（それも無理はない）。フェルプスの返答は、ソープのその傷つく発言を書いた紙を自分のロッカーに貼り、中国に発つ日まで毎日それを見つめるというものだった。

「**みんなが僕を疑っていると、それが巨大なモチベーションになります**。ネガティブな言葉は、日々僕を水中で動かしてくれる燃料のようです」

「無理だろうと思われていることを僕は達成できるんだと見せてやりたいんです。最初は学校の教師に対してでしたが、いまではインターネットを見て、フェルプスにできっこないと思っている人を探します。選手だろうとジャーナリストだろうと、誰でもです」

「その人たちが否定的であればあるほど、僕はやり遂げようと固く決意し、やり遂げられるという確信を持ちます。わかりますか？　心に野望を秘めていれば、それがどのようなものであろうと、何も僕を止められないのです、何も」

自身の野望の性質と強さについて語るフェルプスは、ほとんど病的にも見えた。しかし、もちろんこれこそが、偉大さの本質なのである。

フェルプスは、ボルティモア郡のレイクポイント地区に1985年に生まれた。両親は数年後に離婚し、母親(フェルプスは彼女を「賢く、タフで、驚異的な強さを持ったすばらしい女性」と表現している)はほとんど一人で息子と二人の娘を育てた。しかし早い時期から、幼いフェルプスは何事にも数秒間も集中できないことがはっきりしていた。

「幼い頃、僕はただ常に動き回っていただけではなかった。静かに座っていられなかったのだ」とフェルプスは自伝に書いている。「ペンや鉛筆を持たせれば、指でくるくるもてあそんだ。カメラに向かっていろいろな表情をつくった。どこにでも登った。決して黙らなかった。何に対しても疑問が湧き、少なくとも答えをもらえるまでは質問するのをやめなかった」

そのため、彼はクラスメートになじむのにとても苦労し、教師たちには手のつけられない子どもだと思われたのである。

フェルプスは6年生のときにADHDの治療のためにリタリンを処方され、しばらくの間、それを一日に三回服用していた。だが、究極の救いは、プールで見つかった。「水泳を始めてからすぐに、プールは安全な避難所だと気づいた」と彼は述べている。「両端に壁があり、両サイドにレーンを区切るラインがある。底の黒い縞は進むべき方向を示してくれる。僕が速く泳げる理由の一部は、プールにいると心が落ち着くからだとわかった。水のなかにいると、初めて自分をコントロールできていると感じた」

私はインタビューで、彼の野心がここまで大きくなったのと、人々の間違いを証明してやろうと思って鼓舞されるのは、学校時代に疎外されていた結果なのかと尋ねた。「はい、部分的には確実にそうだと思います」というのが彼の答えだった。「**自分の力を証明するというのは、人に認められ、自分は本当は何者なのかを示す方法です**。北京で8枚目の金メダルを取った後、母と抱き合っているときも、僕の心にはあの教師とその言葉がよぎっていましたよ。それはそれは、爽快な気分でした！」。卒業以来、その教師には会ったのだろうか？「会っていません。でも、もし会えたら、とても良い気分でしょうね」

北京オリンピックでの活躍によって、彼の知名度は世界中で一変し、「サタデー・ナイト・ライブ」などのアメリカの人気テレビ番組への出演依頼が来るようになったが、異なる面も注目されるようになった。1月、『ニューズ・オブ・ザ・ワールド』紙の一面に、フェルプスがマリファナを吸う水パイプを使っている写真が掲載された。フェルプスは「誤った判断をし、悔やまれるおこないをしてしまった」と認め、アメリカ水泳連盟は彼を3カ月の出場停止処分にした。

その写真はプライベートへの不当な侵入だったのか、あるいはセレブには避けられない出来事だったのだろうか。「メディアはずっとそういうやり方をしてきたと思います」と彼は言った。「スポーツはますます人目につくものになってきているので、一定のレベルに達したら、メディアがプライベートな生活にまで興味を持つという事実は受け入れなければなりません。それはもちろん、付き合う人や、誰を信じるかに注意しなければならないということでもあります。僕も自分の失敗から学んでいるといいですが」ら学ばなくてはならないということです。しかしそれはまた、失敗か

いま、フェルプスは2012年のロンドンオリンピック、および歴史に対する再度の挑戦をしっかりと見据えている。彼はすでに2010年1月から禁止されるポリウレタン100％の超高速水着の使用をやめており、その結果として、2009年12月19日のデュエル・イン・ザ・プールでの200メートルバタフライのように、何度か負けている。だがそれでも彼は心配していない。「いまから2012年までにやることはすべて、オリンピックでベストを尽くすための準備です」と彼は言う。「できるだけ早く新しい水着を使い始めるべきなのは馬鹿でもわかりますよ」

ロンドンオリンピックの目標を決めたかという質問には、彼は笑ってこう答えた。「はい、考えて、書き出しました。でも、しばらくはほかの人に言うつもりはありません。母でさえも知りませんよ。それを見られるただ一人の人物はボブだけです［フェルプスのコーチを長年務めるボブ・ボウマン］」

フェルプスはいまでも、自分の居場所がまったくわからないアウトサイダーのようなオーラをまとっている。おそらくそれが、彼のプロのアスリートとしての強さであり、来たるロンドン大会においてオリンピックの覇者の座をめぐって彼と戦うことをライバルたちが恐れるべき理由なのだ。フェルプスには、プールの厳しさの外に居心地の良い場所を持っていないようだ。

難しい目標を達成できるかどうか、自分の能力を疑ったことはあるのだろうか。誹謗してくる人たちの間違いを証明できないかもしれないと思ったことはあるのだろうか。「**何かに情熱を持って取り組めば、何があっても成功するはずです**」と彼は言う。

「みんな、僕にはすごい才能があるといいますが、傑出することは才能とは関係ないと僕は思います。**大事なのは、何を信じるか、達成するという決意がどれだけ強いかです**。心は、何よりも強力なんですよ」

文武両道を極めた20世紀の偉人の一人

ロジャー・バニスター

ロジャー・バニスターを20世紀の偉人の一人と表現するのは、いろいろな意味で、控えめすぎる。1954年に彼が「1マイル4分の壁」を打ち破ったことは、心理学と歴史が複雑にからみ合う理由から、世界を魅了したスポーツの分岐点であったと言える。

彼は『スポーツ・イラストレイテッド』誌の第一回のスポーツマン・オブ・ザ・イヤー（現スポーツパーソン・オブ・ザ・イヤー）に選出され、1953年にリーダーとしてイギリス・エベレスト登山隊を成功させたジョン・ハントや、世界一周を果たしたヨット乗りフランシス・チチェスターらと並ぶ戦後イギリスの先駆者なかでも、新世代の一人として称賛された。

だが、少なくとも今日の私たちが使う言葉の意味では、バニスターは厳密にはスポーツマンではなかった。現代の用法だと、スポーツは職業であり、ほかの何物にも邪魔されない、パフォーマンス向上のとどまるところのない追求である。偉大なスポーツマンになるのは、いろいろな意味で、わざと狭い視野を持つことだ。

バニスターはそうではなかった。1マイルの世界記録を破る数週間前、1954年の夏にトレーニングをしているときも、医者だった彼は医学の道に邁進していた。彼はアマチュア精神の代表格であるだけでなく、現在普及しているのとは根本的に異なるスポーツ概念の代表格だった。

「私はいまでも不思議に思う。1760ヤード（1マイル、約1・6キロメートル）の間、片足をもう片足の前にできるだけ速く出すという、本質からして単純で重要でない行為が、かくも重要なスポーツの偉業として称賛されるなんて」と、彼は回想録『The First Four Minutes』に書いている。「神経学における私の功績のほうが、ランナーとしての功績よりもはるかに重要なのだが」

2012年3月23日に、83歳になったバニスターに、私はオックスフォード郊外にある彼の庭つきアパートで面会した。大きな窓から日光が差し込み、彼と57年以上連れ添っている優しい妻モイラがお茶を注いでくれた。バニスターはブレザーとネクタイをスマートに着こなしており、会話を始めると彼の目は輝きだした。

話題は、まるで20世紀の歴史を列車で旅しているかのように移り変わった。第二次世界大戦、アマチュアリズムの時代、スポーツ評議会の設立（バニスターが初代会長だった）、医学のイノベーション、ウィンストン・チャーチルとの面会、バッキンガム宮殿での叙勲、学界での生活——話題は尽きなかった。

だが、最もおもしろかったのは、スポーツに関する哲学についての話になったときだ。「**スポーツが総じて極端になりすぎているのではないかと、ときどき思います**」と彼は言った。「週に数回サッカーやランニングをするといった、レクリエーションとしてのスポーツをするのはすばらしいことです。健康にも、活力にも良いですから」

「けれども、プロフェッショナルのスポーツはしばしば、それとはだいぶ違います。報酬が出るので、限界まで自分を追い込みたいと思うのは避けられません。しかし、これは必ずしも幸福につながらないのですよ。激しいトレーニングはけがや病気のもととなることも多いです。免疫システムが消耗してしまうのです。プロのスポーツ選手の様子や、故障者のリストを見れば、それがどれだけ危険かすぐわかります」

バニスターの情熱は常にスポーツの外まで広がっており、彼の人生はさまざまな関心で織りなされたタペストリーのようだ。1マイル4分の壁を壊し、大英帝国コモンウェルスゲームズの1マイルと欧州選手権の1500メートルでも優勝した年の後半、彼は医学に集中するために引退した。神経学における先駆的な研究と並んで、のちに彼はスポーツ政策に深く傾倒するようになり、1985年からの8年間はオックスフォード大学ペンブローク・カレッジの学寮長も務めた。

モイラによると、バニスターが起きている時間の一部を学問に使わなかった日はないという。「私たちが若い頃、家族でこぢんまりとした別荘に滞在したときもロジャーは、朝の時間を勉強、読書、研究に使いました」と彼女は言った。「彼は新しいことを学ぶのが好きです。そうしているときが最も幸せなんだと思います」

バニスターは言う。「**興味深い仕事に従事しているときに、人間は最も満たされる**のだといつも思っていました。素人の道楽で学問をやる人生はすてきに聞こえますが、すぐに満足できないものになります」

バニスターの医学におけるキャリアは伝説的なものだ。40年以上にわたり彼は世界で最大級に卓越した神経学者という確固たる評価を得てきた。教科書を執筆し、多数の論文を刊行し、自律神経系に関する理解の幅を広げた独自の研究を展開した。２００５年には、アメリカ神経学会から生涯功労賞を授与された。

「私が思うに、神経学は医学のなかで最も興味深い分野です」と彼は言う。「脳と中枢神経系は、心理学や行動科学のような、そのほかのあらゆるものとつながっています。医学者としてのキャリアを始めたばかりのとき、同僚たちの要求するレベルは高かったです。元アスリートだった私は、自分の本当にやりたいことは医学なのだと、努力して彼らを納得させなければなりませんでした。でも、医局長になる頃までには、彼らも納得していたと思います」

バニスターが医学において最も独創的な貢献をしたのは、兵役の一環で１９５７年に王立陸軍医療隊に出向していたときだった。イエメンの港町アデンに派遣された彼は、現地にいる軍人が暑さで体調を崩して倒れ、命を落としてしまう理由を調査するように指示されていた。「そこは気温が華氏130度（摂氏約54度）、湿度が60％までになる、荒れ果てた土地でした。世界でも最大級に苛酷な気候だったのです」と彼は振り返る。

「私は兵士たちとジェベル［山］を登ったり下りたりしました。病気や死亡の原因を探らなければならなかったので、重要な研究でした」

ロンドンに戻ると、バニスターは異例の実験をおこなった。自分に発熱物質を注射し、体温を危険なレベルに高めたのだ。「私の仮説を検証するためには、誰かが実験をしなければならなかったので、自分でやったんです」と彼は語る。「危険でしたが、私の仮説を実証する機会、そして人々の命を救う機会になりました」

モイラはこう振り返る。「ロジャーが実験を終えて家に帰ってきたとき、ロジャーだとわかりませんでした。顔が深緑色になっていたのです」

退職してからも、バニスターはエネルギーをまったく失っていない。彼は木彫りを始めた。満足のいく長い努力の成果であるかわいい猫の飾りが、マントルピースの上に鎮座している。彼はウォーキングのサークルのメンバーでもあり、ほかの引退した学者やその妻たちと一緒に、読書会もおこなっている。

「ちょうどバークの『フランス革命についての省察』（光文社ほか）を読み終えたところです。次は、国際銀行制度に関する本を読みます」

モイラも同じようにアクティブだ。ともに人生を歩んできたロジャーにとって、彼女は大きな支えである（彼はスポーツでお金をまったく稼がなかったので、二人はいつも慎ましく暮らしてきた）。彼女はいまだにポストに届く夫へのファンレターの返信を手伝い、アマチュアの画家としても活動している（彼女の立派な風景画は、そのアパートから見える景色だとはっきりわかった）。二人には4人の子どもと、14人の孫がいる。

バニスターはオリンピックでメダルを獲得したことはないけれども（1952年のヘルシンキオリンピックでは1500メートルで4位になった）、オリンピックに関する生き生きとした思い出がある。それは10代の彼が、1948年のロンドンオリンピックで選手団長を補佐するボランティアをやったときのことだ。

開会式が始まる少し前、イギリスだけ行進の際に掲げる国旗がないことが発覚した。「私は選手団長の車の荷室から国旗を取ってくるようにと言われてジープに乗せられました」とバニスターは振り返る。「陸軍の軍曹が運転していて、私は渋滞を抜けるために警笛を鳴らし続けていました。私たちは車を見つけましたが、鍵を持っていなかったので、窓を叩き壊しました。とても渋滞していて戻るのが間に合わなかったので、私はジープを降りて走らなければならず、残り数秒というときに到着したのです。入場行進のビデオを見ると、イギリスの国旗だけほかの国より小さいのがわかりますよ」

2時間のインタビューを終えた後も、バニスターの非凡な人生のほんの表面にしか触れられなかったのではないかという気がした。彼との面会は、イギリスの歴史の重要人物と対面することだったが、いまよりも優しく、もっと洗練されていた時代を垣間見ることでもあった。バニスターは**知識人であり、愛国者であり、とてつもなく名誉ある人物だ。**あらゆる意味で、彼は偉大なイギリス人なのである。

グローバル資本主義の絶大な宣伝力を有した

タイガー・ウッズ

認めよう。私はタイガー・ウッズのすべてにだまされていた。私にとって、彼は堂々たる新しいタイプのスポーツマンの代表だった。輝かしく、大胆で、熱心に努力し、とても落ち着いていて驚くほどハンサムだ。私は彼の強烈な笑顔に魅了されていた。

家族の価値観のようなことについては、本当に考えたこともなかった。少なくとも意識的なレベルでは。もちろん、彼が父親と母親に愛情を込めて敬意を表する言葉を読んだことがあるし、彼が妻や子どもたちと写っている柔らかな雰囲気の写真を眺めたこともあるが、そのようなくだらないものを私は気にしないと思っていた。私がウッズを愛する理由はそこではないからだ。

私が愛していたのは、彼のゴルフだ。ウッズがメジャー大会の最終ラウンドで雄叫びをあげる様子や、競争から脱落して元気をなくす様子を見て釘づけになった、何百万という観衆の一人が私だ。

私は、ニック・ファルド、モンティ、そしてもっと後の世代のリー・ウェストウッドやルーク・ドナルドといった同郷人たちよりも、ウッズが好きだったとさえ言える。愛国心に欠ける告白かもしれないが、事実そうだったのだ。

彼の肌の色にまつわる話は特に感動的だ。カリフォルニア州オレンジ郡で育った子どもが、秘儀めいたルール、融通の利かないエチケット、カントリークラブの狭量さといったゴルフ独特の文化に衝撃を与え続けているのだ。ああ、終盤のホールの周りを大股で歩く様子、拳を突き上げ、魔法使いの杖のようにパターを振り回す様子、太陽の光を反射してきらめくナイキのロゴ――ほとんど破壊的だったと言ってもいい。

しかし、これらの記憶は、単なる私の想像がつくり出した虚構だったのだろうか？　本当に起こったのだろうか？　ここで述べたようなウッズに関する現象を振り返ってみると、もはや本当にわけがわからなくなる。見かけと現実を区別する境界がわからない。自分が実際に見たものと、自分が見たと思い込んでいるものの区別ができない。だまされたように感じるが、自分で自分をだましていたのかもしれない。

私の混乱はシンプルだ。**ウッズの私生活に関する暴露があってから、私のウッズに対する見方は根本的に変わってしまった**。少なくとも、以前のように心から彼を好きではないし、彼の勝ち負けを気に留めていない。２年半ぶりに大会で優勝し、来週からのマスターズに向けての良い足がかりをつくった２０１２年３月24日の夜に何度も見られたように、彼が長いパットを決めても椅子から飛び上がりはしない。輝きが失われてしまったのだ。

だが、なぜだろうか？　ウッズは確かに、さまざまなバーのホステスと何度か情事があり、ベラージオでは太い葉巻をくわえてシャンパンを飲みながら通行人をナンパしていたかもしれない。そこまで大きな問題だろうか？　性的関係は同意のあるものだったし、シャンパンの代金も払っているし、不倫に関して言えば、究極的には彼と彼の妻の間の問題ではないだろうか？　彼の私生活でのおこないが、なぜ公的な人物としての彼の評価に影響を与えるのだろうか？　それがゴルファーとしてのウッズをどう思うかに関係するのは、一体なぜなのだろうか？

スポーツマンとしては、ウッズは何も変わっていない。フォームは変わっていたけれども。しかし、フォームを見失ったりスイングのやり方を変えたりしたからといって、私たちが彼を好きでなくなったことはなかった。私たちが（少なくとも私が）**彼を好きでなくなったのは、完璧な人物という彼のイメージが崩れた時点だ**。何も変わらないだろうと思っていたが、変わってしまったのだ。

このことについて考えるといつも、ショックを受ける。というのも、私がげす野郎だと明らかになるからだ。広告業界や、とりわけＩＭＧ（ウッズが所属していたマネジメント会社）のとても賢いマネージャーたちは、家族を愛する道徳的に立派な全アメリカ人のヒーローという位置づけをすることで、ウッズが世界中で最大級に強い宣伝力になりうると計算していた。彼らはそのために、大衆雑誌に載った優しい雰囲気の写真で妻エリンの視線がどこに向いているかという話に至るまで、価値あるストーリーを語り尽くしていた。

教養ある人は、何が起こっているかを知っていた。私は、グローバル資本主義のイメージキャラクターであり、最新の消費者心理学の理論の体現者であるウッズについての記事を何十本と書いてきた。彼がボルティモアから北京に至る各地の消費者に影響を与えるからくりを私は見抜いていたし、そのメカニズムを理解していた。気づけなかったのは、私もどうしようもない人の一人だったということだ。私も、グローバルな広告業界の手のひらの上で踊らされていたのだが、それには気づかなかった。

ウッズへの愛が終わってしまったことを、ほかにどうやって説明できるだろうか？　私のウッズへの愛が彼の性的なスキャンダルの発覚によってすっかり消えてしまったとすると、少なくとも部分的には、私の愛は彼の高潔さという神話の上に成り立っていたことになる。私の思いとは別に、それは私の意識に感知されずに、心の奥深くに根づいていたに違いない。タイガー・ウッズ効果の魔法にかかっていたのはアメリカの中産階級だけではない。私もそうだし、おそらくは読者のみなさんもそうだったのだ。

そしてそれは、ゴルフコースにいる彼に惹かれるという点にとどまらない。これを書いているとき、私はジレットを使っていることに気づいた。単なる剃刀とシェービングジェルではなく、あの数週間ごとに取り替えなければならない馬鹿みたいに高い刃がついているやつだ（おそらく製造コストは1つあたりわずか5ペンス（約10円）だろうが、2・50ポンド（約500円）で売られている）。なぜ自分がこのブランドを選んでいるのか、正直考えたことがない。同じくらいの性能の、もっと安い代用品はたくさんあるはずなのだが。それでも何も考えず、ほとんど機械的にジレットを買っている。

ウッズが出演している広告が脳裏の奥深くに焼きついており、私はそれに踊らされたのだ。

さらに、ほとんど毎週、スポーツをするときに、私はナイキを着る。ナイキのTシャツは、あのロゴを除いてはほかのTシャツとほとんど変わらない。あのロゴは私のパフォーマンスを改善するわけではまったくないが、私に財布を出させて多額の上乗せされた代金を払わせる。もちろん、ウッズだけのせいではない。マイケル・ジョーダンなどのほかの広告塔も、心理的に爪痕を残している。だが真実は変わらない。つまり、私は踊らされているということだ。

ウッズは、多くの多国籍企業の広告から降板させられた。理由は単純だ。アメリカの中産階級が彼を愛さなくなったとわかったからだ。しかしどのような形であれ、彼が償いをすれば、人々の人気は戻ってくるだろう。特に贖罪という感傷にほだされる文化においては、マスターズ優勝が償いとみなされるかもしれない。だが、世界中の消費行動を形づくるという彼の前代未聞の能力は、ほぼ永遠に失われてしまった。それでも私たちはその商品を買うが、それは何を買うかという選択が、それを生み出した広告戦略よりも長続きする傾向があるからにすぎない。


広告の力はよく指摘されるが、私たちは自分自身ではなくほかの人たちを例に考える。だが一歩引いて、自分が買っている商品や、自分が持っている信念を振り返ってみよう。じっくり考えれば、そしてあなたが私と同じように影響されやすい質であるなら、自分の合理的な決断は、目に見えず感知できないサブリミナルな力の産物であると気づき始めるだろう。マルクスはこれを虚偽意識と呼んだ。なかなか良い名づけだ。もじゃもじゃの髭を生やしていた彼自身も、広告の力を理解していたのだろう。

私はここで、何か不気味なことや、陰謀論めいたことを言いたいのではない。広告は、それなりにはオープンで透明だ。大企業が何をどのようにおこなっているか、私たちは知っている。だがそれこそがおそらく、最も恐ろしいことなのかもしれない。知っているからといって、賢く対処できるわけではない。それどころか、自分の思考の独立性を熱烈に信じている人こそ、私たちの行動を左右する見えない力に救いようもなくとらわれているのではないか、と私は思うのだ。

私たちはみんなある程度、タイガー効果を前にすると無力な存在なのだ。

ジェイク・ラモッタ

生まれながらの最強最悪のヒール

ニューヨーク57丁目と1番街が交わる角のアパートの玄関に立っていた彼は、戦前のニューヨークのブロンクス区の街頭で悪魔のような評判を確立したときからつきまとう威圧感をにじみ出していた。

彼の名は、ジェイク・ラモッタ。1970年の自伝でレイプの加害を自白したり、妻を殴ったりしたミソジニストであり、ミドル級の元世界チャンピオンであり、偉大なシュガー・レイ・ロビンソンを初めて打ち破ったボクサーであり、ボクシングの歴史のなかで最も頑丈な顎を持つと称賛された男であり、マーティン・スコセッシの1980年の画期的な伝記映画『レイジング・ブル』によって不朽の存在となったソシオパスだ。私が彼と握手をするために足早に駆け寄ると、「そんなに急いでどうするんだよ」と彼はうなった。

彼は私を、ワンルームアパートの部屋に招き入れた。小さいが居心地の良いその部屋は、マンハッタン中部の洒落た地区にあるゲートで区切られた一角の17階にある。通りの向かいには、『タイムズ』紙の元編集主幹ハリー・エヴァンスや作家・コラムニストのティナ・ブラウンの家があり、角のところには、先日亡くなったキャサリン・ヘプバーンの家があった。

86歳になるラモッタは、カラフルなバミューダショーツ（膝上までのショートパンツ）以外何も着ていなかったので、短い胴に大きな頭という、特徴的な頭でっかちの体格が強調されていた。彼の体は引き締まり、健康的だった。「そこにかけな」と彼は言い、部屋の角の鏡張りになった場所にある椅子を指した。彼の乾燥した顔には、短気さと自己満足と不思議な魅力が複雑に混ざり合って表れている。

それは1938年のことだった。大統領はフランクリン・D・ルーズベルトで、ディズニー映画『白雪姫』が一般封切りされ、ミュンヘン協定がちょうど調印され、世界恐慌がアメリカ社会の骨組みを侵食していた時期だった。当時17歳のラモッタはブロンクス区の移民のスラム街にある、ネズミがはびこる借家に家族と住んでいた。まだ若かったが、彼はすでに暴力的な小物のチンピラとしての評判を確立していた。

この若者はその日、近所で賭けをした後にはいつもポケットに数ドル入れている地元の胴元、ハリー・ゴードンを襲う方法を思案していた。ゴードンはいつも同じ道を通って家に帰っていたので、真夜中過ぎにラモッタは鉛管を新聞紙にくるんだものを持って暗い街角に身を潜めた。

ゆっくりと歩くゴードンが現れると、ラモッタは背後から忍び寄った。そして鉛管で獲物の後頭部を強打した。ゴードンはよろめいたが、立ったままだった。ラモッタはゴードンが気を失わないことに腹を立てて我を忘れ、ゴードンが倒れるまで何度も頭蓋骨を叩いた。そしてラモッタはゴードンのコートのポケットに手を伸ばし、財布を取ると姿をくらました。

次の日のある新聞に載った話は次の通りだ。「今朝4時、ブロンクス区ブルックス・アベニューの路地にて、賭博の胴元として逮捕歴があるハリー・ゴードン（45歳）が殴り殺されているのが発見された」

「ハリー・ゴードンのことは、しばらく俺の心から離れなかった」とラモッタは語る。「10年以上もの間、俺はあいつを殺しちまったと思ってた。ちょっと動揺したよ。割に合わないことをしちまったと感じたのさ。若い頃、俺はコクサッキー［有名な矯正施設］に入っていたが、別の理由［宝石店への強盗未遂］だった。警察が殺人犯を捜している間そこに入っていれば安全だろうと思ったんだよ」

「事の真相を俺が知ったのは1949年になってからだ。マルセル・セルダンに勝ってチャンピオンの座を手に入れたのを祝ってるときに、額に傷がある男がやってきた。ハリーだったんだ。『俺のこと覚えてるか？』と奴は言ったよ。幽霊が現れたみたいだった。病院に運ばれたハリーがあまりにもひどくぶちのめされてたのを見て、記者は奴がくたばったと思ったんだな。奴は退院してすぐに街を出て行ったから、それ以上のことは俺たちも知らなかった。ブロンクスは治安が悪すぎるから出てったんだとさ」

あの夜に自分を半殺しにしたのはラモッタだったと知ったときに、ハリーはどのような反応をしたのだろうか？「奴は知らなかったよ」とラモッタは答えた。「俺は奴に何も言わなかったし、俺の本が出たときには奴は死んでたからね」

ラモッタの目まぐるしい人生には、20世紀のスポーツのなかで最大級に暗い話もいくつか含まれている。彼は10代のとき、ただギャングに代わる泡銭を稼ぐ手段としてボクシングを始めたが、やがて地元のごろつきと争うようになった。**彼はすべての人に、すべてのものに腹を立てていた。**仲の良い友達に対しては、自分をだまそうとしていると疑って怒った。何人もいた妻に対しては、浮気をしているのではないかという強迫観念に駆られて怒った。ギャングに対しては、自分をコントロールしようとするのが我慢ならずに怒った。そして自分自身に対しては、自分が犯した罪のひどさを自覚して怒った。

彼は覚えている限りのすべての出来事に怒っていた。耐えられない激情の迷路に閉じ込められていたのだ。「8歳のとき、俺はもう周りの奴らに怒ってた」と彼は振り返る。「奴らが話していると、俺のことを話しているんじゃないかと思って殴ってやった。何でもないことにすごくムカついて、どうなろうと気にしない、俺が奴らを殺そうが奴らが俺を殺そうが関係ない、と思うこともあった。

そんなときは通りの向かいで爆発があっても、俺の耳には入らなかっただろうな」

ラモッタは人を殺しかねないほど予測不可能だったので、ギャングでさえも、彼がプロボクサーになったばかりの頃に交渉を断っても厳しく脅してはこなかった。当時はボクシングはあまり正統なスポーツとは言えず、むしろ犯罪の地下世界の延長にあり、多くのボクサーは稼ぎの半分を大都市のジムを仕切っていた裏社会の人物に上納しなければならなかったのだ。

7年間、タイトル争いに絡む気配のないトップ選手として過ごした後、ラモッタはようやくタイトル争いに参戦したが、それはニューヨークのギャングが指揮した無数のギャンブル不正の一環として、ビリー・フォックスとの戦いにわざと負けることで実現したのだった。ラモッタはプライドが高かったのでダウンされることはなかったが、ロープ際で何十発ものパンチを浴びて反撃しないでいると、試合は終わった。それから2年も経たないうちに、彼はマルセル・セルダンとのミドル級世界王座決定戦に挑むことができた。

「みんなフォックス戦について大げさに騒ぎすぎだったよ」とラモッタは言う。「俺は上院の委員会［1960年にボクシング界の腐敗を調査するために立ち上げられた］で証言したが、みんな馬鹿みたいに、何人たりともわざと負けることは許されないと言うんだ。俺は、ボクシングって実際にはこういうもんだったぞと教えてやるために証言しただけだ。そういうことは常にあったし、あの場で俺が負けなかったら、タイトルに挑戦するチャンスは与えられなかっただろう」

チャンピオンになるという夢を達成した後も、ラモッタは相変わらず短気だった。彼の嫉妬とパラノイアは家族や友達との軋轢を生み続けた。あるとき、彼は二人目の妻ヴィッキーと親友のピートが頻繁に会っているという悪い噂を耳にした。ラモッタは怒りに我を忘れて家に帰り、リビングでヴィッキーを何度も殴った後、ピートの職場に車で乗り込み、こてんぱんに殴りつけた。彼とピートはその後10年以上も口をきかなかったという。

ヴィッキーやほかの妻たちを殴ったことについて罪の意識を感じるか、私がラモッタに尋ねると、彼はこう答えた。「あんたの女がいて、美人で、それをほかの奴がデートに誘ったり誘惑したりしたら、あんたは腹を立てないのか？」

「そういうことだよ。そういう馬鹿がわらわらと来たんで、嫌だったのさ。俺は本気で妻を殴ったことはない。まともに殴ったらあいつらは死んでるだろう。わかるだろ、ちょっと適当に叩いただけで、全部大げさに騒がれる」

話していると、ラモッタが自分の過去と折り合いをつけていないことがますます明らかになってきた。自分の手で傷つけてきた人に時間をかけて共感できるようになり、償いを求め、ついにその方法を見つけた老人に会えるかと思っていたが、そうではなかった。ラモッタは現実逃避をしていた。彼は犯罪行為で利益を得ておきながら逃げ続ける、年老いた暴漢だった。それは1970年の自伝で告白された罪だけでなく最近のものもあり、映画『レイジング・ブル2』をつくれるほどだ。

彼の本で痛ましい描写がされている、ニューヨークで彼が起こした若い女性へのレイプ事件について尋ねると、ラモッタは正体を現し、最初は否定し、次に責任を回避しようとした。

「レイプだって？　俺は誰もレイプなんてしてないよ」と彼は言った。「では、伝記のなかで書かれていた女性については？」と私は尋ねた。ラモッタは長い間沈黙した。「まあ、俺の押しがちょっと強かっただけだろ」とついに彼は言った。「ちょっと圧力をかけてやっただけだよ。女が初めてのセックスをするときにはよくあることさ。したくなかったという素振りを見せるのさ。奴らにとってはそういう駆け引きなんだよ」

ラモッタに生で会うと、スコセッシによる立派に感傷を排除した表現も、問題の核心に触れられてはいないのだと気づかされた。『レイジング・ブル』はラモッタの人生における暴力と情念を描いていたが、彼の本質であるナルシシズムをとらえそこねていた。**彼の暴力性は単に彼のなかの怒りから出たのではなく、自分以外の人の苦しみに対するソシオパス的な無関心から生まれたのだ。**

あるとき、酒を何杯か飲み干した後、ラモッタは一人目の妻をあまりに激しく殴り、殺してしまったかと思った。アルコールの酩酊から覚めた彼の心に最初によぎったのは、自責の念ではなく、殺人が自分のボクシング選手のキャリアにどう影響するかだった。「やばいぞ、完全にやばい。最低でも3年はムショだ」。だが兄のジョーイには考えがあった。「川に投げ込んじまえ」。結局、彼女は気を失っているだけで生きているとわかったのだが。

1949年にセルダンを破った後、1951年のバレンタインデーにシュガー・レイ・ロビンソンに王座を追われるまで、ラモッタはタイトルを二度防衛した。その後、彼は3年間戦い続けたが、ついに限界に達し、引退してフロリダ州にナイトクラブを開いた。1957年、彼は14歳の少女を仲介したとして半年間投獄された。彼自身は、問題の少女を知らないと主張していたが。この50年間、彼はサイン会を開いたり、俳優やスタンドアップコメディアンとして活動したりと、公の場に出て生計を立てていた。

彼はいま、デニース・ベイカーと婚約している。彼女は離婚歴のある56歳だ。「美人じゃないかい」と、壁の写真を指して彼は言う。「彼女は俺の娘よりも若いんだ。こんな美人をどうやってつかまえるかって？　おべんちゃらを使うのさ。あいつらの聞きたいことを言う。女をおだてるのは簡単だね。あいつらは、こっちがおべっかを使ってるって知ってても気にしやしない。この写真の顔を見てごらんよ。いい顔だろ？　彼女は俺の7人目の妻になる。ラッキーセブンだ。俺にだってたまにはラッキーなこともあるのさ」

ドーピングの悪魔におぼれた堕天使

ランス・アームストロング

ランス・アームストロングに関して、長きにわたって残念がる声が聞かれた。救世主的な人物が実はライクラ素材を着用したサタンだったということ、どうしようもない不正のたくらみによって私たちの夢が奪われたことに対する悲しみだ。だが私は、真相はかなり違っていると思う。むしろ、これほど多くの人々に喜びを与えた物語は珍しいのだ。

口をすぼめて、「彼が子どもたちをがっかりさせた」とぶつぶつ言い、潔白中の潔白と思われた人が二級のペテン師のように私たちを裏切った汚さについて説教を垂れる――これほどすばらしいことはない。その底なしの喜びは、このテキサス出身のスポーツマンに関するあらゆる記事のページの下についたコメントの長さと口調によって計り知ることができる。憤激、裏切られたという感覚、彼の急転直下の没落に対する驚きは、ほとんど快感と言ってもいい。

これは「**シャーデンフロイデ**」（ドイツ語で「他人の不幸を喜ぶ」の意味）にとどまらない問題だ。何十年もの間、これは大衆メディアで繰り返され、イギリス独特の儀式とみなされている。

それはまず、ヒーロー像を組み立てるところから始まる。まるでライオンのように、その人の徳を担ぎ上げ、欠点は修正し、私たちがためらいなく愛せるような救世主的な誇張された人物像をつくり出す。そして次に、**当然の成り行きとしてライオン狩りがおこなわれる**。私たちは彼の首が切られるおもしろさを目の当たりにし、彼のかつてのヒロイズムはその腸《はらわた》を切り裂くためにぴったりの道具として使用される。

だがこれは本当は、大衆メディアやイギリス人の問題ではない。さらに根深い問題だ。それはギリシャの神話やシェイクスピアの悲劇でも見られる。サッカーの監督の処遇でも見られる。彼らは持ち上げられ、崇められ、結果に影響するあらゆる種類の神秘的な力を持っていると言われる。しかし結果が振るわなくなると、数週間調子が悪かっただけでも、彼らは生贄にされる。そこには経済的あるいはスポーツ面での合理性はないが、監督をクビにするという行為は論理の問題ではないのだ。

人類学者のジェームズ・ジョージ・フレイザーは『金枝篇』（国書刊行会ほか）において、一時的な王という現象について書いている。これは包括的な権能と欠点のない人格を持つ人物だ。彼は雨や風や作物の生育をコントロールできるとされる。だが彼の役目は統治ではなく、死ぬことだ。凶作になると彼は犠牲になり、新しい王の即位の道をつくる。このようにして、希望と浄化の儀式がまた新たに始まる。

アームストロング（やそのほかの現代の救世主）を取り巻く言説は、この原始的なパターンに沿っている。彼が道徳心の要に持ち上げられたことは、決して現実に即していなかった。薬物摂取とは別の彼の欠点に私たちは目をつむっていた。彼の激しやすさや誇大妄想や復讐心が存在しないかのようなふりをしていた。それらの証拠が否定しがたいほどたくさん出てくると、その欠点は追い込まれた勝者につきものなのだと言い訳した。**結局のところ、欠点も罪もない子羊にならないと、一時的な王の役割は果たせない**。そこに私たちは急に襲いかかるのだ。

アームストロングの騒動は何よりも、道徳的に誇張された人を私たちが愛していることを示している。ツール・ド・フランスで七度目の優勝をしようというとき、アームストロングは典型的な漫画のキャラクターだった。生き生きとして、あどけなく、登場場面では感動的なＢＧＭが流れるかのようだ。いま、彼は堕落したが、依然として漫画のキャラクター的である。陰があり、冷酷で、筋肉質の背中から黒い翼が生えていて、バックではムソルグスキーの『はげ山の一夜』がかかっている。もし彼の人生がドラマ化されるなら、充分に表現できるのはディズニーしかないだろう。

単純化は、減りつつある彼の熱心なファンの言説にも見られる。彼らは一時的な王にこだわり、王を中傷する人と問題について議論を交わしている。前者にとっては、アームストロングは広い不正の文化の一部であり、ただ群れに従っただけの存在である。後者にとっては、彼は自由な道徳的行為者で、ファンと良心を裏切った存在である。すべては許されざることを許そうとする試みにすぎないというわけだ。

よくあるように、真実はその中間にある。アームストロングが自転車レースでのドーピングを始めたわけではない。彼がその世界に入る何十年も前からドーピングはあり、彼が手を出す前から蔓延していた。ある元チームメイトによると、イギリス人のデヴィッド・ミラーを含む選手の9割が薬物を使用していたという。このドーピングの規模の大きさは、正しく振る舞いたかったかもしれない人々を堕落させる文化の力を表している。神のご加護がなければ、自分もああなっていたかもしれない、というわけだ。

だが、全員が誘惑に負けたわけではないのも事実だ。フランス人選手クリストフ・バッソンは、群れに逆らい、同調圧力が極度に強い文化のなかでも、人はみんな道徳に関する選択をしているのだと証明した。そして、アームストロングは薬物を使用するという道徳的選択をしただけでなく、告発者をいじめ、脅し、中傷するという選択もしたのだと述べておかねばならない。競技で絶好調のときに、彼の人柄の最悪な部分が前面に出たのである。

私たちに根源的に備わった、一時的な王を求める性質によって多くの試練を受けるのは、ランス・アームストロングが最初ではないし、最後でもないだろう。私たちは、ほかの多くの人々に対して長年やってていたように、あのテキサス人に私たち自身の希望や不安を投影していた。おそらく、アームストロングの人間的な欠陥はほかの大半の人よりも多いだろう。だが、**現在の私たちが持っている、悪魔的な偽物という彼のイメージは、私たちがかつて崇めた聖者のイメージと同じくらい偏っており、一面的であるのだ。**

危険を原動力とし限界に挑み続けた

ミハエル・シューマッハ

非常に多くの人が、ミハエル・シューマッハのスキーでの事故を皮肉だと表現しているのはかなり奇妙だ。人生を危険なスポーツに捧げてきた世界で最も有名なモータースポーツのドライバーがスキーリゾートのスロープでけがをするなんて、逆説的だと考えられているのだろう。

だが、どこに皮肉があるのだろうか？　スキーは危険だ。週末、シューマッハと同じ地域でスキーをしていた人は二人亡くなった。アンジュー公・カディス公のアルフォンソ、ロバート・ケネディ上院議員の息子マイケル・ケネディ、俳優のナターシャ・リチャードソンといった有名人もスキーで亡くなっている。世界で最も偉大なレーシングドライバーがシャワー室を出たり冷蔵庫を開けたりしようとしたときにけがをしたのだったら皮肉かもしれないが、およそ時速60マイル（約96キロメートル）で雪の上を爆走しているときにけがをするのは、皮肉ではないのではないか？

シューマッハがスキーを愛したのは、まさに危険だからだ。危険が彼の原動力なのだ。Ｆ1を引退した後、彼はオートバイを始め、「マルセル・ニーデルハウゼン」という偽名で何度かレースに出場した。2009年2月には、スペインのカルタヘナでおこなわれたフリー走行において転倒して頭と首の骨を折り、5カ月後にフェリペ・マッサの代理としてF1に出る予定がなくなったこともある。

また、シューマッハはスカイダイビングも始め、コロラドの渓谷から飛び降りた。バンジージャンプにも手を出した。部分的には馬術選手である妻のコリーナの影響だろうが、競馬もやってみた。2010年にはF1に復帰し、それから3年間、時速250マイル（約402キロメートル）のレーシングカーのハンドルを握った。危険と戯れるのはシューマッハにとってはスリル以上のものだった。レーゾン・デートル（存在意義）に近かったのだ。

スキーはこの抑えがたい欲望からの穏やかな逃避ではなく、欲望の一部だった。2013年12月29日に彼がヘリコプターで病院の脳外科に運ばれたリゾート地に、彼はシャレーを持っていた。彼はたびたびコースを外れ、スキルと勇気の限界を試していた。危険は承知だったのだ。むしろ、危険だからこそスキーをしていた。

昨日発表された美しい文章で、ジャーナリストのケビン・ガーサイドは、フェラーリを辞めて一時引退していた時期のシューマッハに会ったときのことを回想している。スペイン南部、アンダルシアのプライベートサーキット・アスカリで、シューマッハは一走りしようと言って、ガーサイドをマセラティに乗せた。「スタートする前、シューマッハはエンジニアにタイヤをチェックするように言った」とガーサイドは書いている。「『タイヤはぼろぼろに擦り切れている。交換しなきゃ』

とエンジニアは言う」

ところが、シューマッハは「わかった。もう一周だ」と言った。

「そして私たちはスタートしたが、第一コーナーでタイヤの残骸だったものが黒い路面に刺さり、アスファルトから火花が散っていた［…］一周目が終わりに近づき、ピットに入るように合図されると、私はついに握りしめていたドアハンドルから手を緩めて安堵した。しかし、あらかじめ知っておくべきだった。シューマッハにとって『あと一周』などなかったのだ。私たちはもう一周して、ついに彼は『よし、減速するか。リアタイヤも逝ったから』と言った」

『タイムズ』紙でモータースポーツを担当しているケビン・イーソン記者が指摘するように、危険にのぼせ上がっていたレーシングドライバーはシューマッハだけではない。ロバート・クビサはF1で第一線に立とうとしていた時期、オフシーズンにラリーに参戦した。2011年のイタリアでのクラッシュでは、危うく前腕を失うところだった。1958年の世界チャンピオン、マイク・ホーソーンは、引退の半年後にギルドフォード・バイパスA3号線で亡くなった。愛車のジャガー・サルーンでスピードを出しすぎていたと考えられている。

ある種の人々にとっては、事故は抑止力にならない。パトリック・デパイユはF1復帰前の1979年、ハンググライダーで両脚を骨折した。その翌年、彼はブレーキを改造した車をテスト走行しているときに事故で亡くなった。

ディディエ・ピローニは、1982年のドイツGPの練習中の事故で両脚を骨折した後、沖合でおこなうパワーボートレースを始めた。そして1987年にワイト島沖で事故死した。

シューマッハも、オートバイでクラッシュする以前、それなりにけがをしてきている。1999年にはシルバーストーン・サーキットで、スタート直後にブレーキの不調でタイヤバリアに突っ込み、右の脛骨と腓骨を骨折した。このけがで彼は6レースの欠場を余儀なくされ、チャンピオン争いから脱落した。サンマリノの7周目、コーナー「タンブレロ」で若きシューマッハをかわそうとしたアイルトン・セナがクラッシュして亡くなったこともあった。

多くの人は、このかなりの数の事故を理解できないだろう。生きる理由がたくさんあるのに、なぜそのような危険を冒すのか? だが、この質問は的外れだ。**このような人たちにとっては、人生とは（少なくとも部分的には）危険そのものなのだ**。このことは、シューマッハ自身がとても雄弁に語っている。「自分の人生のなかで変化したものがあることは確かです。でも変わらないのは、自分の生き方です。自分に喜びをくれるものをわざわざ否定しようとは思いません」

これは、ドライバーとはすなわち危険を冒すことであるという意味ではない。ほかの多くのF1レーサーと同様にシューマッハも、モータースポーツの安全に変革をもたらしたマックス・モズレー（国際自動車連盟の元会長）に深い感謝の意を示している。重要なのは、多くの激しい活動において、リスクを一様に排除するのは不可能だということだ。

時速10マイル（約16キロメートル）のF1はシューマッハにとっても、誰にとっても、魅力がなくなるだろう。危険はヘルメットや高性能なタイヤバリアや医療スタッフによって軽減されるかもしれないが、モータースポーツの本質からは切り離せない一面である。

偉大な冒険家で登山家のジョージ・マロリーは、あらゆる危険がありながらエベレストに登りたいという願望について問われたときに、多くのスリル探求者を代弁して答えた。「この冒険から何を得るのか？　それは、純粋な至福だ」と彼は『Climbing Everest』に書いている。「そして至福とはつまるところ、人生の終わりなのだ。私たちは食べるため、金を稼ぐために生きているわけではない。生きるために食べ、金を稼いでいるのだ。それが人生の意味であり、目的である」

このような感情をあざ笑う人もいるかもしれないが、それは深いものだ。**死と隣り合わせに生きることを選んだ人たちが、生への強烈な関心を持っている場合が多いのは、興味深い**。まるで死すべき運命に直面し、私たち全員を待ち受けている空虚と対峙することによって、いまここを生きる意味を見出しているようだ。

無類の登山好きの作家、ジョナサン・ウォーターマンはこう言っている。「断崖と向き合ってから戻ってくると、日々をしっかり生きようという情熱と、不毛で平坦な景色を繰り替えす短い人生を流れる新鮮な水のように私を維持してくれる信念を、自覚する」

シューマッハは、どの登山家も認めるであろう限界へと自分を追い込んでいる。彼はすばらしいドライバーだったし、史上最も偉大なドライバーかもしれない。彼の几帳面さとは不釣り合いな勝利への意志は決して消えない。彼は時折モラルの境界線を越え、一緒に働くと悪夢のような存在である場合もあったが、偉大さを追求していたし、同じように危険を追求していた。

このことから、何よりも深い問いに行き着く。メリベルの斜面で起こったことは、本当に悲劇と呼べるのだろうか？　私たちはみんな、シューマッハに生きてほしいと願っているし、もし彼が亡くなったら、彼の妻や子どもたちに深く同情するだろう。妻や子どもたちにとって、痛みはいつまでも消えないだろう。しかし何が起ころうと、この活気にあふれたドイツ人が自分に存在意義を与えてくれることをやり通す人生を送れたと考えれば、家族も安心するに違いない。そして、私たちのうちのどれほどが、そのような人生を生きていると言えるだろうか？

心体技に至高の美しさを有する最高傑作
クリスティアーノ・ロナウド

それは、あの忘れられないシーズン中で最も美しいゴールというわけではなかった。おそらく最も重要でもなかった。だが、ウェス・ブラウンが放ったゴールに向かってカーブするクロスパスをつなぐために真上に跳んだクリスティアーノ・ロナウドが、重力に逆らってモスクワの空気のなかに浮かぶ様子には、見る人をうっとりさせるものがあった。彼はその時点でも、私たちの多くのサッカーの見方を変えた選手だった。そんな彼による、絵に描いたように完璧なヘディングだった。ボールがゴールネットに突き進んでいくときに着地したロナウドの様子はほれぼれとするものだった。彼の体は跳躍の遠心力でまだわずかに歪んでいたが、完全に制御されていた。

着地したロナウドが向きを変えてこちらを見たとき、彼の顔には感情がくっきりと表れており、私たちは以下の二つのことを知った。一つは、このポルトガル人がチェルシーFCを相手にした2008年のチャンピオンズリーグ決勝において、マンチェスター・ユナイテッドFCに重要な先制点をもたらし、そのシーズンで通算42回目のゴールという驚異的な記録を達成したこと。もう一つは、彼はまだまだ満足していないということだった。

2007-08年シーズンは、2003年に122万4000ポンド(約2億3400万円)でユナイテッドと契約した若者(多くのコメンテーターは当時、リスクのある契約だと評した)が、「とても良い選手」から「**サッカー界の不滅の存在**」へと変化を遂げた時期だ。ロナウドは強烈なフリーキック、他の追随を許さないドリブル、そして、アストン・ヴィラFC戦で平然とやってのけたようなヒールキックで得点を入れた。彼はまた、チーム全体の複雑な連携にも貢献した。アレックス・ファーガソン監督は、彼が「全員の質を高めた」と評価した。

だが、ロナウドには、統計やゴールの数では測れないきわめて美しい側面もある。それはたとえば、彼の両足のほぼ完璧な対称性だ。また、ドリブル、パス、シュート、勇敢なヘディングのための突進(2008年チャンピオンズリーグの準々決勝のASローマ戦では、ペナルティーエリア近くで稲妻のような突進を見せた)といった、あらゆる次元のスキルにおいてトップレベルにいることでもある。

つまり、それは彼の卓越したバランスと運動能力である。サッカーに関して言えば、ロナウドは完璧だと言っても過言ではないだろう。すべてにおいて完全なる調和が見られる。**彼のサッカーはまるでダ・ヴィンチの『ウィトルウィウス的人体図』だ。**

そして、ダ・ヴィンチのあの画期的な作品と同様に、ロナウドがいまの最高傑作になるためには、法外な量の努力と犠牲が必要だった。彼のサッカーの旅路は2歳のとき、マデイラの路上で始まった。住んでいた公営住宅は6人家族には狭すぎたが、庭師だった父親と、調理師だったが一時的にフランスで掃除婦をしていた母親は、もっと広い家に住むお金がなかった。ロナウドは毎日サッカーをし、ボールと一緒に眠り、トップリーグに出場する夢を見て過ごした。

生活は大変だった。ロナウドの兄は一時は薬物依存症で、父親はアルコール依存症だった。12歳でリスボンのスポルティングと契約し、初めて親元を離れたとき、彼はとても悲しんでいた。奇妙な地方のなまりがあったので周囲にからかわれた少年ロナウドは、愛する母親と毎晩何時間も電話で話した。母親は諦めずに続けるようにとロナウドに懇願しなければならなかった。

15歳のときには、安静時の心拍数が異常に遅いことが判明し、心臓の損傷した部位を修復するレーザー手術を受けなければならなかった。それでも彼は10代の間ずっと努力を続け、やがて世界中のスカウトに注目されるスキルを身につけた。そのなかには、当時マンチェスター・ユナイテッドのアシスタントコーチだったポルトガル人のカルロス・ケイロスもいた。

2003年の夏、親善試合でのパフォーマンスでファーガソンを驚かせた後、彼はマンチェスター・ユナイテッドと契約した。「ロナウドはいままで見たなかで最もわくわくさせてくれる若手選手だ」とファーガソンは言った。

キャリントンにあるトレーニング用ピッチにロナウドがやってくると、チームメイトたちは驚いた。「**重度の仕事至上主義でないと、クリスティアーノのような偉大な選手にはなれない**」と、ガリー・ネヴィルはのちに振り返っている。「たとえばフリーキック。ユナイテッドに来たばかりの頃、彼にはテクニックがなかったが、つま先を下に向けて靴紐のところで蹴り出されるあのすばらしいドロップフリーキックを、何時間にもわたる熱心な練習とトレーニングにおける忍耐によって身につけたのだ。ロナウドはまるで機械のようだ」

しかし、そのときもまだ、彼の偉大さは約束されたものではなかった。2005年、国際試合の前日に父親が肝機能障害で亡くなったことは、彼の心に大きな打撃を与えた。6週間後、ロンドンのサンダーソンホテルで女性と会ったロナウドがレイプの容疑で逮捕されたと、タブロイド紙の一面で報じられた。このスキャンダルは世界中で話題になった。その女性は金持ちの有名人を陥れることを専門としていた売春婦だったという話は、その後の新聞であまり報じられなかった。告訴もされなかった。

2006年のワールドカップでウェイン・ルーニーが退場処分になると（ロナウドはポルトガルの選手がルーニーに蹴られたと主審に猛アピールし、退場が決まった後にポルトガルのベンチにウインクしたことで、ロナウドが審判の判断に影響を与えたのではないかと言われた）、ロナウドはまた攻撃された。『サン』紙では、「女々しい男」とキャプションがついた彼の顔がダーツボードに印刷された。「ロナウドのウインクを標的の中心に合わせました」と記事には書かれている。ファーガソンはポルトガルのアルガルヴェまで出向いて、イングランドに戻るようにロナウドを説得しなければならなかった。そのシーズン、彼にはずっとブーイングと野次が浴びせられたが、このときも彼は根性を見せた。

23ゴールを決め、PFA年間最優秀選手賞を受賞したのだ。ロナウドが逆境に立ち向かう様子は、8年前のデヴィッド・ベッカムを彷彿とさせた。

私のお気に入りのファーガソンの言葉は、そのわずか1年後、2008年にユナイテッドがプレミアリーグとチャンピオンズリーグで優勝したときのものだ。ロナウドはバロンドールの候補者となり、ファーガソンはイギリス人が依然として複雑な感情を抱く選手について思いをめぐらせていた。そのときにもまだ、ロナウドは気取り屋だとか、簡単に出場できすぎているとか、真に偉大な選手としての内実を持たないのに派手なプレーをしているだけだ、などという疑いの目を向けられていたのだ。

ファーガソンはそのような歪んで誇張されたイメージを一笑に付した。「サッカーにおける勇気とは、人生と同じように、さまざまな現れ方をする」とファーガソンは言った。「だが、**何度蹴られようとも前に出る勇気こそが、ロナウドの特徴だ。**最も偉大な勇気はボールを奪う勇気だと信じている人もいる。だが、別の形の勇気として、ボールを保持する勇気があり、それは精神的な勇気でもある。それをロナウドは持っているのだ。偉大な選手はみんな持っていた」

2014年1月13日の夕方、ロナウドはFIFA最優秀選手賞と統合されたバロンドールを初めて受賞した。抜け目のない隠れた取り引きがおこなわれているので、私はこれらの賞をあまり気にかけていないが、ロナウドがこの栄光にふさわしいことは間違いない。

レアル・マドリードでのロナウドのプレーは、ときどき想像を超えるレベルに達する。それを見ると、彼が偉大だという主張にまだつきまとう賛否両論が笑いものに思えてくる。絶好調の彼があの特徴的な走り方でウイングを闊歩し、ディフェンダーを威嚇するとき、彼はスポーツ界の至宝の一人である。

ロナウドは完璧な人間ではないと言う人もいるかもしれない。では、完璧な人間とは一体誰なのか？　彼が見た目を気にしていたり、時折かんしゃくを起こしたりするのを笑う人もいるだろう。だが確かなのは、サッカー選手という彼が選んだ職業において、彼はその美点と驚異的な勤勉さをもって頂点に登りつめたということだ。マデイラのほこりっぽい通りから、地球上で最も有名な文化的組織の頂点へと険しい道を歩んできたクリスティアーノ・ロナウド・ドス・サントス・アヴェイロは、あらゆる称賛を受けるに値する人物だ。

親の野望の犠牲となり憎しみを糧にのしあがった

アンドレ・アガシ

アンドレ・アガシは人生のほとんどを、自身の子ども時代と折り合いをつけるために過ごした。彼がテニスを始めたのはベビーベッドの上だ。ボールのついたモビールが頭上にぶら下がっていて、手にはピンポンのラケットがテープでとめられていた。そして父親が上から見下ろしながら、打て、打て、打てと鼓舞するのだった。

歩ける年齢になると、アガシは裏庭でテニスをした。相手は、父親が自作したドラゴンという機械で、ラスベガスの砂煙のなか、テニスボールを険しい角度で時速100マイル（約160キロメートル）以上の速さで打ち出すものだった。アガシは、子ども時代に毎年100万球は打ったと見積もっている。打ちそこねると、毎回父親の怒鳴り声が飛んできた。

13歳のとき、アガシはフロリダ州のボロテリー・アカデミーでさらに多くの時間テニスをプレーするために、寄宿学校に送られた。「そこはテニスアカデミーというよりも刑務所でした」とアガシは言う。「かつてトマト農園だった場所にあり、コートがいくつも、とても遠くまで並んでいました。学校は1日に4時間だけで、残りの時間はテニスをしました」

生のアガシに会うと、現代のスポーツ選手の生き方の本質にある矛盾が感じられる。彼はテニスを嫌っているが、愛してもいる。彼は自分の生い立ちを気に入らないが、それが自分の人生におけるあらゆる功績の土台となったと認めている。彼は父親を憎んでいるが、痛みや間違いや激しい口論はあれど、84歳にしていまだに世界を罵り続けているこの気難しい男は自分への愛ゆえに行動したのだと、次第に気づき始めてもいる。

「親父は尋常じゃない、複雑な男でした」とアガシは語る。「私は人生でずっと、彼を理解しようとしてきました。親父の母親はロシア系アルメニア人で、1915年のアルメニア人虐殺の後にテヘランに移住しました。親父はテヘランでキリスト教徒として育ち、恐ろしい体験もいくつかしています。家はとても貧しかったようです。そのような状況が、親父に戦うことを教えたのだと思います。彼はボクシングを始め、アマチュアの大会で二度優勝し、イラン代表としてオリンピックに二度出場しました」

「アメリカに来たとき、親父には野望がありました。『自分が手に入れられなかった唯一のもの、お金を、自分の子どもたちは手に入れられるようにするため、環境づくりに人生を捧げよう』という野望です。彼は私たちが遺産を残せるように仕向けたのです。彼はこう考えていました。『我々はアメリカ人だ。アメリカンドリームを生きるんだ』。彼は私たちにペルシア語を学ばせたがりませんでした。名字もアガシアンからアガシに変えました。イスラム教徒ではないかと誰にも思われたくなかったのです」

環境を改善したい、前の世界を捨て去りたいという強い衝動を両親が持っていた——多くの移民二世には覚えがあるだろう。苦しみ、すべてが自分の敵だという思いに襲われた父親の、自分の子どもにはあらゆる成功の機会を保証してあげたいという考えも、共鳴するところが多いかもしれない。だが、アガシが耐えてきたことのかなりの激しさは、移民から見てもやりすぎだと思われるだろう。彼は毎日、暇さえあればごり押しされ、丸め込まれ、急かされ、追い立てられたのだ。

「皮肉なのは、私はかなり楽なほうだったということです」とアガシは振り返る。「親父の野望の本物の熱さを感じたのは、3人の兄でした。私はまだ赤ん坊でしたから。そして幸運なことに、彼は自分が厳しくやりすぎないほうがいいのかもしれないという感覚も持っていました。だから私は13歳のときにテニスアカデミーに入れられたんです。私たちの関係は自壊する瀬戸際でした。彼はとにかく急き立てるのをやめられなかったのです」

この経験は、シュテフィ・グラフと結婚して生まれたアガシ自身の子どもたち（13歳のジェイデンと11歳のジャズ）に対する態度に深く影響している。「同じ間違いをしたくありません。子どもたちがまだとても小さいときにも、私は彼らの野望をこちらで決めてしまうことはしませんでした。彼ら自身に夢中になれることを決めさせています。でも、一度決めたら、一定の水準までまじめにやらせています。子どもたちの夢は私の夢になるので、がっかりすることが一度や二度あっても、それを諦めてしまうのは許しません」と彼は語る。

「うまくバランスをとるのが簡単だとは言いません。娘は乗馬をやっていたことがありますが、何年か前に馬に振り落とされ、頭からわずか1フィート（約30センチメートル）のところで馬が足を踏み鳴らしたという経験をしました。それで、すぐに彼女は変わってしまいました。もう乗馬をやりたくないと言ったのです。それは私にとってはある意味で興味深い出来事でした。そのときの対応が正しかったのかわかりません。私は彼女に乗馬を続けさせませんでした。それは、私自身が、1200ポンド（約540キログラム）の動物の背中に乗る彼女を見たくなかったからです」

「息子も辛い経験をしました。彼は野球にとても入れ込んでいたのですが、去年、ボールが当たって上顎を骨折しました。そのことが彼に良くない影響を与えてしまったとしても、理解できます。ところが、彼は次の日には野球に行き、一球目を打ってライトの奥まで飛ばしたのです。気骨がないとできませんよ。褒めてやりました。このように、経験に文脈を与えてやる――これこそが私が子どもにしてやりたいことです。何をしろとは言いませんが、子どもたちが愛するものをたとえ大変でも続けるように鼓舞するのです」

子どもの面倒を見るという経験が、自身の生い立ちを再解釈するきっかけになったのだろう。ここ数年、アガシは父親を敬うだけでなく、称賛してもいる。侮辱に対して警戒心が強く、プライドが高く、決して解決しない心の動揺に追い立てられているため、ラスベガスの大通りで割り込んできた人に見境なく車から降りて喧嘩を吹っかけるような人であるのにだ。

「親父の人生がいかに困難に満ちていたか、最近になってようやく気づいたのです」とアガシは説明する。

「私のテニス選手としてのキャリアも、彼にとっては辛いものでした。彼は平均して年一回は、試合を現地で観戦していました。いつになるかはわかりません。パームスプリングスかもしれないし、ロサンゼルスかもしれません。でも、彼はテレビでは一試合も見逃しませんでした。私が世界のどこでプレーしていようとです。録画して、50回は見たでしょう。それが彼の生き方であり死に様でもあります。私が負けるのを見る、私が苦しむのを見る――そのとき、彼も苦しんでいたのです」

「確かに言えるのは、親父の動機には完全に正当な理由があるということです。彼は自分自身の改善のために行動しているのではなく、私を愛しているから行動するのです。彼が正しいか間違っているか、彼の判断が良いか悪いかは別として、**彼は息子にアメリカンドリームを生きてほしかった**のだと、私にはわかります。あらゆる努力も、プレッシャーも、苦しみも、自分にはつかみとれない成功を私につかんでほしいからこそ、私に押しつけていたのです。それが実現するまでは、長い道のりです」

今日では、アガシと父親は和解している。少なくとも両者が納得できる形で、関係はうまくいっている。アガシは父親に贈り物をたくさんするのが好きだが、父親のプライドを傷つけないように気をつけなければならないという。「親父は生命力のある男だ、という表現は控えめすぎますね」とアガシは言う。「彼は80歳まで働いていました。ただ前進あるのみなのです。いまでは、私にそれほど金銭的な負担にならない贈り物だけを受け取ります。私が何かを犠牲にして贈っていると感じられるようなものは受け取ってくれません」

現在、アガシはラスベガスの大通りの喧騒から数マイル（数キロメートル）離れた小さな集落に住んでおり、家族と慈善団体のために時間を使っている。彼の名前を冠した学校（創立時に3500万ドル（230万ポンド）（約54億円）を寄付したと言われている）は、社会的良心を持った新しいビジネスベンチャーへと姿を変え、アメリカ全土のチャータースクール（市民団体などによって設立・運営がされる公認の学校）に出資している。彼は忙しいが、職業生活でも、最も大事な個人的な人間関係でも、バランスをとれているという。

彼が父親との間に築いた壊れやすい関係にまつわる最も大きな皮肉は、それについて暴露した本によって関係が最大の危機を迎えたということだろう。アガシが2010年に衝撃の自伝を出版したとき、父親の気分を害するのではないかという恐れがあった。「出版前に親父を呼び出して、『親父、本を読んでないよね。相談しようと言っても聞かなかった。だけど、本のなかで親父をどういうふうに書いたか説明させてもらえないかな。そうすれば、どういう意図で書いたかがはっきりすると思うから』と言ったんです」

「親父はただこう答えました。『俺は80歳だ。世間が俺のことをどう思うか、クソほど気にする必要なんてないだろ。俺は自分が何をやったか、なぜそれをやったかわかってる。もし人生をやり直してもまったく同じことをするだけだ』。まさに、強くて、プライドが高くて、弱点を絶対に認めたがらない親父らしいなと思って笑えてきましたよ」

「ところが、親父は突然こう言い出しました。『実は、違うふうにしていれば良かったと思うことが、一つだけある』」

「私は思わず路肩に車を停めました。彼が間違いを認めるなんて信じられませんでしたから。『違うふうにするって、何をだよ?』と私は尋ねました。すると彼はこう答えたのです。『お前にテニスはやらせないね。やり直せるなら、お前には野球かゴルフをやらせる。そしたら、お前はもっと金を稼げてただろう』」

成功より崇拝が長く続いた奇跡のヒーロー

ブライアン・クラフ

2011年12月27日、私は偶然ブライアン・クラフの墓を訪れた。それはイングランドで最大級に美しい小さな教会、ダービー近郊の聖アルクムンド教会の敷地内にある。この教会のチャペルはおよそ1000年の歴史を持ち、私の義実家からわずか半マイル（約800メートル）ほどのところにあるのだ。クラフの眠っている場所はチャペル入口の数ヤード（数メートル）前にあり、小さくて厳かな墓石が目印になっている。

墓は彼の身内によって手入れされている（昨日は白い花のついた半円のリースが飾られていた）が、この地域でクラフがそのほかの多くの形でも記録されているのには心打たれる。ダービーとノッティンガム（クラフが優勝に導いたクラブがある町だ）を結ぶ道は、ブライアン・クラフ・ウェイと呼ばれている。ノッティンガムの中心部には、寄付によって建てられた彼の銅像がある。プライド・パークの外にももう一つの像が立っている。

クラフは、サッカーの監督に限らない多くのスポーツの象徴的人物たちと同じように、地域、およびより広い世界の人々を感動させた。スポーツの有名人は、さまざまな意味で、21世紀初頭の文化的ヒーローだ。私たちは彼らをアイドル化し、その人徳についての神話をつくり、背面に彼らの名前が書かれたレプリカユニフォームを買う。私たちは彼らの伝記を読み、インタビューを精読し、彼らのなかでも最大級に偉大な人たちが亡くなると、追悼する。

このような故人を偲ぶ行為には、むしろ元気づけられるところがある。晩年、アルコールや病気との闘いで参ってしまっても、クラフは深く愛されていた。もちろん、その愛は第一には妻や家族からのものだったが、アシスタントのピーター・テイラーとともにサッカーの監督の可能性を塗り替えたクラフには、多数の崇拝者がおり、その人たちにも愛されていたのだ。

死の直前まで、クォーンドンにあったクラフの家には若者たちが訪れ、クラフは栄光の日々の思い出を語った。彼の注目すべき人生が幕を下ろそうとしているときにも、彼は相変わらずつむじ曲がりで、感傷的なところがなかっただろう。彼は確かに、多くの人々に自分が与えた喜びに意味を見出していたに違いない。ビル・シャンクリーがかつて「人々を幸せにする存在」と言われたように。

しかし、さまざまな意味で、クラフはラッキーな部類に入る。モハメド・アリと同じく、クラフは金儲けの才能に見放された後もヒーローであり続けたスポーツのアイコンの一人だった。栄光はいつまでも彼について回った。金銭関係の不正疑惑で評判が悪くなっても、独特なカリスマ性があったからだろう。それどころか、部分的には彼の人生を取り上げた本や映画のおかげだろうが、クラフはこの先、年月が経つにつれてますます大切にされるようになるだろう。

アリとは違い、ジョー・ルイスは愛や同情ではなく、貧困と不名誉に囲まれていた。彼は税吏に金を取られ、ギャンブルに足繁く通い、晩年には進行するパラノイアに苦しめられて養護施設に収容された。ソニー・リストンはラスベガスの薄汚い家で孤独死した。警察は腐敗が進んだ遺体から、死後どのくらい経ったのかを大雑把に見積もることしかできなかった。

これらは極端な例だが、身につまされる真理を伝えている。成功よりも長く崇拝が続くことはめったにない。持続力がなくなり、喝采が消えると、英雄はコリオレイナス（シェイクスピアの戯曲『コリオレイナス』。ローマの隣国の都コリオライを陥落させたマーシアスは、コリオレイナスの名を与えられ、執政官になるための民衆の支持を得かけるが、政敵の挑発に乗せられて民衆の反感を買い、追放される）のように天に向かって泣き叫びながら去っていく。

私はよく、シェイクスピアは『コリオレイナス』において、現代のスターダムについての皮肉、および大衆と喝采を捧げられる人物との間の複雑な関係についての皮肉を書いたのではなかろうかと考える。ビリー・ジーン・キングが言うように、「名声は世界で最もわかりにくいものだ。そしてそれは有名人に限らない」のだ。

おそらくあらゆる職業のなかで最も感傷を排除している投資銀行の世界では、こんな話がある。何を達成しようと、どれだけ金を集めようと、どれだけ人気者になろうと、人は結局は「棺のなか」に放置されるのだと。これはもちろん文字通りの意味ではなく、この業界の中核をなしている前提のメタファーだ。金を稼ぐ能力を失うやいなや、私物をまとめた小さな箱を手に、警備員に連れられながら、ドアから追い出されるのである。

スポーツも、いろいろな意味でこれと同じくらい残酷だ。そこには感情が入り込む余地はなく、競争の結果が無慈悲に審理されるのみだ。選手が齢をとりすぎると、その人は退場し、私たちの注目は次のヒーローに移る。

私たち大衆は気まぐれだ。スポーツのチャンピオンのなかでも最もよく話題にのぼる部類であるジェイク・ラモッタにインタビューしたとき、彼は裏切られた気持ちだと言っていた。「みんな俺を愛していたけど、それは俺が勝っている間だけだった」と彼は語った。「俺が負けだすと、みんな俺を毛嫌いし始めたんだ」

もちろん、ラモッタの考えの前提は間違っている。彼は本当に愛されていたわけではなかった。確かに、彼のスキルや、リング上での振る舞い、彼がつくり出すドラマは愛されていた。彼は喝采を浴び、彼のために饗宴が催され、たっぷりと報酬が与えられ、試合に群がる女性たちのなかから相手を自由に選べた。だが、これは愛ではない。スターダムだ。**スターの地位は束の間で、無常で、残酷なほど暫定的だ。私たちは、闘士が私たちを楽しませてくれる間しか、彼らを愛さないのだ。**

そのため、私たちがスポーツのヒーローに適用する比喩には、健康被害を警告する注意書きのような留保が必要ではないかと思うことがある。

金融業界では、世の中の大半の業界と同じように、前提がよく共有されている。みんな、自分が使える間しか雇われないことを知っている。スポーツだと、使われる言葉が違い、愛やアイドル化が話題となる。ヒロイズムについて語られる。愛が揺らぎ消えていくということに対し、多くの元チャンピオンが戸惑いを感じるのも不思議ではないのではないか？

時折現れる、辛い時期を過ごすことになった、かつてのスポーツの偉人についての話は読み応えがあり、かつ読んでいて困惑させられる。かつての伝説的人物が、いまでは金がなく、威厳を剥奪され、多くの人から忘れられ、社会の隅っこで辛うじて生きているという話を聞くと、道徳的な侮辱に近いものを感じる。だが、怒りを誰にぶつければいいのかもわからない。

その理由は単純だ。これらのヒーローを見捨てたのは、どこかの誰かやグループではなく、スターの地位の不確かさだからだ。立見席から選手の名前を呼んで声援を送っている人々と同じく、クラブには元選手の生活を保証する義務はない。選手たちおよび私たちは、名声のルール、大衆によるへつらいの細かい条項を完全に定義したことがないので、道徳的な混乱に陥っている。私たちは愛というメタファーを使うが、本物の愛は無条件であるという事実に気づいていない。

クラフの墓石には、力強い碑文が記されている。碑文は、彼がいかに大衆から愛されていたかとともに、妻のバーバラと家族に最も心から愛されていたことを語っている。それは、重要な真理を含んでいるために強力だ。**死去から何年も経っているが尊敬され続けているクラフのような人であっても、最も意味のある愛は彼の本当の姿を知っている家族からもたらされる**ということだ。スターの地位とは、あくまで二次的なものにすぎない。

モハメド・アリ

モハメド・アリに関する伝記をおそらく最も雄弁に書いたであろうノーマン・メイラーは、アリを「美しい」と表現したことがある。「この男を眼《ま》のあたりにするたびに、いつでもショックを感じないわけにはいかない」とメイラーは重要な著書『ザ・ファイト』（集英社）に書いている。「テレビを通しての虚像を見るのではなく、彼自身がいま眼の前にいるという事実がだ［…］彼の体調がベストであり、世界最高の偉大なスポーツ選手にみえるときはむろんのこと、たとえ、彼が追い詰められ、危機に瀕したときでさえ、彼はもっとも美しく見える［…］女性たちはあからさまな溜息をもらし、男たちはうなだれる［…］かりに、アリが公衆の面前でセンセイショナルな言辞を弄さなくなったとしても、彼は依然としてはげしい共感と憎悪の対象でありつづけねばならない。というのは、彼が『天界から地上へ降りてきたプリンス』だからである」

アリはまさに美しかった。動き方や話し方、そしてテレビカメラの前にいてもあふれ出ているのがわかる力強いカリスマ性によって、彼は20世紀のセレブ像を塗り替えた。ボクシングも上手かった。１９６６年、パワーの全盛期にクリーブランド・ウィリアムズと対戦したとき、アリは多くの観客が持つスポーツのイメージに変革をもたらした。彼は舞い、滑走し、１００発のパンチを決めたのに対し、彼自身が食らったのは3発だけだった。ある評者は、「これは、完璧の域に最も近づいたスポーツだ。7分ちょっとの間、アリはボクシングをバレエに変えてしまった」と述べた。

だが、アリは常に美しいわけではなかった。彼は卑劣で、悪意に満ち、ときには偽善的でもあった。なぜ「単なる」スポーツ選手が20世紀で最大級に影響力のある人物の一人にまで登りつめたのかを完全に理解するには、光と闇の両側面に目を向けなければならない。この数十年、特にパーキンソン病で元気がなくなってから、アリのイメージは丹念に浄化されてきた。彼を商業的に利用したい人々によって、聖人のような、ぶれない、平和主義の、優しい人物と位置づけられてきたのだ。しかし、世界にショックを与え、怒らせ、興奮させ、最終的には慕われた本当のアリは、世論を二分して物議を醸す人物だった。彼の言動には、いつもプラスチック爆弾のような危うさが漂っていた。いまこそ、いよいよ本当のアリに再び目を向けるべきである。

彼が世界の舞台に登場したのはいつか、日付をはっきりと定めることができる。1964年2月25日だ。アリはすでにローマオリンピックでヘビー級の金メダルを獲得していたが、彼を文化的なアイコンに変えたのは、この日におこなわれた、最も高額と言われた賞金への挑戦だった。この低く構える一風変わったボクサーに誰も期待していなかったと言ったら嘘になる。リングサイドにいた四十数人のジャーナリストのうち3人は、カシアス・クレイ（アリの当時の名前）がソニー・リストンを破ると予測したからだ。この世界をひっくり返そうとする人物の勇気とスキルが有識者たちに過小評価されたのは、これが初めてではなかった。

アリのすべてのタイトル戦のなかでも、この試合は最も刺激的だと言える。アリは第4ラウンドまで辛勝していたが、リストンのグローブに塗ってあった違法な物質が目を直撃した。視界の一部を奪われながら、アリは腕を水平に構えてリストンを寄せつけずにいたが、視界がはっきりしてくると、リストンを圧倒し始めた。アリが周囲を舞っている間、リストンは老けたように見え、第7ラウンドの開始を告げるゴングには応じなかった（彼はマフィアに命令されて試合を放棄したと主張する人もいるが）。それは息を呑むような戦いだった。アリのドクターを長年務めたファーディ・パチェコはこう評している。「ベートーヴェンは、最も偉大な交響曲のうちのいくつかを耳が聞こえなくなってから書き上げた。カシアス・クレイは目が見えなくなっても当然、戦えたのだ」

だが、新聞の一面にアリの話が載ったのは、次の日になってからだった。記者会見でアリは、過激な反白人の宗教団体、ネーション・オブ・イスラムに改宗したことを発表した。また、自分の「奴隷の名前」を捨てたとも宣言した（実際には、カシアス・クレイとは19世紀の奴隷廃止論者の名前だったのだが）。その直後から、彼はモハメド・アリを名乗った。元ヘビー級王者のジョー・ルイスのような従順な黒人のアスリートに慣れていたアメリカ人の多数派は激怒した。ネーション・オブ・イスラムは、黒人が最初の人類で、白人はならず者の科学者の下手な実験によってつくられたと説く、現実離れした神学を持っていた。彼らはまた、迫りくる終末から黒人は車輪の形をした宇宙船で救出されるとも信じていた。

だが、最も不安を呼んだのは、彼らの政治的な考えだった。人種間の分離に賛成し、アメリカ合衆国内に黒人たちの国をつくることを強く（暴力の行使も辞さないという信念を公言しながら）訴えていた。マーティン・ルーサー・キングの人種融和的な方針に真っ向から対立し、奇妙にも、人種分離の正当性を信じていた白人至上主義者のグループと同じ立場にいた。改宗直後に、アリ自身もクー・クラックス・クランの会合に出てこう演説したという。「青い鳥は青い鳥と、赤い鳥は赤い鳥と、ハトはハトと、ワシはワシと一緒になる！　神様は決して間違いを犯さなかったのだ！」

旧南部連合国の各地でリンチや殺人をおこなっていた組織と、アリはどういうわけで親しく付き合えたのだろうか？　メーソン＝ディクソン線（ペンシルベニア州とメリーランド州の境界。南北戦争までは奴隷州と奴隷解放州の境界だった）の南側の黒人たちに恐怖をもたらすと宣言していた人々と、どうして関われたのだろうか？　当時もいまも、アリを中傷する人は、アリが単なる純粋なレイシストだったと考えている。クランが黒人を先天的に二級の人種だと信じていたように、アリは白人を先天的に悪だと考えていた。さまざまなインタビューにおいて、アリは自分のイデオロギーを開陳している。「白人と黒人は違うんだから、融和して暮らすなんて無理なんだよ」と彼は言った。「白人は本質的に悪く、信用できない［…］俺たち黒人は独自の国、独自の政府を持ち、独自のやり方でやっていくべきだ」。マーク・クラムは著書『Ghosts of Manila』でこのように書いている。「深みがあるように見える有名人が、右派からも左派からもこれほどまでに誤解された例はめったにない。今日では、彼は慢性的にヘイトスピーチを吐く汚らわしい存在だとみなされるだろう」

アリの思想の背景を見落としてはならない。彼はケンタッキー州ルイビルで育った。「南部への玄関口」と呼ばれた町だ。ジム・クロウ法による冷遇は日常茶飯事だった。学校で奴隷制についてレポートを書くように言われたアリは、中間航路（アフリカ西岸と西インド諸島を結ぶ、奴隷貿易でよく用いられた航路）における壮絶な恐怖の話を読みショックを受け、人前で涙を流したという。

彼の過激化は、1955年にエメット・ティル殺害事件について読んだときに完成した。ティルはアリと同い年で、ミシシッピ州で白人の店員に対して口笛を吹いて誘ったとして、リンチされたのだ。ティルの遺体は切り刻まれ、目はえぐられていた。二人の男が殺人容疑で起訴されたが、全員が白人の陪審員団は67分で彼らの無罪を確定した。「ソーダ水を飲むために中断しなければ、もっとすぐに済んだだろう」とある陪審員は言った。

このような事情から、アリが白人を悪魔とみなすのは、許容されないにしても、少なくとも理解はできる。ネーション・オブ・イスラムは見かけ上はクー・クラックス・クランと似たイデオロギーを持っていたかもしれないが、歴史的な背景は大きく違った。クランは南部の黒人に対する恐怖による支配を続けたがった。ネーション・オブ・イスラムの反白人のレイシズムはむしろ救済を求める叫びで、無力で哀れなマイノリティが身を守るための手段だったのだ。

いずれにせよ、ヘビー級のチャンピオンというアリの立場が、ネーション・オブ・イスラムにその小さな基盤に見合わないほどの政治的な重要性を付与したことは間違いない。訓練され、よく組織化され、反乱の意志を持った黒人の下層階級が蜂起するのではないかという恐怖が、しばらくの間アメリカ中部に渦巻いていた。そしてこのときまさに、ルーサー・キングが切り札を切ったのだ。

連邦議会で公民権法の議論が行き詰まるのではないかと心配したキングは、譲歩を引き出すためにこの新たなヘビー級チャンピオンの過激な物言いを利用できそうだと気づいた。自身がおこなった最も大きな政治的駆け引きの一つとしてキングは、改革がこれ以上遅れればさらに多くの若い黒人が過激派に取り込まれるだろうという、空恐ろしいビジョンを描いてみせた。

『シカゴ・ディフェンダー』紙に載った重要な記事で、野球のメジャーリーグにおいて初めて人種の境界を越えたジャッキー・ロビンソンはこのように主張した。「黒人は全体として、共産主義ほどブラック・ムスリム運動を受け入れないと思う。老いも若きも、何万人という黒人がアメリカの路上でデモをし、自由のために苦しみ、戦い、死ぬことも厭わないという姿勢を見せている。この人たちはより多くの民主主義を求めているのであって、民主主義を減らそうとしているのではない。この人たちはこの国のどこかの狭い一区画に光栄ある孤立を保って生きることを望んでいるのではなく、アメリカ人の生活の主流派に加わりたいのだ。黒人がブラック・ムスリム運動に向かうとしたら、その規模がどれほどであれ、それはカシアス・クレイやマルコムXのせいではない。白人によって支配されているアメリカが、黒人の責任あるリーダーシップを認めたがらず、私たち以外の市民が享受するのと同じ権利を私たちに与えることを拒否してきたからだろう」

ジョンソン大統領はこの議論に理解を示し、党の意向に反して公民権法を推し進めた。1964年に成立した法律は1カ月前には誰も予想しなかったほど進んだ内容になり、1965年の投票権法とともに、雇用における差別を禁止し、南部諸州でおこなわれていた黒人に対する選挙権剥奪をやめさせた。人種融和に激しく反対する主張を支持することで、アメリカ史上最も画期的な人種差別撤廃の法律が生まれる道を整備したというのは、アリの人生における最も大きな皮肉かもしれない。こうして、ジム・クロウ法がついに撤廃されたのだ。

アメリカは変化の時を迎えていた。やがて、アリも変わり始めた。1967年までにほとんど苦労せずにタイトルを9度防衛した（リストンとの再戦を含む）。ところが、アメリカが以前はけなしていたアリに対して温かい視線を送り始めた矢先、彼はまた世論を二分するような姿勢を示した。彼のベトナム戦争への兵役拒否は、体制に対する敵意を示すために計算された行動だった。「俺はベトコンに何の恨みもない」とアリは言った。この言葉は最終的には戦争反対派のスローガンとなったが、当初はまだ戦争は支持されており、アリの姿勢は裏切り行為とみなされた。ボクシングの運営者たちは彼のタイトルを剥奪し、彼は3年半にわたって表舞台から追放されることになる。

しかし、アリが復帰する頃までには、世界は変わっていた。世論は戦争反対に傾き、アリは初めてアメリカの主流派に受け入れられようとしていた。最も厳しく彼を批判していた人たちも、彼の勇気を見て、彼が原理原則を曲げない人間で、その姿勢はアメリカ社会の表面的な前提に斬り込むものだと納得したのだ。さらに、アリはアメリカ政府と戦った訴訟でも勝利し、収監を免れて謝罪を受けることができた。

1974年、ヘビー級のタイトルを奪還するためにジョージ・フォアマンとの対戦がおこなわれるザイールに赴いたとき（1971年に一回目のタイトル奪還に臨んだときはジョー・フレージャーに負けていた)、**アリは国内外の何百万人にとってのヒーローとなった**。それはアリ自身の性格だけでなく、アメリカ南部でもジム・クロウ法の撤廃が国を良くしたというコンセンサスが広がりつつあることを考えると、驚くべき転換だった。アリの文化的な意味も変化しつつあった。当時はテレビの衛星放送とグローバル規模のマーケティングの先駆的な取り組みによって、大衆娯楽が盛り上がった時代だった。キンシャサ、クアラルンプール、マニラ、サンフアン、ミュンヘン、ニューヨーク、ナッソーと、各地でおこなわれたアリの試合は国際的に放送され、今日ではグローバルブランドと呼ばれているものをつくり出した。この頃、**彼は地球上で最も有名な人物で、苦労を感じさせないカリスマ性によって視聴者を感心させ喜ばせることができた**。ウォーターゲート事件やベトナム戦争で傷を負ったアメリカにおいては、これらの大試合は必要な現実逃避の機会を与えてくれた。試合前の小芝居や大げさな売り込みは、70年代の空気に欠かせない要素となっていった。

多くの人にとって、1974年のフォアマン戦はアリの代表的な試合である。だが、そのとき彼は全盛期を過ぎていた。3年半リングから離れていたので、彼はまったく違うボクサーになっていた。劇的に遅くなっていたのだ。アリは、以前なら空中をかすめていたであろう強烈なパンチを胴体と腕に浴びせるというフォアマン戦での作戦を「ロープ・ア・ドープ」と呼んだ。アリは第8ラウンドでのKO宣告で勝利したが、その後何週間も血尿が出ていたという。1975年、「スリラー・イン・マニラ」と銘打っておこなわれたフィリピンでの伝説的なフレージャー戦では14ラウンドにわたって獰猛で壮大な戦いを繰り広げたが、試合を終えたアリはまるで交通事故に遭ったようにぼろぼろだった。だが、アメリカはそんな彼を愛した。60年代のボクシング界を支配した守りに徹する芸術家的な姿よりも、こちらのほうが真のチャンピオンに見えたのだ。アリは激しい攻撃を受け、血を流したが、これこそがヒロイズムを表しているのだと考える人もいた。

1978年、アリは前代未聞の三度目の王座奪還の試みとして、記録的なテレビの視聴率のもと、レオン・スピンクスと対戦した。名物アナウンサーのハワード・コーセルは試合の最後、ボブ・ディランの歌詞を引用して、最高の名実況に数えられるコメントをした。「あなたの手がいつも忙しくありますように、あなたの足がいつも速くありますように。変化の風向きが変わるときも、あなたの基盤が強くありますように。あなたの心がいつも楽しくありますように、あなたの歌が常に歌われますように。あなたが永遠に若くありますように」。アリは勝利したが、力の低下は明らかだった。1981年に引退してから数カ月のうちに、パーキンソン病の症状はすでにはっきりと現れていた。そうして、病への転落が始まった。

その後の年月の大半、アリは注目された部分においてもそうでない部分においても、珍しい半生を過ごした。ネーション・オブ・イスラムとは縁を切り、穏健なイスラム教スンニ派に宗旨替えした。しかし次第に、彼の高らかな声は静まっていった。彼の名前や肖像の使用による利益の8割を得る権利が、エンターテインメント業界の大企業CKXに5000万ドル（約77億円）で売却された。この会社が、アリのイメージの修整を始めた。

明らかに商業的な都合で、平和と寛容を説くガンジーのようなアリのイメージがつくられた。その爆発的な態度でアメリカの歴史をかすかに変えた本当のアリは、間違った感傷の反乱に飲み込まれてしまった。新しい世代にとって、アリは安全で、怖くなく、戦後のアメリカ人の意識の根深い分裂を象徴する矛盾がまったく感じられない、テディベアのような存在となった。

引退してすぐ、アリは4番目の妻ロニーと結婚し、彼の若い頃の特徴の一つだった女遊びについて謝罪し、「50歳になっても20歳のときと同じように世界を見ている人間は、人生の30年間をむだにしている」と表明した。晩年、彼は主に昔の試合やインタビューのビデオを見て過ごしていたという。「彼のパーキンソン病は確かに進行していて、体が不自由になっています」とロニーは最近語った。「一番好きなのは、自分の映像をYouTubeで見ることです。すごく夢中になっています。まるで初めて見るかのように見入っていますよ。司会者マイケル・パーキンソンによるインタビューも何本も見ています。ミシガン州（1975年にアリは同地に自宅を購入し、2007年に売却した）にいたとき、彼は自分の映像を見てこう言いました。『俺ってすごかっただろ？』『もちろんすごかったわよ！』と私は答えましたよ」

20世紀の文化において最も強い影響力を持った人物の一人にアリを数えないのは、想像力が欠けた歴史家だけだ。**彼は良心を持ったスポーツマンであり、さまざまな場面で自身を明に暗に失望させたアメリカ社会の不正義を正したいと考えていた人物だった。**彼の人生からは、現代アメリカ史で最も変化に富んだ時代における精神の複雑さのみならず、小さな町に生まれた少年が大きな困難にもかかわらず「世界を揺るがした」物語の片鱗をうかがい知れる。アリは完璧な人間ではなく、欠点もあったが、勇敢で、とても美しかった。**間違いなく、彼こそが真の勝者である。**

勝者の科学
一流になる人とチームの法則

発行日　2024年6月21日　第1刷
2024年7月24日　第3刷

Author　マシュー・サイド
Translator　永盛鷹司（翻訳協力　株式会社トランネット）
Book Designer　竹内雄二

Publication　株式会社ディスカヴァー・トゥエンティワン
〒102-0093　東京都千代田区平河町2-16-1 平河町森タワー 11F
TEL 03-3237-8321（代表）　03-3237-8345（営業）　FAX 03-3237-8323
https://d21.co.jp/

Publisher　谷口奈緒美
Editor　三谷祐一　舘瑞恵

Distribution Company
飯田智樹　蛯原昇　古矢薫　佐藤昌幸　青木翔平　磯部隆　井筒浩　北野風生
副島杏南　廣内悠理　松ノ下直輝　三輪真也　八木眸　山田諭志　小山怜那
千葉潤子　町田加奈子

Online Store & Rights Company
庄司知世　杉田彰子　阿知波淳平　大﨑双葉　近江花渚　滝口景太郎　田山礼真
徳間凜太郎　古川菜津子　鈴木雄大　高原未来子　藤井多穂子　厚見アレックス太郎
金野美穂　陳玟萱　松浦麻恵

Product Management Company
大山聡子　大竹朝子　藤田浩芳　三谷祐一　千葉正幸　中島俊平　青木涼馬
伊東佑真　榎本明日香　大田原恵美　小石亜季　舘瑞恵　西川なつか　野﨑竜海
野中保奈美　野村美空　橋本莉奈　林秀樹　原典宏　星野悠果　牧野類　村尾純司
元木優子　安永姫菜　浅野目七重　神日登美　波塚みなみ　林佳菜

Digital Solution & Production Company
大星多聞　小野航平　馮東平　森谷真一　宇賀神実　津野主揮　林秀規　福田章平

Headquarters　川島理　小関勝則　田中亜紀　山中麻吏　井上竜之介　奥田千晶　小田木もも
佐藤淳基　仙田彩歌　中西花　福永友紀　俵敬子　斎藤悠人　宮下祥子　池田望
石橋佐知子　伊藤香　伊藤由美　鈴木洋子　藤井かおり　丸山香織

Proofreader　文字工房燦光
DTP　株式会社RUHIA
Printing　シナノ印刷株式会社

ISBN978-4-7993-3056-2
SHOUSHA NO KAGAKU by Matthew Syed